新编足球教学

XINBIAN ZUQIU JIAOXUE YU XUNLIAN

广州体育学院足球教研室　编

主　　编：洪　毅

副主编：王　君　周兴生　王新胜

广东高等教育出版社
Guangdong Higher Education Press
·广州·

图书在版编目（CIP）数据

新编足球教学与训练/洪毅主编. —广州：广东高等教育出版社，2019.10（2025.2 重印）

ISBN 978 - 7 - 5361 - 6594 - 6

Ⅰ. ①新… Ⅱ. ①洪… Ⅲ. ①足球运动 - 体育教学 - 教材 ②足球运动 - 运动训练 - 教材 Ⅳ. ①G843.2

中国版本图书馆 CIP 数据核字（2019）第 208185 号

出版发行	广东高等教育出版社 地址：广州市天河区林和西横路 邮编：510500 营销电话：（020）87553335 http://www.gdgjs.com.cn
印　　刷	佛山市浩文彩色印刷有限公司
开　　本	787 毫米 ×1 092 毫米 1/16
印　　张	14.75
字　　数	350 千
版　　次	2019 年 10 月第 1 版
印　　次	2025 年 2 月第 3 次印刷
定　　价	35.00 元

再版前言

《足球教学与训练》一书由广东高等教育出版社于2012年10月出版发行并于2015年9月第二次、2017年8月第三次印刷。目前已经广泛应用于广东省各高校足球专业教学训练以及足球普修课程中，反映及效果良好，广为足球专业大学生及专业教师喜爱和推崇。

但近年来，教育部等政府部门从政策、经费等方方面面对开展和推广校园足球活动进行大力支持，国际足联对足球竞赛规则做了部分的修改且执行情况也有了相应的变换，使得本书部分内容已经不太适应当前足球运动发展的现实变化。为此，本书编写及修订委员会讨论并决定，将原《足球教学与训练》一书进行必要的修订并以《新编足球教学与训练》为书名重新再版。

为了适应足球运动的现实发展，《新编足球教学与训练》经反复论证将在“理论篇”增加《青少年校园足球活动开展介绍》作为本书第八章内容，独立阐释校园足球的历史背景、目标、意义、任务、基本理念、形势与展望及校园足球活动游戏等内容。原第八章《足球运动的科学研究》内容则改编为第九章并做相应修改。此外，原第六章《足球竞赛规则分析与裁判法》内容，将根据近年来国际足联在竞赛规则方面的实际修改和执行精神进行修订，并结合比赛实践和裁判员执法实践经验进行较多的阐述。

本教材在修改审订中，因编者水平所限难免存有错漏和不当之处，恳请读者提出宝贵意见，以便我们及时修改订正。

《新编足球教学与训练》编写组

2019年7月12日

前　言

足球运动是一项对抗性非常激烈的运动项目，技术复杂，战术多变，教学难度大。如何在有限的教学时数内既完成规定的足球专项教学训练任务，帮助学生掌握技术、战术以及理论知识，又结合我国南方的足球特点，总结出新的教学法是本书的立足之点。

本书就是我们在总结了多年的教学训练经验的基础上编写而成的，其显著特点有以下几点：

第一，以全国体育学院通用教材为蓝本，从增减教学内容上入手，将教学内容以教案的形式逐课编写，每一课中都提出了教学要求和练习方法，课与课之间衔接紧凑，既方便教师教学，也利于学生自学。

第二，在教学内容安排上，从准备运动开始就采用有球练习，把踢球开始改为从熟悉球性和控球开始；练习中多采用活动性游戏的形式，使学生能在近似比赛的情况下掌握技术；从小场地比赛（三对三、五对五）到七人制的小型比赛，最后过渡到十一人制的比赛。这对学生熟悉规则、实习裁判、提高技术和战术、增强体质、锻炼意志和培养良好的道德作风均有益处。

第三，在课堂教学中做到有计划地提问和布置作业，这对提高学生的学习主动性和积极性，对提高学生的基础理论知识、运动技能、表达能力和教学技能都有实质性帮助。

本书除适用于足球普修课、函授课和专业课的教材外，还可作为足球专业助教进修班和大、中学足球训练作业的参考教材。

由于编者水平有限，本书难免存在错误及不妥之处，恳请读者提出批评与指正。

编　者

2012 年 9 月 9 日

本书图例说明

———→ 球运行路线
-------→ 人跑动路线
∿∿∿→ 运 球 路 线

② （2 号）进攻队员
△ 防守队员
× 教练员（或教师），练习者
R 裁判员
L 助理裁判员

目　录

理　论　篇

教 学 篇

理论篇

第一章
足球运动概述

足球运动是以脚支配球为主，两个队进行攻守对抗的一项体育运动项目。足球运动深受人们的喜爱，是世界上影响最大、开展最广泛的体育运动项目之一。足球运动集意志、智慧、勇敢于一身，融技术、战术、身体素质及心理品质为一体，足球比赛争夺激烈、起伏跌宕、扑朔迷离，被誉为“世界第一运动”。

目前，国际足球联合会是世界上最大的单项体育运动组织，有200多个会员国。全世界参加足球运动有近2亿人，有80多万支足球队，登记注册的运动员超过4 000万人，其中职业运动员有10多万人。观看精彩足球比赛的观众数以亿计。有关足球的消息，在报刊、电视和网络里都是引人注意的重要内容。足球运动的魅力，不仅在于足球运动本身蕴涵着丰富的内容，而且它还展示了一个国家的经济、文化和民族的特殊风貌。足球运动已成为人们生活中不可缺少的一个组成部分。

第一节　足球运动的特点与作用

一、足球运动的特点

（一）比赛场地大、人数多、时间长、运动量大

正式足球比赛两队各有 11 名队员奔跑在 7 000 多平方米的场地上，进行 90 分钟的紧张而激烈的进攻与防守的争夺。在一场高水平的足球比赛中，一个优秀运动员在整场比赛中跑动的距离长达 10 000 米以上。当规定的 90 分钟比赛时间内踢成平局，尚需决定胜负时，则还要进行 30 分钟的加时比赛，甚至还要互射“点球”决定胜负。因此，运动员的体力消耗是很大的。根据测定，一个运动员在一场比赛中的能量消耗约为 2 000 多卡，体重下降 3 ~5 公斤。

（二）技术动作多、战术复杂、难度大

足球技术有踢球、接球、运球、头顶球、抢截球、掷界外球和守门员技术等，各技术中又有多种不同的动作方法，各位置的技术运用也有所不同。在激烈的比赛中，队员要随时根据对手的不同而选择运用不同的技术，可见难度之大。

足球战术有个人、局部和全队的攻守战术，各类战术形式多样，方法繁多。

学习和掌握战术方法，不仅队员要有娴熟的技术基础，还需要队员之间高度的默契配合。同时，比赛中针对不同的对手、不同的时间、不同的要求灵活调整和运用不同的战术就更非易事了。

（三）对抗激烈、拼抢凶猛

足球比赛是以射门进球多少决定胜负，并且足球规则也允许身体直接对抗。在比赛中，双方都竭力把球踢进对方球门，又不让球进入本方球门。围绕着争夺控球权而进行激烈凶猛的拼抢和冲撞，尤其是在罚球区附近的拼争尤为凶猛。因而高强度的对抗已成为现代足球运动最为显著的特点之一。

二、足球运动的作用

（一）增进健康和提高身体素质

经常参加足球运动能增强人体的肌肉、骨骼和有效地提高血液循环系统、呼吸系统、内脏器官和神经系统的功能，从而增进人体的健康，同时也发展了力量、速度、柔韧、灵敏和耐力等身体素质。

（二）振奋精神、鼓舞斗志

开展足球运动能丰富人们的文化生活，促进人们工作、学习的积极性和进一步提高劳动效率。球队在国际性重大比赛取得的胜利，能有效地激励人们的爱国热忱、振奋精神、鼓舞斗志。

（三）各国人民友好交往的工具

通过国际性足球比赛能增进各国人民之间的了解和友谊，其影响能渗透到国家的各个

领域。因此，现代足球运动已被广泛地运用于国际交往，成为国家、人民之间交往的一种工具。现代足球运动所具有的价值已远远超出体育运动本身的范畴。

第二节　我国足球运动

一、古代足球起源于中国

我国是一个具有悠久历史和灿烂文化的文明古国，国际足球联合会（简称“国际足联”）正式认定：足球起源于中国。从殷墟出土的文物中考证，我国在3 000多年前的殷代就有了关于“足球舞”的记载，《殷墟文字类编》里有“卜辞”道：庚寅卜，贞：乎舞，从雨。当时是作为求神祈雨的一种方式，即人们跳足球舞，以祈求下雨。甲骨文中“ஃ”即是描述双脚在踢球。战国时期（前475—前221）称足球为“蹋鞠”（汉代以后称之为“蹴鞠”），“蹋”和“蹴”就是指踢，“鞠”就是球。齐国临淄的老百姓“无不吹竽、鼓瑟、弹琴、击筑、斗鸡、走狗、六博、蹋鞠者”（见图1－1），可见蹋鞠在民间已有了很广泛的开展。西汉时将蹴鞠列入“兵技巧十三家”之内，作为训练士兵强身健体的手段之一，在宫苑或军营里设有“鞠城”（比赛场地）和“鞠室”（球室），比赛中用奔跑、捽推等方法进行进攻和防守，以将球踢进对方鞠室多者为胜。汉代的女子还开展了一种舞蹈式的足球活动。唐代是蹴鞠发展较快的时期，在宫廷、军队和民间都很盛行，并在器材设备方面出现了两大创新：一是用充气的球取代了过去用毛发等物填充的实心球，二是设立了球门。双方比赛是以分队进行对抗，以射门为主要目的。据史书记载，在唐代时（661）中国古代足球传入了日本。日本古书中记载：“鞠，始于唐。”“蹴鞠者，起自沧海万里之异域，遍于赤县九陌之皇城。”宋代蹴鞠以戏要为乐，在民间涌现了“香云社”“齐云社”等诸多球会。明代在足球理论著作方面有了更多的发展，汪云程的《蹴鞠图谱》一卷，《千顷堂书目》中载有的《蹴鞠图谱》一、二卷，都详细介绍了蹴鞠活动。我国古代足球在清代中期逐渐消亡。

图1－1　蹋鞠者

我国古代足球有两种形式：一是对抗性的，双方互为攻守，身体可以接触，推拉抱摔，以将球踢入对方球门为胜；二是非对抗性的，又称“场户”，其不受场地和人数等条件的限制，用头、肩、胸、背、膝、脚等部位触球，将球踢出各种花式，球法娴熟，身段优美，以作表演。

二、现代足球在我国的发展

现代足球于1863年10月26日在英国诞生。自1840年鸦片战争后，随着西方国家军事、政治、经济和文化的侵入，现代足球运动也开始传入我国，香港和上海是我国最早有现代足球运动的城市。最初，足球运动是在学校中特别是教会学校中开展的，以后逐渐在社会上发展起来。

中华人民共和国成立前，从 1910—1948 年举行过七届全国运动会，每届都有足球比赛。从 1913—1934 年间，我国参加过 10 届远东运动会的足球比赛（中国、日本、菲律宾为主要参赛国），获得 9 届冠军，可见当时我国的足球运动水平在亚洲处于领先地位。1936 年我国足球队参加了在德国柏林举行的第 11 届奥运会的足球比赛。1948 年我国足球队参加了在英国伦敦举行的第 14 届奥运会的足球比赛。1949 年前，我国虽然也举行过全国分区足球赛，但这种全国性的比赛，仅仅局限于几个大城市。

【小资料】“亚洲球王”李惠堂

李惠堂（1905—1979），广东五华县人，出生于香港大坑村。1923 年参加香港南华足球队，当年 5 月代表中国出席在日本召开的第 6 届远东运动会，使中国队第五次蝉联足球冠军。足球运动生涯达 25 年，踢进 1 000 多个球，被誉为“亚洲球王”。1948 年，他成为中国第一名国际足球裁判，并写成《球圃菜根集》《杂果盘》等足球专著。1954 年担任亚洲足联秘书长。1965 年被选为国际足联副主席，成为在世界足坛获得最高职务的中国人。在 20 世纪 60 年代，联邦德国一家足球杂志评选出历史上的五位球王，李惠堂与巴西贝利、英国马修斯、西班牙史蒂芬奴、匈牙利普斯卡斯同时当选。

图 1－2
“亚洲球王”李惠堂

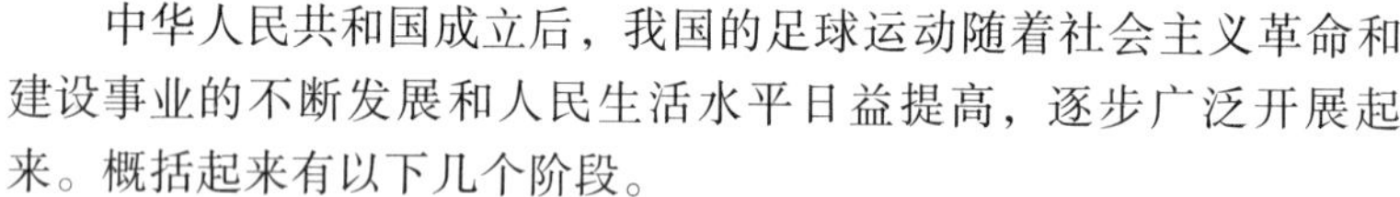

中华人民共和国成立后，我国的足球运动随着社会主义革命和建设事业的不断发展和人民生活水平日益提高，逐步广泛开展起来。概括起来有以下几个阶段。

（一）初期发展阶段（1951—1960）

1951 年举行第 1 届全国性的足球比赛。1952 年 6 月 14 日国际足联承认中华全国体育总会为会员。1952 年 7 月中国足球队赴芬兰参加第 15 届奥运会足球赛，因迟到而被迫弃权。1953 年 11 月全国体育总会代表团首次出席在巴黎举行的国际足联临时代表大会。1954 年我国先后选派 35 名青年足球运动员赴匈牙利留学，1955 年留学回国并聘请匈牙利人阿姆别尔·约瑟夫为国家队教练。1954 年 10 月我国首次举办了有 10 队参加的全国足球联赛。1955 年 1 月 3 日中国足球协会在北京成立；同年，邀请了原苏联足球专家苏斯科夫来北京讲学，并与李鹤鼎教授一起主持了全国首届足球研究生班。1956 年国家体育运动委员会（简称“国家体委”）公布包括足球项目在内的运动员、裁判员国家等级标准，制定了竞赛制度。从 1956 年开始实行一年一度的甲、乙级联赛制度和规定升降级办法。在此阶段，通过派出去、请进来等方式，经过科学、严格的训练，我国的足球运动水平有了较快速的提高。如 1958 年北京、八一足球队分别与获得第 16 届奥运会足球冠军的苏联队踢成平局。1959 年我国国家队战胜匈牙利奥林匹克队；同年，天津、北京、上海、广州队在与由刚获得第 6 届世界杯亚军主力阵容组成的瑞典冠军“尤哥登”队的比赛中，获得 1 胜 2 平 1 负的可喜成绩。

但是由于政治原因，我国足球协会于 1958 年 6 月 7 日退出了国际足球联合会。中国足球失去了向世界足球强国学习和交流的机会，失去了参加世界杯足球赛的竞争机会，这对于中国足球运动的发展，无疑是个不小的损失。

此阶段状况：足球运动虽然是基础差、水平低，但通过科学训练，取得了显著效果。

（二）挫折停滞阶段（1961—1976）

20世纪60年代初，由于自然灾害和经济出现严重困难，体育比赛大量削减，训练不正常，甚至中断。我国足球水平急剧下降。1964年，情况有所好转，2月，国家体委、全国总工会、共青团中央、教育部在北京共同召开了全国足球训练工作会议。会议首次对我国的足球工作进行了认真、全面、系统的总结，研究和讨论了今后足球训练的任务及发展方向，提出了“走自己发展道路”的口号。会议还提出了“三从一大”，即从难、从严、从实战出发，大运动量训练的训练指导思想；改进足球甲乙级比赛全年双循环升降级制度；确定了北京、天津、上海、广州、武汉、大连、沈阳、南京、延边、梅县为全国足球重点发展城市和地区。会议后，足球水平有所回升。1965年国家队重新组建。但1966年“文化大革命”的政治运动又使足球运动遭受重创，全国各级足球管理机构瘫痪，管理中断，训练停止，球队解散。各级别足球比赛和国际交往也全部停止。1970年后足球运动开始复苏，部分省市组织了集训队，国家队也由于外事活动的需要，逐步恢复集训并参加了数场友谊比赛。1974年9月中国足球队首次参加了在德黑兰举行的第7届亚运会足球比赛，结果在小组预赛中被淘汰。1974年9月14日在德黑兰举行的第6届亚足联代表大会，重新接纳我国为亚足联会员。

此阶段状况：足球运动受到严重干扰，运动水平下降。

（三）恢复重建阶段（1977—1991）

“文化大革命”结束后，国内政治、经济形势好转，足球运动重新得到发展。1977年9月由世界足球超级巨星贝利、贝肯鲍尔领衔的美国宇宙足球队来华访问。同年10月，中国足球队首次出访美国。1978年开始恢复全国甲乙级双循环升降级制的比赛，逐步建立了各级比赛系统。1978年贯彻国务院提出的在青少年中大力普及足球运动、抓重点地区、加强科研工作等九大措施，重新确立了北京、天津、上海、广州、武汉、旅大、沈阳、南京、延边、梅县、重庆、青岛、长春、昆明、石家庄、西安16个全国足球重点发展城市和地区。并相继设立了“萌芽杯”“幼苗杯”“希望杯”比赛。1979年7月我国第一支女子足球队——陕西省西安市东方机械厂子弟学校队诞生，推动了中国女子足球运动的蓬勃发展。1980年7月7日国际足联第42届大会重新接纳中华人民共和国足球协会为会员。1981年在全国足球训练工作会议上，总结了新中国成立30年来足球训练的经验和教训，明确了主要任务是迅速完善训练体制、加强训练基础建设、提高训练水平。在1985年的全国足球训练工作会议上，为足球训练提出了明确的方针、原则和指导思想。同年在天津召开了全国第1届足球论文报告大会。1986年底，国家体委成立足球办公室，统管全国足球训练、比赛、外事等工作。1988年11月，在广东佛山召开了全国第2届足球论文报告大会。

在中国足协先后被亚洲足联和国际足联重新接纳为会员后，中国足球的国际交往日益增多。1977年北京举办首届国际足球邀请赛，1985年举办了首届“国际足联16岁以下柯达杯世界锦标赛”，1990年在北京举办了第11届亚运会足球比赛，1991年在广东举办了第1届世界女子足球锦标赛。在此期间，国家男队1984年在第8届亚运会足球比赛中取得第3名，1984年在第8届亚洲杯足球比赛中获得亚军，1988年打入第24届奥运会足球决赛圈。国家女队的成绩更是喜人，1986年、1989年、1991年荣获第6、第7、第8届亚洲杯女子足球锦标赛冠军，确立了在亚洲足坛的霸主地位。

此阶段状况：足球运动蓬勃发展，水平迅速提高，女子足球异军突起。

（四）快速发展阶段（1992—2002）

1992 年 6 月在北京红山口召开了全国足球工作会议，决定把足球作为体育改革的突破口。确立了中国足球要走职业化道路的发展方向，明确提出“改革体制、转换机制”的根本任务。1993 年在大连全国足球工作会议上进一步提出：“继续深化改革、深入整顿是我国足球界的两项主要任务。”改革的主要内容是实现足协实体化，建立和完善足球俱乐部体制，开展职业联赛，实行人才流动与引进，运动员实行注册制，比赛许可证制。深入整顿的内容是解决足球界“不团结、不虚心、不严格、不刻苦”现象。会议还提出了《中国足球事业十年发展规划（1993—2002）》。1993 年 12 月 10 日我国第一个与体委脱钩，由企业自主管理的足球俱乐部——上海市申花足球俱乐部诞生。1994 年 4 月 17 日起实行以俱乐部职业队为主的全国甲级 A、B 组联赛举行。1995 年 1 月，国家体委足球运动管理中心成立。1996 年 7 月，女子足球首次成为奥运会正式比赛项目。在美国亚特兰大举行的第 26 届奥运会女子足球比赛中，中国女足获得亚军。1999 年 6 月在美国举行的第 3 届女子足球世界杯比赛中，中国女足获得亚军，但在 2002 年第 14 届亚运会女足比赛中，中国女足自 1990 年以来首次失去了冠军，亚洲霸主地位受到动摇。2001 年 10 月，中国足球经过几代人的努力，终于获得参加 2002 年在韩国、日本举办的第 17 届世界杯足球比赛决赛阶段的入场券。2002 年 6 月，中国足球队首次参加了第 17 届世界杯决赛阶段的比赛。

此阶段状况：足球运动职业化开始；男子足球队冲出亚洲，女子足球队走向世界。

（五）调整发展阶段（2003—2011）

由于我国足球运动的社会基础不够坚实，后备人才匮乏，职业化制度不够完善，特别是中国足球协会的管理混乱和一些人的腐败，导致中国足球运动水平较大幅度的下滑。

2004 年中国足球甲级 A 组联赛改名为“中国足球超级联赛”。

2006 年中国女足迎来复苏，获得了亚洲杯冠军。但整体水平急剧下降。2004 年 8 月雅典奥运会上中国女足小组未能出线，其在世界女子足坛的优势已经消失。2008 年北京奥运会中国女足 0∶2 负日本，连续三届无缘奥运四强。2010 年广州亚运会中国女足获第四，2011 年德国女子世界杯赛中国女足没有获得入场券。

2004 年中国男足在世界杯亚洲区预选赛小组赛中被淘汰。在 2008 年世界杯亚洲区预选赛小组赛中又惨遭淘汰，在亚洲预选赛排名中列为第 15 名。2008 年中国男足在北京奥运会小组未出线，在 2010 年广州亚运会无缘八强。2010 年 2 月中国男足尽管在东亚四强赛上夺得冠军，并打破 32 年逢韩不胜的魔咒，但其排名已列入亚洲第三档次的队伍之中。

中国足球运动水平低迷的状况引起了全国人民的不满，同时也引起了国家领导人的重视和关心，2009 年 4 月国家体育总局和教育部联合下发了《关于开展全国青少年校园足球活动的通知》，提出“加强足球后备人才培养，夯实足球运动的社会基础”，全国范围的青少年足球活动积极开展起来。2011 年 1 月，中国足球协会进行改组，原高、中层干部几乎全部换人。2011 年 7 月大连万达集团与中国足协的战略合作签约，在未来三年时间，由万达集团出资不少于 5 亿元，用于聘请世界级优秀外教执教中国队；启动“希望之星”计划，选派“中国足球希望之星队”赴欧洲留学；冠名中超联赛和青少年联赛；探索改革裁判考核、奖励制度；赞助国家女子足球队，冠名中国女足超级联赛等。

此阶段状况：足球运动虽然状态低迷，成绩下滑，但是也在夯实基础，调整发展。我们期待，中国足球运动的春天早日到来。

2012—2019 年中国足球运动发展概况见本书第八章有关章节。

第三节 现代足球运动

一、现代足球运动起源

国际足联主席布拉特先生说过：足球发源于中国，“远东的文明被亚历山大发动的战争带到中东，足球比赛也是这样传到中东，然后从中东传到欧洲，古希腊、古罗马有了足球游戏。从罗马传到法国、英国。”（2004 年 7 月 15 日，国际足联主席布拉特在北京参加第 3 届中国国际足球博览会时宣布：中国古代蹴鞠就是足球的起源，世界足球起源于中国的山东淄博。见 2004 年 7 月 16 日《解放日报》。）据史料记载，1066 年 10 月，英王威廉的侍从们在哈斯丁战争后将足球从法国引入英国。13—14 四世纪（1200—1300）足球活动在英国的手工业青年中广泛开展，当时无统一规则、场地，经常街头巷尾足球横飞，场面混乱，声音嘈杂，甚至伤人，严重影响社会秩序。1314 年 5 月英国爱德华二世接受商贾们的要求，颁发法令禁止踢足球，违者关进监狱。但足球爱好者们仍以各种形式进行活动，并积极争取王室的承认和支持。1681 年查理二世取消了禁令，从此英国足球活动蓬勃发展起来。19 世纪初，足球活动在英国已相当盛行。1823 年 11 月“埃利斯风波”后①，人们为了将足球和橄榄球区别开来，确定了在球场上用脚踢的是足球；允许持球跑的是橄榄球。这对世界足球的发展产生了极其深远的影响。1846 年英国剑桥大学制定了第一部足球规则《剑桥规则》。1857 年英格兰首创了足球俱乐部，1863 年 10 月 26 日在英国伦敦克鲁米沙的一个小酒馆里成立了世界上第一个足球协会 —— 英格兰足球协会，并在会上统一了足球规则。这一日后来被世界公认为现代足球运动的诞生日。

1863 年以后，欧洲一些国家纷纷成立足球协会。1872 年 11 月 30 日英格兰和苏格兰之间进行了现代足球史上第一场国际比赛，比赛结果 0：0。1885 年英格兰成立了第一个职业足球俱乐部，很快职业足球俱乐部在奥地利、西班牙、意大利、匈牙利、捷克斯洛伐克等国家都取得了合法地位。

二、国际足球联合会与世界足球比赛

（一）国际足球联合会

随着欧洲各国足球协会成立和国际比赛的增多，1904 年 5 月 21 日在法国首都巴黎由法国、比利时、丹麦、荷兰、西班牙、瑞典、瑞士 7 国足球协会代表共同创立了国际足球联合会（简称国际足联“FIFA”），英国没有参加会议。国际足联总部设在瑞士苏黎世。国际足联的宗旨：促进国际足球运动的发展，发展各国足球协会之间的友好关系。

---

① 李鼎．橄榄球起源与美式橄榄球［J］．当代体育，1994，9（9）.

国际足联设有12个组织机构：代表大会、执行委员会、世界杯组织委员会、业余委员会、裁判委员会、技术委员会、医务委员会、新闻和出版委员会、纪律委员会、法律事务委员会、世界青年锦标赛委员会和秘书处。国际足联的日常工作由执行委员会任命的秘书长及其领导下的秘书处负责处理。

国际足联主席由代表大会选出，任期4年，可连选连任。国际足联自成立以来产生过8位主席，其中最为著名的有：

第三任主席：朱尔·里梅先生，法国人，1921年3月1日正式成为国际足联主席，有“世界杯之父”之称。在他任职期间，经过多年努力，第1届世界杯足球赛于1930年7月18日，在乌拉圭首都蒙得维的亚顺利举行，他个人为世界杯提供了一个奖杯。从此世界足球运动步入了一个新时代。1946年，国际足联将朱尔·里梅先生提供的奖杯更名为“里梅杯”。1954年6月21日在他离任时，国际足联正式任命他为第一位名誉主席，以此对他在33年任职期间对世界足球运动发展所做的巨大贡献表示感谢。

第七任主席：乔·阿维兰热博士，巴西人，1974年在法兰克福第39届国际足联代表大会上当选为第七任主席，成为第一位非欧洲籍的主席，1998年离任。他在任职期间，注意开展全球性足球运动发展计划。在第12届世界杯足球赛上，首次将参赛的决赛队增加到24支，第16届世界杯足球决赛队增至32支，为亚洲、非洲、中北美洲及加勒比海地区的国家能有更多世界最高水平的足球比赛提供了有利条件。在他任职期间还创办了世界青年足球锦标赛、国际足联16岁以下柯达杯世界足球锦标赛，女子足球世界锦标赛，促使女子足球列入了奥运会的比赛项目。在阿维兰热博士的领导下，国际足联公正、艺术地解决了许多棘手问题，为促进足球运动的发展和世界和平做出了贡献。

（二）世界足球比赛

1. 奥运会足球赛

奥运会足球比赛每4年举办一次。在1896年希腊举行的第1届现代奥运会上，足球被列为表演项目。前三届比赛对参赛的足球队没有统一的规定，第4届要求是国家队参加。直到1912年第5届奥运会，足球才被作为正式比赛项目。由于奥运会章程规定不允许职业运动员参加比赛，因此奥运会足球比赛的水平大大低于世界杯足球赛。多年来，有关奥运会足球运动员资格的问题几经讨论，在1984年4月，国际足联主席阿维兰热宣布：除不准欧洲和南美洲参加过世界杯比赛的队员参加奥运会外，今后不再区分职业和业余队员，但奥运会比赛将对参赛队员的年龄加以限制。1993年国际足联又决定，允许每支参加奥运会足球决赛队中有3名年龄超过23岁的球员，这样就使奥运会足球比赛成为世界各国年轻运动员的竞技舞台。

2. 世界杯足球赛

20世纪初，由于奥运会只允许业余运动员参赛，使得各国职业足球运动员无法进入国家队，世界最高足球水平也没有一个展示和竞争的场所。为此国际足联1928年在荷兰阿姆斯特丹举行会议，决定举行世界足球锦标赛，每4年举行一届，参赛运动员不受职业和非职业选手限制，各国都能组织本国最高水平的球员参赛。会议还决定第1届世界足球锦标赛于1930年在乌拉圭举行。奖杯由时任国际足联主席的朱尔·里梅先生个人提供，1946年国际足联将此奖杯命名为“里梅杯”，世界足球锦标赛也随之称作为“里梅杯”或“世界杯足球赛”。

世界杯足球赛设立的流动奖杯——“里梅杯”即“雷米特杯”，又称“金女神杯”。奖杯由巴黎著名首饰技师拉弗列尔精心设计铸造，选希腊神话中的胜利女神——长翅膀的尼凯做模特，她身穿古罗马式的束腰紧身衣，伸直双臂，手捧大杯。奖杯纯金制作，重1.8公斤，加台座重4公斤，高30厘米。1970年巴西队第三次获得世界杯冠军，永久地占有了“金女神杯”。

1971年国际足联重新制作了新的奖杯，奖杯由意大利人加扎尼亚设计，为两个大力士双手高举地球，象征体育（足球）比赛的威力和规模。奖杯以18K金制作，重5公斤，高36厘米，命名为“国际足联世界杯”，并规定此杯为永久性流动杯。

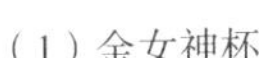

（1）金女神杯

（2）国际足联世界杯

图1－3　世界杯足球赛奖杯

3. 世界青年比赛（20岁以下）

1977年国际足联决定每两年举办一届世界青年足球锦标赛。开始两届为试办性质。因第3届比赛得到可口可乐公司的赞助，奖杯得到国际足联的正式承认，被命名为“国际足联世界青年足球锦标赛——可口可乐杯”。因为前两届为试办性质，故第3届世界青年足球赛又被称为“第1届世界青年足球锦标赛”，队员必须在20岁以下，参加比赛的队伍为16支。各大洲的青年足球锦标赛即为该赛的预选赛。

4. 世界少年比赛（17岁以下）

为了进一步推动世界足球运动向前发展，缩小足球运动发达和不发达国家间的差距，1985年在中国试办了国际足联16岁以下柯达杯世界足球锦标赛，比赛获得圆满成功。经过1987年和1989年两届的进一步试运行，1991年正式成为国际足联的世界少年（17岁以下）锦标赛，全称为“国际足联17岁以下柯达杯世界锦标赛”，每两年举办一次。

参加决赛阶段比赛的名额分配：大洋洲1支球队，欧洲、南美洲、亚洲、非洲、中北美洲及加勒比海地区各3支球队，共16支球队。

5. 五人制足球比赛

20世纪70年代，美国、加拿大兴起职业足球并率先开展了室内足球。1975年1月，北美职业足球联盟组织起首届全国室内足球联赛，1978年美国室内足球协会成立。最初室内足球比赛的规则混乱，有的套用冰球规则，有的套用篮球规则。为统一世界室内足球比赛规则，1981年“室内足球国际联合会”宣告成立，总部设在澳大利亚。该组织于1982—1988年举行了三届世界室内足球锦标赛。

室内足球国际联合会于1989年宣布加入国际足联五人制足球委员会。

为了推动室内足球运动的开展，国际足联于1989年在荷兰举行了首届五人制室内足球赛，此后每4年举行一届比赛。比赛名额分配：亚洲3个名额，非洲1个名额，中北美洲及加勒比海地区 2 个名额，南美洲 2 个名额，大洋洲 1 个名额，欧洲 6 个名额。

6. 世界女子足球锦标赛

在国际足联的倡导下，1988 年 6 月在中国广东成功举办了 12 个国家参加的国际女子足球邀请赛，为正式进行世界女子足球锦标赛奠定了基础。1991 年第 1 届世界女子足球锦标赛在中国广东举行。这项比赛同男子世界足球锦标赛一样，每 4 年举行一届，进入决赛的 16 支球队必须由各大洲预选赛产生。决赛阶段比赛的名额分配：欧洲 5 个名额，南美洲 1 个名额，北美洲及加勒比海地区 2 个名额，非洲 2 个名额，大洋洲 1 个名额，亚洲 3 个名额，加东道主和上届冠军队，共 16 支球队参赛。现已举行过 7 届。

第四节　足球流派与发展趋势

一、足球流派与特点

在现代足球运动 100 多年的发展过程中，欧洲和南美足球一直处于世界领先地位，由于民族性格特征，地理气候环境和主观追求等多方面因素，世界足坛形成过多种流派。

（一）欧洲流派

以德国、英国等队为代表：技术上，讲究时机与实效，动作简练快速，中长传球为主，远射频繁、有力，头球威胁大，抢截凶狠；战术上，整体意识强，进攻中快速通过中场，多运用外围传中包抄射门、头球和远射。防守以区域与盯人相结合，逼抢凶猛；体格强健高大，爆发力、速度、耐力都相当出色。充满自信，作风泼辣，意志顽强。

（二）南美流派

以巴西、阿根廷等队为代表：技术上，动作细腻，灵活协调，有良好的控球能力，队员富有创造性，善于即兴发挥，传接球、过人和射门赏心悦目；战术上，进攻以短传渗透和个人突破为主，讲究突然性，并不失时机地进行远射、冷射。注重集体防守，强调同伴间的保护与补位；身体协调灵巧，爆发力好，起动速度快。自信心强，作风顽强，勇敢果断。

（三）欧洲拉丁派

以意大利、法国等队为代表：注重融合欧洲、南美流派特点，技术上，追求动作娴熟、精巧、多变；战术上，推崇快速、简练与实效，将欧洲人良好体能、简练实用打法和进取精神与南美人的技巧、可塑性和丰富想象力融为一体，整体攻守。

当前，现代足球随着国际交往日益频繁，南美球星大批进入欧洲赛场，各国球队互相学习，取长补短，在各流派之间虽仍然保持着自己的个性和风格，但彼此的界限越来越模糊。任何一支球队，只要有优秀的球员，并能在整体攻守的要求下合理地尽善尽美地发挥最佳竞技能力，灵活巧妙地运用各种战术打法，它将会赢得比赛的最后胜利。

【小资料】“球王”贝利

贝利原名埃德逊·阿兰迪斯·多·纳西门托。1940 年 10 月 23 日出生在巴西的维纳斯州。五六岁开始玩足球，15 岁成为职业运动员，17 岁入选国家队参加世界杯比赛，并在比赛中射进 6 球，震惊足坛。至 1977 年正式退出足坛。贝利在 20 多年的足球生涯中共参加 1 363 场比赛，踢进 1 281 个球，并为巴西队在 1958 年、1962 年、1970 年三夺世界杯立下战功。在他当运动员期间，先后访问了88个国家，会见过10个国王、5个皇帝、70个总统、40多位国家元首以及2位教皇。世界上任何运动员皆无法与之相比。贝利被称为“本世纪最伟大球星”，是世界上第一个3次被评为世界最佳足球运动员的超级球星。多次荣获“世纪十大球员”“世纪运动员”“20世纪世界最佳运动员”等称号。贝利挂靴后在德国科隆体育学院深造5年，获心理学、运动医学等学科的学士学位。曾任巴西体育部长。

图1-4 “球王”贝利

二、足球运动发展趋势

1. 全攻全守是主导

“全攻全守”要求：队员技术动作全面化，攻守职能多样化，能攻善守，单一的锋卫职责的机械分工已逐渐消失；全队战术运用灵活，针对性强，攻守转换快速协调，进退自如，攻守平衡；队员具有顽强的斗志、良好的心理品质和极高的身体训练水平。

2. 战术是获胜的关键

技术是比赛的基础，战术则是比赛的灵魂。合理有效的战术是技术、意识、身体素质等要素的综合体现，是现代足球比赛获胜的首要因素。一支球队要训练并熟练掌握多种攻守战术，同时还要具备在比赛中根据不同情况快速改变战术的能力，这样才能在整体攻守中，高度机动调配攻守力量，充分发挥个人和全队特点，克敌制胜。

3. 进攻是足球的生命

进攻是打破攻守平衡的主要方面，也是进行战术变化的重要因素，只有进攻才能取胜。单凭零散反击战术已经在高水平足球比赛中失去了作用。得球后快速、有针对性、大胆推进的进攻原则已占据主导地位。从外围深入防守阵形，进攻队员带球突破最后防线，在联合防守的结合部寻找机会是当前进攻的有效方法。定位球进攻战术在比赛中越来越起到重要的作用。

4. 快速是足球的核心

在激烈对抗的比赛中，对空间和时间的争夺越来越显得重要。这就要求球员的一切活动都要在快速中完成。个人动作要做到判断快，完成动作快，职能转换快；战术配合要做到推进快，设防快，攻守转换快，完成战术环节配合快。快速是衡量一个球队水平的重要条件。

5. 控制比赛节奏

控制比赛节奏作为现代足球的一个重要特征愈来愈引起重视。比赛中节奏的快慢及合理运用是寻找战机，保持和扩大优势，扭转劣势的有效手段。比赛节奏是与整体配合、比赛经验和个人能力有着密切的关系，谁控制好比赛节奏，谁就掌握了比赛的主动权。比赛节奏反映了球队的战术素养。

6. 整体和球星完美结合

整体攻守是球队实力的体现。突出中路进攻，加强边路突破是整体进攻战术的主要目标。个人即兴发挥与局部战术协调配合，二、三线后排队员插上进攻和多点的纵深进攻使进攻更加隐蔽，更具威胁；中路四人联防仍是防守的主导，在提高个人防守能力的基础上增加防守纵深，缩小进攻的宽度和深度，压迫空当，整体“轮转”防守和积极的压迫式防守已普遍采用。球星拥有高超的技术特点和战术素养，在比赛中的作用往往是别人所无法替代的，出类拔萃的球星与训练有素的整体完美结合，球队才能获得最大的成功。

三、世界和中国主要足球赛成绩

世界主要足球比赛包括世界杯足球赛、世界女子足球锦标赛、奥运会足球赛等项目。中国主要足球赛有全运会足球赛、中国足球超级联赛等比赛项目。以下用表格说明各种足球比赛的成绩。

表 1-1　历届世界杯足球赛成绩表

届次	时间	地点	第一名	第二名	第三名
1	1930	乌拉圭	乌拉圭	阿根廷	南斯拉夫
2	1934	意大利	意大利	捷克斯洛伐克	联邦德国
3	1938	法国	意大利	匈牙利	巴西
4	1950	巴西	乌拉圭	巴西	瑞典
5	1954	瑞士	联邦德国	匈牙利	奥地利
6	1958	瑞典	巴西	瑞 典	法 国
7	1962	智利	巴西	捷克斯洛伐克	智 利
8	1966	英国	英国	联邦德国	葡萄牙
9	1970	墨西哥	巴 西	意大利	联邦德国
10	1974	联邦德国	联邦德国	荷兰	波兰
11	1978	阿根廷	阿根廷	荷兰	巴西
12	1982	西班牙	意大利	联邦德国	波 兰
13	1986	墨西哥	阿根廷	联邦德国	法国
14	1990	意大利	联邦德国	阿根廷	意大利
15	1994	美国	巴西	意大利	瑞典
16	1998	法国	法国	巴西	克罗地亚
17	2002	韩国和日本	巴 西	德国	土耳其
18	2006	德国	意大利	法国	德国
19	2010	南非	西班牙	荷兰	德国
20	2014	巴西	德 国	阿根廷	荷 兰
21	2018	俄罗斯	法国	克罗地亚	比利时

表 1-2　历届世界女子足球锦标赛成绩表

届次	时间	地点	第一名	第二名	第三名
1	1991	中国	美国	挪威	瑞典
2	1995	瑞典	挪威	德国	美国
3	1999	美国	美国	中国	巴西
4	2003	美国	德国	瑞典	美国
5	2007	中国	德国	巴西	美国
6	2011	德国	日本	美国	瑞典
7	2015	加拿大	美国	日本	英格兰
8	2019	法国	美国	荷兰	瑞典

表 1－3 历届奥运会足球赛成绩表（男）

届次	时间	地点	第一名	第二名	第三名
1	1896	雅典	丹麦	希腊	
2	1900	巴黎	英国	法国	
3	1904	圣路易	加拿大	美国	
4	1908	伦敦	英国	丹麦	荷兰
5	1912	斯德哥尔摩	英国	丹麦	荷兰
6	1916	未举行			
7	1920	安特卫普	比利时	西班牙	荷兰
8	1924	巴黎	乌拉圭	瑞士	瑞典
9	1928	阿姆斯特丹	乌拉圭	阿根廷	意大利
10	1932	未举行			
11	1936	柏林	意大利	奥地利	挪威
12	1940	未举行			
13	1944	未举行			
14	1948	伦敦	瑞典	南斯拉夫	丹麦
15	1952	赫尔辛基	匈牙利	南斯拉夫	瑞典
16	1956	墨尔本	苏联	南斯拉夫	保加利亚
17	1960	罗马	南斯拉夫	丹麦	匈牙利
18	1964	东京	匈牙利	捷克斯洛伐克	联邦德国
19	1968	墨西哥城	匈牙利	保加利亚	日本
20	1972	慕尼黑	波兰	匈牙利	民主德国、苏联
21	1976	蒙特利尔	民主德国	波兰	苏联
22	1980	莫斯科	捷克斯洛伐克	民主德国	苏联
23	1984	洛杉矶	法国	巴西	南斯拉夫
24	1988	汉城	苏联	巴西	联邦德国
25	1992	巴塞罗那	西班牙	波兰	加纳
26	1996	亚特兰大	尼日利亚	阿根廷	巴西
27	2000	悉尼	西班牙	喀麦隆	智利
28	2004	雅典	阿根廷	巴拉圭	意大利
29	2008	北京	阿根廷	尼日利亚	巴西
30	2012	伦敦	墨西哥	巴西	韩国
31	2016	里约热内卢	巴西	德国	尼日利亚

表 1-4 历届奥运会足球赛成绩表（女）

届次	时间	地点	第一名	第二名	第三名
26	1996	亚特兰大	美国	中国	挪威
27	2000	悉尼	挪威	美国	德国
28	2004	雅典	美国	巴西	德国
29	2008	北京	美国	巴西	德国
30	2012	伦敦	美国	日本	加拿大
31	2016	里约热内卢	德国	瑞典	加拿大

表 1-5 历届全运会足球赛成绩表（男）

届次	时间	地点	第一名	第二名	第三名
1	1959	北京	解放军	河北	北京
2	1965	北京	河北	上海	解放军
3	1975	北京	辽宁、广东	解放军	
4	1979	北京	山东	北京	广东
5	1983	上海	上海	广东	天津
6	1987	广州	广东	辽宁	解放军
7	1993	北京	辽宁	北京	广东
8	1997	北京	山东	广东	上海
9	2001	广州	辽宁	上海	山东
10	2005	南京	山东	上海	辽宁
11	2009	济南	（U20 组）上海	广东	山东
			（U16 组）山东	陕西	辽宁
12	2013	沈阳	（U20 组）上海	辽宁	浙江
			（U16 组）辽宁	浙江	湖北
13	2017	天津	（U20 组）上海	浙江	辽宁
			（U18 组）上海	四川	新疆
			（男子城市组）西安	哈尔滨	大连

表 1-6 历届全运会足球赛成绩表（女）

届次	时间	地点	第一名	第二名	第三名
6	1987	广州	北京	辽宁	广东
7	1993	北京	河南	广东	辽宁
8	1997	北京	上海	北京	广东
9	2001	广州	上海	北京	四川
10	2005	南京	北京	辽宁	上海

续上表

届次	时间	地点	第一名	第二名	第三名
11	2009	济南	（成年组）辽宁	江苏	上海
			（青年组）江苏	上海	河北
12	2013	沈阳	（成年组）江苏	上海	天津
			（青年组）江苏	河南	辽宁
13	2017	天津	（成年组）上海	天津	江苏
			（U18 组）上海	广东	江苏

表 1－7　历届“中国足球甲级 A 组联赛”成绩表

时间	参赛队/支	第一名	第二名	第三名
1994	12	大连万达	广州太阳神	上海申花
1995	12	上海申花	北京国安	大连万达
1996	12	大连万达	上海申花	八一
1997	12	大连万达	上海申花	北京国安
1998	14	大连万达	上海申花	北京国安
1999	14	山东鲁能泰山	辽宁抚顺	四川全兴
2000	14	大连实德	上海申花	四川全兴
2001	14	大连实德	上海申花	辽宁抚顺
2002	15	大连实德	深圳平安	北京国安
2003	15	上海申花	上海国际	大连实德
2004	12	深圳健力宝	山东鲁能	上海国际
2005	12	大连实德	上海申花	山东鲁能
2006	12	山东鲁能	上海申花	北京国安
2007	12	长春亚泰	北京国安	山东鲁能
2008	16	山东鲁能	上海申花	北京国安
2009	16	北京国安	长春亚泰	河南建业
2010	16	山东鲁能	天津康师傅	上海申花
2011	16	广州恒大	北京国安	辽宁宏运
2012	16	广州恒大	江苏舜天	北京国安
2013	16	广州恒大	山东鲁能	北京国安
2014	16	广州恒大	北京国安	广州富力
2015	16	广州恒大	上海上港	山东鲁能
2016	16	广州恒大	江苏苏宁	上海上港
2017	16	广州恒大	上海上港	天津权健
2018	16	上海上港	广州恒大	山东鲁能

注：2004 年“中国足球甲级 A 组联赛”改为“中国足球超级联赛”。

第二章
足球技术

足球技术即足球比赛中足球运动员所采用的合理行动和动作的总称。从场上分工和技术特点分，有锋卫队员技术和守门员技术两大类。从表现形式分，则可分为传球、射门、接球、运球过人、顶球、掷界外球、抢截、守门员技术等。本章简要概述了足球技术的概念与分类，重点分析足球基本技术和守门员技术的动作要领，以及掌握足球基本技术中易犯的错误、纠正的方法和完成这些技术的运用要点。

第一节 足球技术的概念与分类

一、足球技术的概念

足球技术指运动员在足球比赛中所采取的合理行动和动作的总称。它是在比赛实践中逐步形成、发展和完善起来的。

随着足球运动的不断发展，足球技术不仅在内容上更加丰富，而且动作的难度也在不断提高。运动员只有熟练地掌握足球技术，方能在比赛中正确地处理与控制好球，从而达到战术的要求。

技术是完成战术配合的基础，战术的发展又促进了技术的提高。这就要求在教学与训练中加强足球技术的全面掌握和提高，这对发展我国足球运动水平，提高我国足球运动在世界足坛的影响和地位有着深远意义。

二、足球技术分类

足球运动是一项技术动作相当复杂的运动项目。从比赛队员在场上分工和技术特点上看，锋卫队员的多数技术动作是用脚来完成；而守门员的多数技术动作则是用手来完成。因此，足球技术可分为锋卫队员技术和守门员技术两大部分。但是，不论是锋卫队员还是守门员，在比赛中不仅需要完成结合球的技术动作，而且还要完成许多为达到结合球的动作目的而进行的行动的动作。所以，足球技术又分为有球技术和无球技术两大类（见图 2－1）。

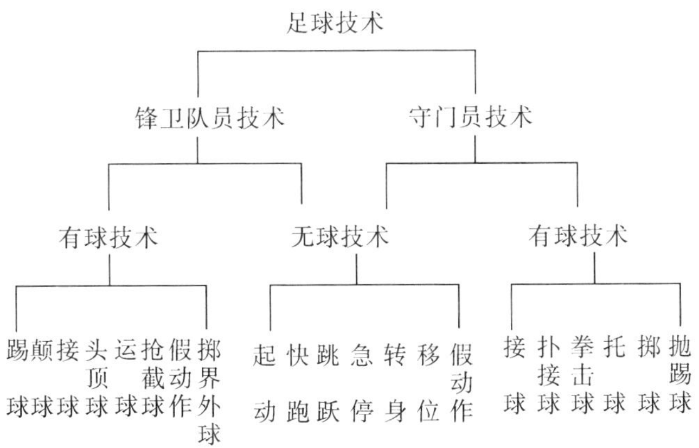

图 2－1 足球技术分类

（一）无球技术

无球技术是指运动员在比赛中，不控球的情况下所采取的合理动作的总称。长期以来，各国都对运动员在场上控球情况进行了细致的研究与分析，发现即便是一个控制球能力很强的运动员，在一场90分钟的比赛中所能结合球的时间也只有两三分钟，而其他时间是在无球的情况下活动的。这些活动都需要用无球技术来完成。

1. 起动

起动是指运动员由静止或活动中突然加速快跑占据有利空间或地域的一种技术。

在比赛中，运动员起动时有时是在静止状态下进行的，有时是在非静止状态（活动中）下进行的。为了能很好地完成起动，要求蹬地有力、重心微下降、上体前倾、起动时前几步应短促。

2. 快跑

足球比赛中的跑动与田径运动中的奔跑有许多不同之处，因为足球比赛中有时要求运动员快速向前跑动，有时也要求向后、向侧方向，沿弧线、沿折线跑动，有时要求时快时慢。总之，足球比赛中跑动的方式主要分为：直线跑、变向跑、侧身跑、变速跑、后退跑等。

3. 急停

急停是运动员在比赛中由快速运动状态突然转换成静止状态的一种制动方法。不论采取什么方式急停，都应做到制动脚尽量全脚掌着地。同时屈膝，降重心，并使重心向与原活动的相反方向偏移。脚掌用力蹬地以抵消原身体活动的冲力。

4. 转身

转身是利用脚步的移动和身体的转动来改变原来所处状态的一种方法。转身一般分为前转身、后转身两种。

5. 跳跃

跳跃是指运动员在比赛中，为了取得有利的空间位置而采用的一种移动方法。在跳跃时一般采用单脚或双脚两种起跳方法。

6. 移位

移位是指运动员在比赛中为了抢占有利的位置（进攻或防守），采用适当的步法进行移动。使用较多的步法是跨步、撤步、滑步、交叉步等。在实际运用中多采用数种步伐结合使用。

7. 假动作

为了达到进攻或防守的目的，运动员常常使用一些假动作，使对方产生错误的判断而采取错误的行动，这样运动员就可以顺利地实施其真实意图。假动作应逼真稍慢，这样才可能使对方做出相应的错误动作，而真动作应快捷、突然而隐蔽。实施假动作的关键是控制好身体重心的变化。

综上所述，无球技术是足球技术不可缺少的组成部分。在进行无球技术的教学、训练时，必须根据足球运动的特点，根据自己的观察判断来决定自己的行动。因此，对足球无球技术的教学训练应多使用以视觉刺激为信号的练习，这样效果较好。

（二）有球技术

足球比赛的胜负是根据参加比赛的双方攻入对方球门的球数多少来决定的。而在快速运动和激烈对抗的条件下，最后能够体现完成攻守任务的技术是有球技术。它是足球技术的主要部分。

第二节 足球基本技术动作分析

一、颠球

颠球是指运动员用身体的各个有效部位连续地触击球，并加以控制，尽量使球不落地的技术动作。颠球是运动员熟悉球性的一种练习手段，以增强对球的弹性、重量、旋转及触球部位、击球时用力轻重的感觉，逐步建立起良好的"球感"。

（一）技术动作要领

（1）双脚脚背颠球：脚向前上方摆动，用脚背击球，击球时踝关节固定，击球的下部。两脚可交替击球，也可一只脚支撑，另一只脚连续击球。击球时用力均匀，使球始终控制在身体周围。

（2）双脚内侧、外侧颠球：抬腿屈膝，用脚的内侧或外侧向上摆动，击球的下部，两脚内侧或外侧交替击球。

（3）大腿颠球：抬腿屈膝，用大腿的中前部位向上击球的下部，两腿可交替击球，也可一只脚做支撑，用另一侧的大腿连续击球。

（4）头部颠球：两脚开立，膝盖微屈，用前额部位连续顶球的下部。顶球时，两眼注视球，两臂自然张开，以维持身体平衡。

（5）各部位连续颠球：根据上述单一颠球技术动作要领，用各部位配合连续颠球，配合的部位越多，难度越大。颠球的部位有脚背、脚内侧、脚外侧、大腿、头部、胸部、肩等。

（二）颠好球的要求

（1）脚击球时踝关节应紧张用力，不要松弛，以免造成用力不稳定。

（2）控制好颠球时的脚型，脚背与地面平行，脚尖不要向下或向上钩。

（3）颠球时身体其他部位放松，不要造成动作僵硬。

（4）颠球时随着球的变化，注意身体重心与支撑脚的移动。

（5）头部颠球时要注意腿部、身体、颈部的协调用力，不要仅靠颈部用力。

二、运球

运球是指运动员在跑动中用脚的推拨动作，使球始终保持在自己控制范围内的连续触球动作。运球的作用可以变换进攻的速度和调节比赛的节奏，可以摆脱对手的阻截，可以引诱对手离开防守位置，打乱对方的防守阵形，利用合理的运球动作越过双方的防线，为传球或射门创造有利战机。

（一）运球的方法

常用的运球技术有脚内侧、脚背正面、脚背外侧、脚背内侧运球。

1. 脚内侧运球

作用：在运球寻找配合传球时，或有对方阻挡而用身体做掩护时使用。

动作要领：在运球前进时，支撑脚始终领先于球，位于球的侧前方，肩部指向运球方向，支撑腿膝关节微屈，重心放在支撑腿上；另一条腿抬起屈膝，用脚内侧推球前进，然后运球脚着地。

2. 脚背正面运球

作用：运球时身体保持正常跑动姿势，可以发挥出较快速度，多用于前方一定距离内无对手阻挡。

动作要领：运球时保持正常跑动姿势，上体稍前倾，步幅不宜过大，运球腿提起，膝关节稍屈，髋关节前送，提踵、脚尖下指，在着地前用脚背正面部位触球后中部将球推送前进。

3. 脚背外侧运动

作用：在快速向前奔跑和向外改变方向时使用。

动作要领：跑动时，身体自然放松，上体稍前倾，两臂自然摆动，步幅要小，运球脚提起时，膝关节弯屈，脚跟提起，脚尖稍内转。在迈步前伸着地前，用脚背外侧推球，推球时，两眼注视球，推后抬头观察场上情况。

4. 脚背内侧运球

作用：多在改变方向并需要用身体掩护时使用。

动作要领：跑动时，身体自然放松，步幅小，上体前倾并稍向运球方向转动。支撑脚在球的侧方（或侧前方）距球 25 厘米左右。运球脚提起时，膝关节稍弯屈，脚跟提起，脚尖稍外转。在迈步前伸着地前，用脚背内侧推拨球。推球时可看球，推后抬头观察。

（二）对各种运球的要求

（1）运球时，两眼要兼顾球和场上情况，以便随时改变速度和躲闪对手，及时完成传球或射门。

（2）运球跑动要自然、放松，步子小而短促，以便随时改变方向。

（3）脚触球时是推拨动作，用力不宜太大，使球始终处于自己的控制范围内。

（4）遇有对手争抢时，要用身体掩护或用离对手远侧的脚运球。

（三）运球易犯错误

（1）眼睛只盯着球，不能随时观察周围情况，因而不能根据临场情况及早采取措施。

（2）身体僵硬影响了动作的协调自如，造成不恰当的触球，或触球时力度过大。

（3）运球技术运用不合理，不易推拨球而是踢球，以至球离人过远而失去控制。

（4）运球的步幅过大，重心偏高，不能随心所欲地触球控球。

（5）触球部位不恰当，运球时不能按照运球者意图运行。

三、踢球

踢球指运动员有目的地用脚把球击向预定目标的技术。踢球是足球技术中最重要的技术，主要用于传球和射门。

（一）技术动作结构分析

踢球的方法很多，动作要领也有所不同，但是每一种踢法都是由助跑、支撑脚站位、踢球腿的摆动、脚触球和踢球后的随前动作五个环节组成。

1. 助跑

助跑是指踢球前的几步跑动。它的作用在于调整人与球的方向、距离，以便在踢球时使支撑脚能够处于所需要的正确位置，从而增加击球的力量。助跑最后一步要大一些，这为踢球腿的充分摆动、增大摆腿速度、制动身体的前冲和提高击球的准确性创造了条件。助跑分为直线助跑和斜线助跑。助跑的方向和出球的方向相同叫直线助跑，助跑的方向和击球的方向成交叉叫斜线助跑。

2. 支撑脚站位

支撑脚的位置要以踢球腿的摆动能达到最大的摆幅、发挥最大的速度和有利于踢球脚准确地接触球的合适部位为原则。支撑脚的位置一般是由所使用的踢球方法（脚法）来决定。凡采用的踢法需要踩在球的侧方的，一般距离球 10～15 厘米；凡采用的踢法需要踩在球侧后方的，一般距离球 25～30 厘米。踢活动球时，更要掌握好支撑脚的位置。因支撑脚落地时球仍在继续运行之中，要把踢球腿后摆的时间计算在内。如追踢向前滚动的球时，支撑脚落地的位置要稍靠前，这样才能与球保持合适的距离。支撑脚要积极踏地以制动身体的前冲力量，膝关节要微屈，以维持身体的平衡和保证充分地摆腿和自如地踢球。因此，支撑脚实际上起着固定支点的作用。

3. 踢球腿的摆动

击球力量的大小，由多方面的因素决定，而主要取决于踢球腿的摆动。它是踢球力量的主要来源。摆幅大，摆速快，踢出去的球力量就大，球的运行速度就快，运行距离就远。因此，踢球腿的摆动动作是否正确，直接关系到踢球的力量、击出球的速度和球的运行距离。踢球腿的摆动是在支撑脚跨步时（助跑最后一步）顺势向后摆起的。在支撑脚着地的同时以髋关节为轴，大腿带动小腿由后向前摆。当膝关节摆到接近球的垂直上方的刹那间，小腿加速前摆击球。

4. 脚触球

包括踢球脚的部位和击球的部位。一般来说，用脚的某一部位击球的后中部，作用力通过球心，出球平直。当踢各种活动来球时，应准确判断来球的速度、方向，根据出球目标，合理选择踢球脚以及脚与球的部位。

在现代足球比赛中，运动员已广泛地采用了弧线球（香蕉球）踢法。这种踢法主要运用脚背内侧或外侧击球，击球的作用力不通过球心，使球产生旋转，并沿着一定弧线运行。这种球具有一定的隐蔽性。此外，也可以用正脚背抽踢前旋球。

5. 踢球后的随前动作

踢球后随着腿的前摆和送髋，使身体重心向前移动，这样既易于控制出球方向和加大踢球力量，又能缓和因踢球腿急速前摆而产生的前冲惯性，以维持身体的平衡。踢球后的随前动作还便于与下一个动作衔接。

在上述五个环节中，支撑脚的站位、踢球腿的摆动、脚触球是主要的因素。

（二）各种踢球技术动作要领

踢球的方法很多，但主要有脚内侧踢球、脚背正面踢球、脚背内侧踢球、脚背外侧踢球，以及脚尖踢球和脚跟踢球。

1. 脚内侧踢球

（1）脚内侧踢定位球作用：适宜于短传。

动作要领：踢定位球时，直线助跑，支撑脚踏在球的侧方 15 厘米左右处，膝盖微屈。踢球腿以髋关节为轴，由后向前摆动，在前摆过程中膝盖外转，踢球脚内侧与出球方向成 90°。脚尖稍翘起，小腿加速前摆，脚跟前送，脚掌与地面平行，踝关节用力绷紧，用脚内侧（舟骨部位）击球的后中部。踢球后，踢球腿随球继续前摆，以保证击球平直、有力。

脚内侧踢球有两种踢球动作方法：一种是推送的踢法；一种是敲击的踢法。

易犯错误：①踢球腿膝盖外转不够；脚尖没有翘起；脚内侧没有前送。②摆腿动作太紧张，成直腿扫球动作。

（2）脚内侧踢反弹球：动作要领与踢定位球基本相同，但要准确判断球的落点、落地时间和反弹起来的路线，身体正对来球反弹起来的方向。当球将要落地时，支撑脚踏在球的侧方，距球 15 厘米，踢球腿小腿急速前摆，在球刚反弹离地时，以脚内侧击球的后中部（可根据需要击球的后下部或后上部）。击球后，踢球腿随球前送。

（3）脚内侧踢空中球：动作要领与踢反弹球基本相同。准确判断球的落点后，踢球前大腿抬起、小腿拖在后面，脚内侧对正出球方向，利用小腿的摆动平敲球的中部。如要踢出低球或高球，可踢球的中上部或中下部。

易犯错误：①对球的落地时间判断不准，摆腿过晚，击球部位不准。②踢空中球时，大腿抬起不够，以致易于击球的底部，出球偏高。

2. 脚背正面踢球

作用：它是用脚背的正面部位（中间几个跖骨的背面）接触球的一种踢球方法，此种踢球方法，踢球腿摆幅大、摆速快，脚和球接触面积大，所以踢出的球有力而准确。比赛中适合于远距离的传球、射门，发任意球，球门球的转身踢球等。

动作要领：直线助跑，最后一步稍大，并积极着地，支撑脚踏在球侧 10 ~ 15 厘米处，脚尖正对出球方向，膝关节微屈；同时踢球腿向后提起，膝弯屈。在支撑脚着地的同时，以髋关节为轴，大腿带动小腿，由后向前摆，当膝盖摆至接近球的垂直上方的刹那，小腿加速前摆，脚背绷直，脚趾扣紧；用脚背的正面击球的后中部。踢球后，踢球腿随球继续前摆。

要点：①支撑脚位置要正确。②踢球腿必须向前摆动。③触球时，脚背绷直，脚跟提起，使脚背击中球的部位。

易犯错误：①支撑脚的位置靠后，造成踢球时身体后仰，踢球的后下部，出球偏高。②踢球腿前摆时，小腿过早加速，造成直腿踢球，出球无力。③摆腿方向不正。④踢球时，因怕脚尖触地，脚背不敢绷直，造成脚趾触球。

3. 脚背内侧踢球

脚背内侧踢球是指用脚背的内侧部位（内侧几个跖骨的背面）接触球的一种踢球方法。

作用：比赛中，经常用脚背内侧踢定位球、远距离球或进行转身踢球。

踢定位球动作要领：斜线助跑，助跑方向与出球方向的反向延长线约成 45°角，支撑脚以脚掌外沿积极着地，踏在球的侧后方 25 ~ 30 厘米处，膝弯屈，支撑脚脚尖指向出球方向，并踏在球的横轴（与出球方向成垂直的轴）的延长线上，身体稍向支撑脚一侧倾斜，在支撑脚着地的同时，踢球腿以髋关节为轴，大腿带动小腿由后前摆，脚尖稍外转，脚面绷直，脚趾扣紧，脚尖指向斜下方，以脚背内侧踢球的后中部。踢球后，踢球腿随球继续前摆。

易犯错误：①支撑脚位置不对，偏后或偏前，支撑脚脚尖没有指向击球方向。②踢球脚脚尖外转不够，接触部位不正确。③没有直向出球方向摆腿，形成划弧动作，以致出球点偏外。④转身踢球时，转身与踢球动作不连贯。

4. 脚背外侧踢球

脚背外侧踢球是用脚背外侧部位（外侧几个跖骨背面）接触球的踢球方法。

作用：动作较隐蔽，接触面较大，多用于踢定位球、弧线球或弹拨球，进行传球或射门。

踢定位球动作要领：直线助跑，最后一步稍大并要积极着地，支撑脚踏在球侧 10 ~ 15 厘米处，脚尖正对出球方向，膝关节微屈。同时踢球腿向后摆起，膝弯屈，在支撑脚着地的同时，以髋关节为轴，大腿带动小腿由后向前摆。当膝盖摆到接近球的垂直上方的刹那，小腿加速前摆时，膝盖和脚尖内转，脚面绷直脚趾扣紧，以脚背外侧部位踢球的后中部。踢球后，踢球脚随球继续前摆。

易犯错误：① 踢球时，膝盖和脚尖内转不够，造成接触球部位不正确。② 支撑脚靠后，造成踢球时身体后仰，踢球的后下部，出球偏高。

5. 脚尖踢球（脚尖捅球）

脚尖踢球是以脚尖部位接触球的踢球方法。

作用：击球异常迅速，借助踢球腿的最大长度，踢距离身体较远的用正常脚法无法踢到的球。

动作要领：支撑腿跳跃上步，踢球腿屈膝前跨，髋关节尽量前送，两臂上摆协助身体向前，小腿前伸，在踢球脚落地前脚尖捅球的后中部。

6. 脚跟踢球

脚跟踢球是用脚跟（跟骨的后面）接触球的一种踢球方法。

作用：大腿微伸小腿屈，产生的力量小，但出球方向向后，故动作较隐蔽，突然。

动作要领：球至支撑脚外侧时，踢球脚在支撑脚前面交叉摆到支撑脚外侧用脚跟击球。球在支撑脚内侧时，踢球脚后摆用脚跟踢球。

四、接球

（一）接球动作结构分析

所谓接球是指队员有目的地用身体的合理部位，把运行中的球接挡住，并使其处于所需要的控制范围内。

球本身具有弹性，当它以一定的速度沿着一定的路线运行时，如碰到坚硬的物体，它就会根据该物体表面的角度和硬度以不同速度反弹到不同的方向去。但如碰到松软的物体，球的前冲力就会因松软物体的后移而得到缓冲。根据缓冲力的大小，球弹回来的距离就有所不同，甚至会落在原地。另外，如球碰到物体，物体表面与球运行的方向成一定的角度时，就会依不同的角度反弹到不同的地点。据上述道理，为了将球接在自己控制的范围，就需做好迎、撤动作以缓冲来球的力量或改变球的运行方向，使其处于所需的位置。

接球的迎、撤动作是缓冲力量的主要方法。迎是为撤所加长的缓冲距离；撤是为了消除与球接触时所产生的反作用力。迎、撤动作的幅度、速度与来球的力量成正比。来球力量越大，速度越快，迎、撤幅度和动作速度应越大和越快；反之则应小而慢。

接球本身不是目的，而是为了更好地处理球，是为传球、运球、过人和射门服务的。接球动作的好坏直接影响着下一个动作的顺利完成，因此，它是每一队员必须熟练掌握的基本技术。接球动作力求快速、简练和多变，并且能和下一个动作紧密地衔接起来。

（二）接球技术动作要领

一般常用脚内侧、脚底、脚背外侧、脚背正面、大腿、胸部等部位接球。

1. 脚内侧接球

脚内侧接球比较容易掌握，脚接触球的面积大，易停稳，并且便于改变方向和结合下一个动作，可以用来接地滚球、反弹球和空中球。

（1）脚内侧接地滚球动作要领：支撑脚正对来球，膝关节微屈。接球腿屈膝外转并前迎同时要放松。当脚与球接触前的刹那开始后撤，脚接触球的部位与脚内侧踢球相同。在后撤过程中用脚内侧接触球，把球控制在下一个动作需要的位置上。

易犯错误：①接球腿的踝关节过于紧张，不易把球接稳。②脚离地过高，使球漏过。

（2）脚内侧接反弹球动作要领：支撑脚踏在球的落点的侧前方，膝关节弯屈，上体稍前倾并向接球脚方向微转，同时接球脚提起，并放松，用脚内侧对准球的反弹路线。当球落地反弹刚离地时，用脚内侧触球的中上部。如果要把球接向左侧，支撑脚应踏在球落点的左侧方，脚尖指向左侧，同时上体也向左侧前倾。

（3）脚内侧接空中球动作要领：有两种方法，一种方法是根据来球的高度，将接球脚举起，脚内侧对准来球路线，在脚与球接触前的刹那开始后撤。在后撤过程中用脚内侧接触球，把球控制在衔接下一个动作需要的位置上。另一种方法是将脚提起稍高于选择的停球点，在脚与球接触前的一刹那开始下切。在下切过程中用脚内侧切于球的侧上部，将球接在地面。

易犯错误：①接反弹球时，对球落地的时间判断不准，使球漏过或停不稳。②接空中球时，因判断不好而举腿过早。

2. 脚底接球

脚底接触球面积大，易将球接稳。在比赛中常用于接地滚球和反弹球。

脚底接反弹球动作要领：接反弹球时，支撑脚踏在球落点的侧后方。当球着地一刹那，用脚前掌对准球的反弹路线，触球的中上部。运用脚底接反弹球时，可根据需要把球接向前（接球时，触球的后中上部并前推），也可将球接向后（触球的前上部，并向后拉）。

易犯错误：①脚抬起过高，用脚去踩球，使球漏过或停不稳。②接反弹球时，落点判断不准确。

3. 脚背外侧接球

脚背外侧接球是用外脚背把来球控制的一种停球方法。

作用：外脚背停球可与假动作结合来做，做动作更具有隐蔽性。

（1）接地滚球动作要领：接球脚稍提起，膝关节和脚内转，以脚外侧对正来球，在支撑脚的前侧接触球的侧后方（偏支撑脚一侧）。接触球时，要向接球脚一侧轻拨，把球接在侧方或侧后方。

（2）接反弹球动作要领：根据来球的落点及时移动到位，支撑脚站在来球落点的侧后方，同时接球脚提起，并放松，用脚背外侧对准球的反弹路线。当球落地反弹刚离地时，用脚背外侧触球的中上部，把球接在侧方或侧后方。

4. 脚背正面接球

作用：多用于接有较大抛物线的来球。

动作要领：根据球的落点，及时移动到位，脚背正面上迎下落的球，当球与脚面接触的一瞬间，接球脚与下落的速度同步下撤，此时大腿膝关节、踝关节、脚趾均保持适度的紧张，脚尖微翘将球接到需要的地方。

5. 大腿接球

作用：多用来接抛物线较大的高空球和略高于膝的低平球。

动作要领：面对来球方向，根据球的落点迅速移动到位，接球腿大腿抬起，当球与大腿接触的瞬间，大腿下撤将球接到需要的位置上。

6. 胸部接球

作用：由于接球部位较高，能争取空间的时间尽快控制球。

（1）挺胸式接球动作要领：面对来球站立（两脚左右或前后开立），两膝微屈，重心置于支撑面内，上体后仰，下颌微收，两臂自然张开，维持身体平衡。接触球瞬间，两脚蹬地，膝关节伸直用胸部轻托球的下部使球微微弹起于胸前上方。

（2）收胸式接球动作要领：面对来球，两脚左右或前后开立，两臂自然张开，挺胸迎球，触球瞬间收胸、收腹，臀部后移将球接在体前，若需将球接在体侧的，则触球瞬间将球接至转体后相应的一侧。

（三）接球技术的要求

接球的方法很多，除两臂以外，几乎身体每一个部位都能停球。接球又分为接地滚球、空中球和反弹球。

无论采用哪一种接球方法，要把球接好都应做到：

（1）准确判断来球的速度、路线、落点以及球反弹的角度，恰当地确定支撑脚的位置。

（2）接球时，为了削弱与球接触时所产生的反作用力，要做迎、撤动作以缓冲来球的力量；或做轻微下压、切和撤引的动作，变换球的前进方向，抵消球的前进力量。

（3）为更好地衔接下一个动作，接球后身体重心必须迅速移动。

五、头顶球技术

足球比赛中，运动员为了争取时间和取得空中优势，不等球落地，在高空中就直接用头的前额骨部位来处理球的方法。

（一）头顶球的作用

头顶球是传球、射门和抢截的有效手段，在进攻和防守中都起着重要作用。进攻时，可利用头顶球技术直接攻门或直接传球进行战术配合；防守时则可利用头顶球阻截，破坏对方的传球配合或抢截险球，解除门前的危急，转守为攻，使比赛更丰富多彩。

（二）头顶球的方法

头顶球可分为前额正面和前额侧面顶球。这两个部位都可以做原地、跑动中、跳起和鱼跃顶球。

1. 前额正面头顶球

（1）原地头顶球动作要领：身体迎对来球，两脚前后开立，膝关节微屈，上体后仰，重心放在后脚上，两臂自然张开，两眼注视来球。当球运行到身体垂直部位的一刹那，后脚用力蹬地，收腹，迅速向前屈体，身体重心由后脚移向前脚。当球运行到身体垂直部位顶球时，颈部保持紧张，快速甩头，用前额正面顶球的后中部，然后上体随球继续前摆。

（2）跳起头顶球动作要领：原地双脚起跳时，两腿先弯屈，重心下降，然后两脚用力蹬地跳起，同时两臂屈肘上摆。在跳起上升过程中，上体后仰成弓形。两臂自然张开，两眼注视来球。在跳起到最高点做准备顶球时，身体成反弓形。当球运行到身体的垂直部位前的刹那，收腹，上体快速前屈，甩头用前额正面将球顶出。顶球后，两腿同时自然屈膝，屈踝落地。

（3）鱼跃头顶球动作要领：当判断好来球的路线和选择好顶球点后，以单脚或双脚用力向前蹬地，身体接近水平状态向前跃出，同时两臂微屈前伸，手掌向下，眼睛注视来球，利用身体向前跃出的冲力，以前额正面顶球。顶球后，两手先着地，手指向前，接着以胸部、腹部和大腿依次着地。

2. 前额侧面头顶球

（1）原地头顶球动作要领：根据来球的运行速度、运行轨迹，及时移动到位。两脚前后开立（或左右开立），出球方向的异侧脚在前，重心逐渐过渡到前脚上，眼睛注视来球，前膝微屈，两臂侧前后自然张开，当球运行至体前上方时，用力蹬地，前脚掌并适度旋转，上体随着向出球方向扭摆，同时用力向击球方向甩头，以前额侧面击球的后中部（见图 2－2）。

图 2－2
前额侧面击球部位示意

（2）跑动头顶球动作要领：与原地前额侧面头顶球动作要领相同，不同的是此动作是在快速跑动中开始和完成的，注意完成动作后的身体平衡。

（3）跳起头顶球动作要领：分为原地跳起顶球与助跑跳起顶球。起跳动作及第一环节与前额正面跳起头顶球相同。在起跳后的身体上升阶段上体向出球的相反方向侧摆，在身体达到最高点时，上体急速向出球方向摆出，颈部扭摆甩头，用前额侧面击来球的后中部，将球击向预定的目标。落地时屈膝以缓冲落地力量并保持身体平衡。

（三）易犯错误

（1）由于害怕心理，顶球时闭眼，以致造成错误部位顶球。

（2）对运行中球的速度、轨迹判断不准确，因而不能很好地选择顶球位置与起跳位置，顶不着球。

（3）掌握不好起跳时机，造成顶不着球（或早或迟），有时虽可顶着球，但也顶球无力。

（4）身体摆动环节不能协调有力地进行，影响顶球力量。

（5）由于习惯性闭眼或害怕缩颈等使接触球部位不准，影响出球准确性。

（6）跳起头顶球时，由于不能很好地控制身体，容易产生不协调的摆动，不仅影响出球的力量，也影响出球的准确性。

（四）头顶球技术一般要求

（1）准确地判断来球的性质，球的运行路线，选择好顶球的位置和确定好起跳时间。

（2）顶球时，应在球运行到身体的垂直部位（即恢复到直立状态）时头与球相遇。

（3）顶球时接触部位应是前额正面或前额侧面。

（4）顶球的开始用力时间，应是球运行到身体垂直部位前的一刹那。

（5）顶球时，蹬地、屈体、甩头等用力动作要协调一致。

（6）跳起顶球时，身体在空中要保持平衡，落地时要屈膝缓冲。

六、抢截球技术

抢球：用规则所允许的条件和动作，把对方控制的或将要控制的球夺过来，踢出去或破坏掉。

截球：把对方队员之间传出的球（空间运行或地面滚动球）堵截或破坏掉。

抢截球是转守为攻的积极手段，一旦把球争夺过来，就意味着进攻的开始。

（一）抢截球技术的要点

（1）选择位置要恰当。抢截前与对方保持一定的距离（约一大步左右），掌握好时机随时出击。

（2）判断的时间要准确，行动要果断，掌握好抢截时机。当对方背向抢截人接球时，要大胆上前截球，或紧堵对方身后进行逼抢。在对方控制好球并面向自己时，不要轻易扑球。当对方接球、运球，使球离身体较远时，应果断、快速进行抢截。

（3）要利用身体的合理冲撞。所谓合理冲撞是指队员的目的在球，而球又在双方控制范围内，在公平合理的情况下，用肩以下肘以上的部位，以适当的力量从侧面冲撞对方的相应部位，使其失去重心，把球抢过来。冲撞时，上臂不得张开。

（4）要紧密衔接下一个动作。在抢截过程中，身体重心移动要快，以便连续抢截或抢得球后尽快控制、处理球。

（二）抢截球的方法

1. 正面抢截球

正面抢截球是控制对方队员从正面运球前进时采用的方法。

动作要领：两脚前后开立，两膝稍弯屈，身体重心下降，重心平均落在两脚上，面对对手。对手运球前进，当脚触球即将着地或刚着地时，一脚立即用力蹬地，抢球脚以脚内侧对正球并向球跨出一步，膝关节弯屈，上体前倾，身体重心移至抢球脚上；另一脚立即前跨成支撑脚。如双方的脚同时触球时，则要顺势向上提拉，使球从对方脚背滚过。身体要迅速跟上，把球控制住。

易犯错误：①身体重心不能及时移到抢球脚上，抢球脚的踝关节没有紧张，使抢截无力。②支撑脚没有迅速跟上，影响下一动作的衔接。③抢截时机掌握不好，出脚过早或太迟，造成抢截失误。

2. 侧面抢球

侧面抢球是与运球者平行跑动或从后面追成平行时采取的抢球方法。

动作要领：当与对手并肩跑动时，身体重心稍下降，同对方接触一侧的臂要紧贴身体。当对方靠近自己一侧的脚离地时，用肘关节以上部位，冲撞对方相应部位，使对方失去平衡而离开球，乘机将球控制过来。

易犯错误：①冲撞时，用手、肘或臂推对方，造成犯规。②不是在对方靠近自己一侧的脚离地时进行合理冲撞，因而影响效果。

3. 铲球

铲球是在对手运球或接球越过防守者，而防守者又来不及用其他方法抢球时采用的倒地抢球方法。

同侧脚铲球动作要领：当控制球的对手拨出球刹那，抢球者后脚（异侧脚）用力后蹬成跨步，上体后仰，前脚（同侧脚）以脚外侧沿地面向前外侧滑动中，用脚背或脚尖将球踢或捅出去。接着小腿外侧、大腿外侧和臀部依次着地滑动。

异侧脚铲球动作要领：当控制球的对手拨出球的刹那，抢球者后脚（同侧脚）用力后蹬成跨步，上体后仰，前脚（异侧脚）以脚外侧沿地面向前内侧滑动中，用脚底将球蹬出。接着小腿外侧、大腿外侧和臀部依次着地滑动。

以上铲球易犯错误：①不是在侧后方或侧方铲球，而是从后方进行铲球，因而容易伤害对手和造成犯规。②动作不连贯，以至影响迅速衔接下一个动作，也容易摔伤自己。

七、假动作

所谓假动作，就是在比赛中，运动员运用各种动作的假象，迷惑和调动对方，使其产生错误的判断或失去身体的平衡，从而取得时间、位置、距离等有利条件，更好地实现自己的真正意图。

作用：为了摆脱对手的阻挠，突破对方的防守、抢夺对方的球或破坏对方对球的控制。

（一）假动作的技术要求

（1）动作要逼真、突然。只有假动作做得逼真，特别是在突然的情况下使用，才容易使对方产生错误的判断而达到摆脱对方的目的。

（2）动作要有目的。假动作是为了达到某种目的而做的，取得成功后，就应按原计划要求进行（如传球、运球切人或射门等），不要耽误时间，更不能为表现自己而做过多的、不必要的假动作。

（3）动作要快速。在做假动作时，一旦对方暴露了空隙，两个动作（假动作与真动作）之间衔接要快。

（4）真、假结合，随机应变。要善于观察场上情况和对方情况，根据场上情况和对方的反应，做到真中有假，假中有真，采取相应的措施。

（5）要掌握好做假动作的时间和距离。做假动作时，一般在离对方 1.50 米左右的地方。

（二）运球突破假动作

作用：突破对手，在局部地区造成以多打少的局面，打乱对方的防守布置，创造有利的战机。

运球突破在比赛中的运用是多种多样的，可以随机应变。在突破时，要注意下列因素：

（1）时机：突破的时机要根据对手的情况来决定。

当对手犹豫不决时，就要突然起动，强行突破。

当对手主动上前争抢时，就利用对手伸脚争抢的一刹那，从对手重心移动的相反方向，直接突破。

当对手不动或不主动争抢时，就先向一侧拨球，诱使对手移动。在对手移动伸腿时，快速从对手重心移动的相反方向突破。

当对手后退封锁路线堵截时，就直向对手运球，逼使对手前移争抢。在对手伸腿抢球、移动重心露出空隙时，即行突破。

当对手运用假动作抢球时要把球控好，待识别对手动作的真伪后，寻机进行突破。

（2）距离：突破对手时，一般是在与对手保持一大步（约 1 米）的距离为宜。对手虽有可能抢到球，但又不能先于控球者，这样，控球者就可以根据临场的情况而决定采用的突破方向与方法。

（3）速度与方向的变化：运球突破时要掌握球运行的速度和方向的变化，这是完成突破的基础。只有把握好改变球的速度和方向，才能根据对手争抢时重心的移动，准确地掌握突破对手的时机。

在比赛中，队员运球突破常用的动作方法有：拨球、拉球、扣球、挑球、推球或捅球。

运球突破（左晃右拨）的动作要领：运球者主动向防守者运球，当接近对手，距离约一大步（约 1 米）时，运球者在控好球的基础上，利用上体向左晃动，这时左脚向左侧移半步，右脚做向左运球的动作。诱使对手向这一侧移动进行封堵，在对手移动或伸腿抢球时，运球者迅速改为以右脚背外侧拨球向右前方移动，与此同时，左脚迅速拉回伸向右侧前方，以保护球，快速突破对手。运球者在做左移的同时，若发现对手毫无反应，即可以右脚的脚背内侧向左侧强行突破，变假动作为真动作。右晃左拨，则与此相反。

易犯错误：①遇到对手上来争抢时，动作慌乱，对球失去控制。②过人动作幅度过大，以致动作衔接不好。③做过人动作时，与对手的距离掌握不准，容易被对手退防或破坏掉。

八、掷界外球

由于掷界外球时接球人不受越位规则的约束，因此，不仅用于恢复比赛，而且可以为进攻创造有利条件。尤其是在前场 30 米内掷界外球，将球直接掷入门前，可以给对方造成很大威胁。

（一）技术动作结构分析

（1）掷界外球的动作是一个下端固定的爆发式的平摆运动，需要稳固的支撑。

（2）根据身高和臂长掌握合理的掷出角（不超过 45°），它是影响远度的重要因素，一般球出手早掷出角大，反之则小。

（3）球出手速度快则掷得远，这需要力量基础和协调用力能力。

（4）充分利用助跑的初速度有助于将球掷远。

（二）技术动作要领

1. 原地掷界外球

面对出球方向，两脚前后或左右开立，每脚均应有一部分站立在边线上或边线外。膝关节弯曲，上体后仰成背弓，重心移到后脚上（左右开立时，重心在两脚间），两手自然张开，拇指相对，持球的侧后部，屈肘将球置于头后。掷球时，后脚用力蹬地（或两脚用力蹬地），两腿迅速伸直，身体重心由后脚移到前脚，收腹屈体，同时两臂急速前摆。当球摆到头上时用力甩腕将球掷入场内。掷球时，后脚可沿地面向前滑动，两脚均不得离地（见图2－3）。

图2－3　原地掷界外球

2. 助跑掷界外球

两手持球放在胸前，在助跑迈出最后一步时，上体后仰成背弓，同时将球上举至头后，掷球时的动作与原地掷界外球动作相同。将球掷出后，后脚可在地面上向前滑行，但不得离地。

（三）易犯错误

（1）掷界外球时动作不符合规则要求，造成犯规。

（2）用力不协调，掷出角不合理而影响出球的远度。

第三节　守门员技术

一、守门员的准备姿势

（一）站位原则

应根据对方射门地点和射门角度来决定，一般应站在两球门柱与射门的球所成的三角形的分角线上。

（二）准备姿势

两脚左右开立，约与肩同宽，两膝自然弯屈，并稍内扣，脚跟稍提起，身体重心落在前脚掌上，上体稍前倾，两臂于体前自然屈肘，两手五指自然张开，掌心相对，两眼注视来球。要求：①两脚不要开立过大，以免影响踏跳和移动。②两脚不要全脚掌着地，并且要保持平行，切忌一前一后。③身体不要太紧张，两臂和两肩部肌肉必须放松。

（三）移动

（1）交叉步：向左（右）侧做交叉步移动时，身体先向左（右）侧倾斜。同时，右

（左）脚用力蹬地，并快速向左（右）前方跨出一步成交叉步，然后左（右）脚向左（右）侧移动。

（2）侧滑步：向左（右）侧滑步时，先用右（左）脚用力蹬地，左（右）脚稍离地面，并向左（右）滑步，右（左）脚快速跟上，两眼注视来球。

要求：①移动时，第一步不要跨得太大，否则不利于完成下一动作。②移动时，重心放在距球近侧的脚上。

二、接球技术

（一）接地滚球

（1）单腿跪撑式：身体正对来球，两腿前后开立，前腿弯屈支撑身体重心，后腿跪立，膝盖接近地面并靠近前脚脚踵，上体前倾，手臂下垂。手掌对准来球，稍向前迎，两手接球的后底部，在手触球的一刹那，两手后引，屈肘屈腕，两臂靠近将球抱于胸前，然后起立。

（2）直立式：直立接球时，两脚要自然并拢，脚尖对准来球，上体前屈，两臂自然下垂，手指自然张开，手心向前，两手接球底部，接球后，两臂同时弯屈并靠拢，将球抱至胸前。

要求：身体一定要对准来球方向，两肘并拢，两脚挡住球的运行路线。

（二）接平直球

身体正对来球，两脚左右开立，上体稍前倾，两臂下垂并屈肘前迎，两手小指相靠，手掌对球，当手触球的一刹那，两臂后引并屈肘，顺势将球抱于胸前。

要求：①接触球时，要收胸、收腹，以缓冲来球的力量。②两肘关节要靠拢，以免从中漏掉。

（三）接高球

当判断好球在空中运行路线和确定接球点后，迅速移动并跳起，两臂上伸迎球，两手拇指相靠，手掌对球，当手触球时，手腕和手指适当用力将球接住，同时屈肘，回缩并下引，顺势反掌将球抱于胸前。

要求：①跳起接球时，判断来球时间要准确，不要踏跳过早或过迟，否则会造成失误。②踏跳要有力，争取抢最高点和做前点接球。

接球的总要求：①每次接球前必须做好准备姿势。②判断好球的落点与球的性质。③接球手型正确。

三、击球技术

（一）单拳击球

作用：动作灵活，活动范围较大，击球点高，击球力量大多应用于击两侧传中球和高吊球。

动作要领：接球时握拳于肩前，身体跳起接近来球，在击球前的一刹那，快速冲拳，以拳面将球击向预定目标。

（二）双拳击球

作用：接触球面积大，准确性高，多用于击正面高球和平高球。

动作要领：两臂屈肘，握拳于胸前，两拳靠拢，拳心相对，当跳起接近最高点即将触球的一刹那，两拳快速冲出，以拳面将球击向预定的目标。

四、掷球技术

（一）单手肩上掷球

作用：一般用于较远距离的掷球。

动作要领：两脚前后站立，两膝弯屈，单手持球，五指自然张开，屈臂后引，举球过肩随之快速摆臂和收缩腰腹，用力向前掷出。

（二）单手低手掷球

作用：此种方法掷出的球平稳易接，但力量较小，适用于近距离的传球。

动作要领：两脚前后开立，单手持球，单臂下垂，快速由体后向前摆动，最后利用后脚向后蹬地和挥臂、甩腕、手指拨球将球掷出。

（三）勾手掷球

作用：此种方法掷出的球最远，适用于远距离的掷球。

动作要领：单手持球于体侧，两脚前后开立，用力勾手摆臂将球掷出。球出手后，掷球手臂继续前摆，上体前倾，后脚前迈，以维持身体平衡。

五、扑球技术

作用：适用于扑救球门两侧的地滚球，以及直传球和传中球。

动作要领：做好准备姿势，重心下降，如扑接左侧低球时，右脚迅速蹬地，左腿屈膝向左跨出一步身体左倒，左脚着地后，随着用小腿、大腿、臀部、上体、手臂的外侧依次着地，同时两臂向球伸出，左手掌心正对来球，右手在左手前上方两拇指靠近，两手腕稍向内屈，触球后把球收回胸前，然后立即站起。

第三章

足球战术

足球战术是在足球比赛中，为了战胜对方而采用的个人和集体配合的组织方法和组织形式。在现代足球比赛中，进攻和防守战术、比赛阵形的布置，以及相应的配套战术备受重视，是比赛双方关心的焦点。本章涵括足球运动的要素及战术分类、比赛阵形、攻守战术分析、根据外界条件选择战术和战术的教学与训练等五部分内容。针对足球运动要素及战术分类，重点分析比赛阵形的演变、特点、制定依据和注意事项，探讨攻守战术中的个人、局部、整体、定位球等战术的方法、要求及注意事项，并根据外界条件选择战术及战术教学与训练诸方面的要求。

第一节　足球运动的要素及战术分类

（一）足球运动的四大要素

足球运动是最复杂的运动项目之一，由技术、战术、身体素质和心理素质四个要素组成，四者之间相互联系，相互渗透，相互补充，相互制约，片面强调某一方面的作用或依赖某一个方面的优势，很难在高水平的比赛中取得优异成绩。

技术技能是指对球的控制能力，也可以说技术是足球运动的基础。只有每一个队员熟练而全面地掌握技术，才能在比赛中做到运用自如，发挥自己的潜在作用。

战术是指对比赛的控制，也可以说战术是一种手段。战术的目的在于充分地发挥本队队员的优点，并且利用对方的弱点，达到战胜对手的目的。

身体素质是指对身体的控制，它是队员发挥技术、战术水平的保证。

心理（意志）素质是指对思想的控制。在比赛中运动员的心理状态是很重要的，如果一个运动员没有崇高的思想，没有为集体为国家争光的欲望，他就不可能成为一个优秀运动员，在比赛中就不可能发挥勇敢顽强、一拼到底的精神。

（二）足球战术的分类

1. 足球战术概念

足球战术是指比赛双方为了比赛的预期目的，根据主客观的情况由个人和集体所采用的手段和方法。

2. 足球战术分类

足球战术分为进攻战术和防守战术两大系统。进攻、防守战术又分为个人战术、局部战术和全队战术。此外，足球战术还包括阵形的变化。

个人战术是指队员在比赛中为了战胜对手，完成全队战术配合而采用的个人行动和方法。如：运球突破、跑位、盯人等。局部战术是指两个以上队员，局限在一定区域范围内的战术配合。如：二过一、围抢等。全队战术是指在全队中几个位置区域之间采用的协同作战和配合方法，它常具有明确的位置分工和攻守方向。如：边路进攻、中路进攻、区域防守等。这三者间有密切的关系，个人战术是局部战术的基础，而局部战术又是全队战术的基础，全队战术则是个人战术和局部战术的综合。

足球战术的分类如下所示：

- 足球战术
  - 进攻
    - 个人：传球、射门、运球、过人、接球、掷球、摆脱、跑位
    - 局部配合：局部地区的二过一配合、三人配合等
    - 全队：阵地、快反、边路、中路、转移
    - 定位球：开球、角球、球门球、任意球、掷界外球、罚球点球
  - 阵形：4—2—4、4—3—3、4—4—2、3—5—2、5—3—2、4—5—1 等
  - 防守
    - 个人：盯人、选位、抢截
    - 局部配合：保护、补位、临近位置配合
    - 全队：区域盯人、混合盯位等
    - 定位球：开球、角球、球门球、任意球、掷界外球、罚球点球

第二节 比赛阵形

比赛阵形是指在比赛中队员的位置排列，是一支球队攻守力量搭配和职责分工的具体形式。

比赛阵形的选择要根据本队队员的特点和参赛对手队员的特点来决定。阵形是比赛战术的一个组成部分。要使每个场上队员在明确基本位置和主要职责的前提下，充分发挥个人的智慧和全队的攻守特点，运用比赛阵形以达到克敌制胜的目的。

一、阵形演变简史

现代足球的比赛阵形是伴随着足球运动的发展而发展的。规则的变化，技术、战术、身体素质诸因素的不断提高，促进了阵形的演变和发展。阵形的演变可归纳为以下几个阶段。

（一）第一阶段（1863—1930）

现代足球诞生时的规则规定：凡进攻队员在球的前面就是越位。当时的技术水平低，进攻手段是向前踢球后进行冲击或向前带。为此，设 1 名防守队员就可抵挡 9 名进攻队员，即九锋一卫阵形。随着技术的提高，越位规则的修改有利于进攻和进球，增加防守队员势在必行，相继出现三卫七锋和四卫六锋阵形。攻多守少是这些阵形的共同特点。直到 1884 年在英国诞生攻守人数排列基本平衡的塔式阵形（见图 3－1），才改变了攻多守少的状况。塔式阵形在足坛流行了 40 余年，积极地推动了足球运动的发展。

纵观这一长达半个世纪的足球发展历程，显示当时的足球水平较低，技术较粗糙，发展提高较慢。

（二）第二阶段（1930—1970）

这是现代足球水平提高较快的阶段。阵形变化频繁，发展较快，攻守矛盾尖锐，变革深刻，对世界足球发展影响较大。

1. WM 阵形

1925 年国际足联再次修改越位规则，将越位的概念由进攻队员与对方球门线间对方队员不足 3 人改为不足 2 人，虽改一字，但对促进足球运动的发展作用很大。1930 年英国人契甫曼创造了在足球史上占有重要地位和作用的 WM 阵形（见图 3－2），其显著特点是攻守人数排列平衡。它对英国人在 20 世纪 50 年代前统治世界足坛起了重要作用。

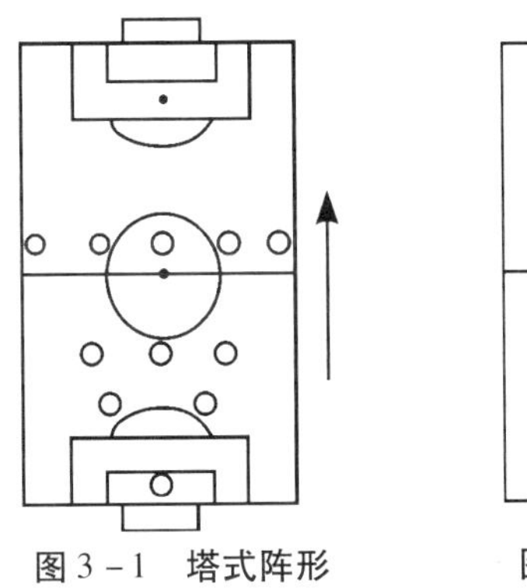

图 3－1　塔式阵形　　图 3－2　WM 阵形

2．四前锋、4—2—4 、4—3—3 阵形

（1）四前锋阵形。

20 世纪 50 年代初，匈牙利首创四前锋阵形（见图 3－3）。这是一个倡导进攻的阵形，它以技术精湛、配合流畅、进攻犀利、打法新颖而一举成名。在 1953 年和 1954 年，匈牙利队以 6∶3 和 7∶1 大胜英国队；1954 年又获第 5 届世界杯亚军，一时四前锋阵形风靡世界。这种敢于进攻和创新的精神为足坛树立了榜样，被誉为足球的第一次重大变革。

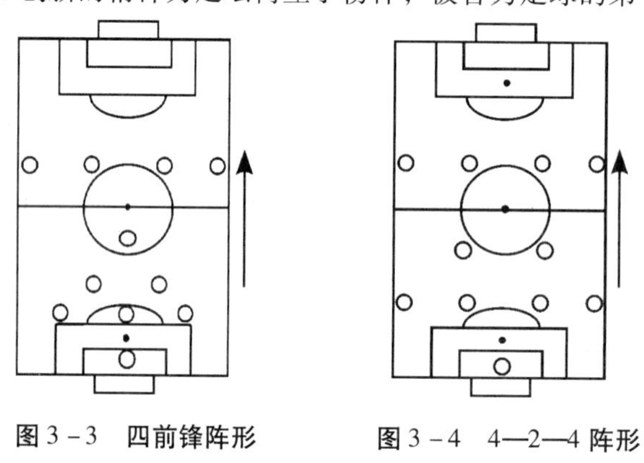

图 3－3　四前锋阵形　　图 3－4　4—2—4 阵形

（2）4—2—4 与 4—3—3 阵形。

1958 年巴西队在瑞典举办的第 6 届世界杯赛上运用 4—2—4 阵形一举夺魁（见图 3－4）。4—2—4 阵形也是一个以攻为主、攻守平衡的阵形，攻守转换快而顺畅，由于边锋和边后卫协助控制中场而利于夺取比赛主动权。4—2—4 阵形曾在世界足坛广为流行，被誉为足球的第二次重大变革。

1962 年第 7 届世界杯赛上，巴西队在 4—2—4 阵形的基础上推出 4—3—3 阵形（见图 3－5），创造性地灵活运用扎加洛攻时任左边锋、守时任左前卫的踢法，既加强了进攻，又增强了中场的防守。巴西队因此蝉联了世界杯赛冠军。

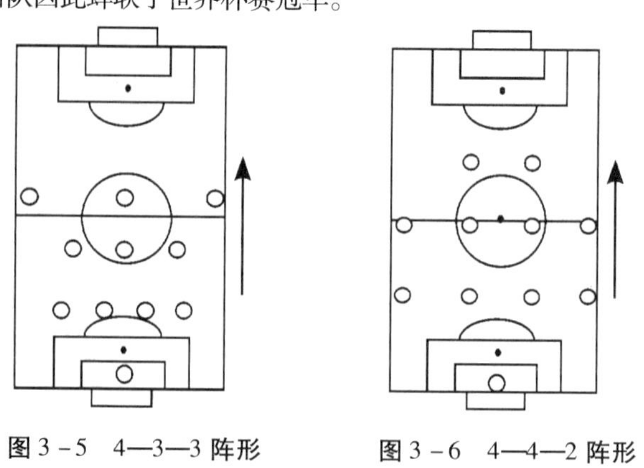

图 3－5　4—3—3 阵形　　图 3－6　4—4—2 阵形

（3）4—4—2 等诸多防守阵形。

由于进攻型足球的胜利和卓越的个人技术所产生的威慑力，迫使各国球队不得不加强防守以遏制进攻。为此，整个 20 世纪 60 年代，诸如清道夫中卫、锁链式、混凝土等密集防守阵形应运而生，致使世界足坛攻守矛盾的斗争日益加剧。

1966 年英国队在第 8 届世界杯赛上采用加强防守的 4—4—2 阵形（见图 3－6）一举登上世界冠军宝座。

直到第 9 届世界杯赛，巴西队以崇尚进攻的传统打法改变了上述种种旨在加强防守的消极踢法，第三次获世界冠军，使下降了的进球数又回升至平均每场为 3 球。这是以巴西为代表的进攻型足球的胜利。

（三）第三阶段（1970 年至现在）

这是现代足球发展最快、变革最深刻的阶段。它标志着足球机械分工的结束，进入了全面化与多职能的足球时代。这阶段的阵形繁多，但万变不离其宗，都是围绕着全攻全守的主线在变化，并向纵深发展。

1. 1—3—3—3 阵形

1974 年第 10 届世界杯上，以荷兰与联邦德国为代表，首创了崭新的全攻全守踢法 1—3—3—3 阵形（见图 3－7）。这种踢法要求运动员能攻善守，首先是本位置的专家，其次是其他位置的能手。队员的活动范围大，职能增多，不仅对运动员的个人技、战术意识和身体素质提出了全面化的要求，而且对全队的整体攻防一体化要求更高。这被誉为足球的第三次重大变革。

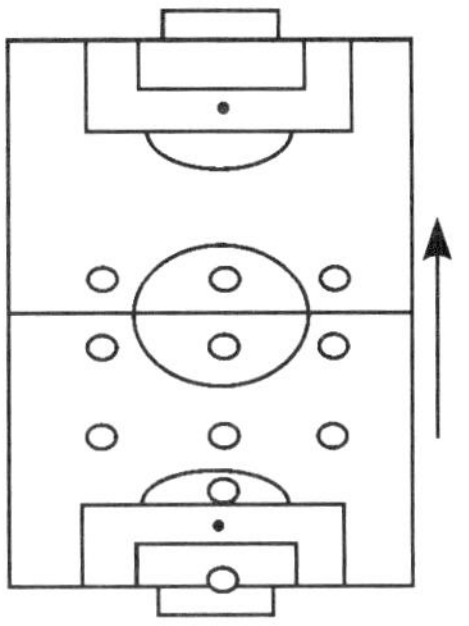

图 3－7
1—3—3—3 阵形

2. 3—5—2 与 5—3—2 等其他阵形

（1）3—5—2 与 5—3—2 阵形。这是 20 世纪 80 年代出现在欧洲锦标赛和第 13 届世界杯赛上的阵形。实践证明，夺取中场优势是获得比赛主动权的关键，用 4 名后卫对付普遍采用两名前锋打法的战术是人力的浪费。进攻时，边后卫进入中场以夺取中场优势和主动，并伺机插上进攻；防守时，在中场阻击和瓦解对方的进攻，对方进攻向两边纵深推进时，边后卫势必后撤防守。此时，3—5—2 阵形变成 5—3—2 或 4—4—2 阵形。因此，3—5—2 与 5—3—2 阵形实际上是根据攻守的需要，队员在场上位置布局的变化。

（2）其他几种阵形。全攻全守的踢法所采用的阵形很多。凡有利于发挥个人特长和集体力量、符合主客观实际的战术，无论采用什么阵形都可打出全攻全守，都能取得实效和成功。

1982 年第 12 届世界杯赛上意大利队采用了 4—3—3 阵形，并运用“稳固防守，快速反击”全攻全守打法获得冠军。这一阵形符合意大利队防守好和前锋攻击力强等特点。巴西队在学习欧洲整体攻防的基础上，克服自身重攻轻守的缺点，制定了符合现代足球发展趋势和本队实际的“稳固防守，力控中场，加强进攻”的攻守兼备打法。他们充分发挥技术精湛及几名世界级球星的作用，在 1994 年第 15 届世界杯赛上夺回失去 24 年之久的世界杯冠军。他们采用的是 4—4—2 阵形。

1998 年第 16 届世界杯赛上，尽管各队采用的阵形不同，但有两个共同特点：一个是各队越来越重视学习南美讲究技术，将技术、战术和身体融为一体，将南美风格和欧洲风格融为一体。另一个是采用积极主动的逼迫式防守，进攻一旦失败，近球的队员即展开追、封、抢、围和积极主动、拼抢凶狠的防守，把防守的第一线建立在前场和中场，把进攻扼杀在发动和组织阶段，减轻后场的压力，将攻与守融为一体。同时在中后场积极布防，占据有利位置，进行协同防守。一旦在前中场抢截成功，立即发动进攻。这种进攻的威胁和成功率远高于从后场发动的进攻，这种踢法对全队在技术上、整体攻防上，特别是在体能上提出了非常高的要求。

综上所述，100 多年的足球运动发展史也是阵形演变的发展史。发展的基本规律是：攻守矛盾的斗争是阵形演变和发展的动力，队员竞技能力的不断提高是阵形演变和发展的基础，制定符合实际的战术是阵形变革成功的重要条件，规则的不断修改也是推动阵形演变和发展的重要因素。

二、4—4—2 、3—5—2、3—4—3 、4—5—1 阵形特点

（一）4—4—2 阵形特点

1966 年英国运用4—4—2 阵形主要是为了加强防守。如今的4—4—2 阵形赋予的是全攻全守的内涵，两者区别甚大。当今的4—4—2 阵形主要特点如下：

（1）后场和中场都安排4 名队员，力量强，有利于巩固后方，力保大门不失球，同时有利于夺取中场优势和主动权。前锋一般只安排两名，但这两名前锋突破能力强，善于捕捉得分机会，通过积极跑位在中路和边路制造空当，便于前、后卫插上进攻，有利于组织和发展点多面广的进攻，增强了后卫、前卫进攻的突然性和隐蔽性。

（2）从队员排列分布看虽然攻少守多，但通过合理有序的组织，积极的跑动，完全能达到比赛过程中攻守力量的实际平衡。

（3）由于各队队员的特点不同，尽管都采用4—4—2 阵形，但位置排列上和具体攻守打法上却有所不同。前锋队员主要有双中锋和一边锋一中锋的两种排列。4 名前卫基本上是一字形横向排开或菱形排列两种。其分工一名为进攻型前卫，一名为防守型前卫，另两名为边前卫。

（二）3—5—2 阵形特点

（1）3—5—2 阵形的显著特点是中场人数多，力量强，有利于夺取中场优势和取得比赛主动权。

（2）通过前锋和中场队员的逼迫式防守，既可减轻后方的压力增加对方进攻的难度，又可在中前场抢截成功时发动反攻，其威慑力和成功率远高于后场发动的进攻。

（3）用3 名后卫盯防普遍采用的两名前锋，有人数优势，两名队员可大胆紧逼盯人，自由中卫可保护补位并能有效地控制门前危险区域。

（4）中场队员插上进攻点多、面宽，具有突然性和隐蔽性，对手难以防范。

（5）对边前卫要求甚高，集边锋、前卫、边后卫三位于一体。

（6）位置排列的变化主要是5 名前卫。

（三）3—4—3 阵形特点

（1）攻守平衡，中场力量相对较强。

（2）排3 名前锋既加强了进攻力量，又牵制了对方边后卫的助攻。

（3）转入防守时，前场、中场兵多将广，有利于展开逼迫式防守，减轻后防压力。

（4）3 名后卫看守两名前锋具有人数和心理上的优势，无论对方采用双中锋还是其他排列，均可用两名后卫死盯，一名自由中卫保护补位和控制危险区域。

（5）攻守转换自然、流畅，队员位置相对稳定，变化较小。

（四）4—5—1 阵形特点

这是一个相对侧重防守的阵形。

（1）4 名后卫主要是防守，帮助控制中场和助攻，较少直接进入前场或对方罚球区进攻。

（2）中场力量强，人数多，利于夺取中场优势和获得主动权，能减轻后防的压力。

（3）进攻力量较弱。进攻的效果一看反击，二看前卫的能力和变化，特别是处于中锋之后的左右两名进攻型前卫和两边前卫在进攻中的作用。由守转攻时，中前场空区大，进攻点也多，有利于组织快速反击和点多、面宽的进攻，能增加进攻的突然性和隐蔽性。

三、制定阵形的主要依据及运用时的注意事项

（一）制定阵形的主要依据

1. 必须依据本队队员的能力和特点

战术与阵形既有联系又有区别，世界强队制定队形时都注重符合本队队员的特点和实际，所以能获得成功。如果队员不具备某种阵形所要求的能力和特点，那么这一阵形就发挥不了集体的力量和个人的特长，也谈不上有什么作用。

2. 必须依据现代足球比赛的规律

现代足球的总体要求是全攻全守，攻守平衡。但在实际运用时，普遍是先守好了再进攻，力争不失球，然后再设法进球，确保取胜和不输。20 世纪 80 年代以来，普遍采用的阵形是 4—4—2 、3—5—2 与 5—3—2、4—5—1 等。排列形式上都是守多攻少。近几届世界杯赛进球少，平均每场进球数在 2. 1 ~ 2. 7 个球之间。可见，从理论到实际都说明了制定阵形必须依据比赛的规律。

（二）运用时的注意事项

1. 切忌盲目搬用脱离实际的阵形

有些教练员在选用阵形时喜欢赶潮流，仿效大赛中成功的阵形，但结果大失所望。其根本原因是脱离本队的实际能力和特点。

2. 提倡发挥队员的应变能力和创造力

全攻全守要求每名队员都应能攻善守。队员首先是完成好本位置的任务，同时允许、鼓励队员不受位置的束缚，充分发挥其应变能力和创造力。

3. 保持完整的队形

从位置来说，无论进攻还是防守，无论队员怎样纵向或横向变换位置，始终要保持各位置上都有队员，既不能重叠又不能在某位置缺人。要保持三条线即前锋、前卫、后卫之间纵向和横向间的适当距离。前锋线和后卫线的纵向距离宜保持在 40 米内，队员间的横向距离 5 ~ 10 米。特别是在后场 30 米区域，队员前后左右间的距离宜小，以取得空间和时间的优势，以利于发挥整体攻防和每名队员的力量。

4. 队员的合理组合

教练员要知人善任，将队员安置在最能发挥其特长和作用的位置上，并能充分发挥集体的力量。如 1994 年第 15 届世界杯赛上的巴西队成功地运用了 4—4—2 阵形，7 场比赛进 11 球，失 3 球，说明其后防异常坚固，中场优势明显，前锋的攻击力很强，罗马里奥

与贝贝托被誉为梦幻组合。

5. 合理的攻防打法

每个队的攻防打法是建立在本队特点和双方实力对比基础上，同一种阵形，打法可以不同。有的以稳守反击为主，有的以渗透进攻为主，有的以边路进攻为主，有的以中路进攻为主，有的采取逼迫式防守，有的采取密集防守。

（三）各位置的职责及打法

守门员：主要职责是守住球门，尽力不让球进门。其任务：

（1）组织和指挥防守。他是全队最后一位置，对比赛的形势一目了然，可以通过语言，告诫队员如何站位盯人。罚任意球时，应指挥队员组织人墙。

（2）选位。根据球的位置，不断地调整自己的位置。如球在对方半场，他应移至罚球区内附近。

（3）控制罚球区。对方传中球时，应决定是否弃门出击。如果决定出击一定要果断，起跳要接触球（接住或打出），如果发现同伴容易处理球，或者正在争夺球，不应盲目跑出接球。

（4）发动新的进攻。守门员接住球时，应快速、准确地把球掷给同伴，但不要盲目掷，否则后果是很严重的。

边后卫：主要职责是防守对方边锋。同时应和中卫配合，对方在中路或另一侧进攻时，要收缩保护中卫，同时也要看住对手。边后卫同时还要参与进攻，但要选好时机。

中后卫：主要职责是防守通向球门的中间通道。中卫是防守的核心。要求防守技术全面，观察能力强，有预见性，什么时候出来，如何补位，都应做出正确的判断。

目前中卫的打法有两种。一种方法是一个紧盯对方中锋，一个是自由人，主要是补漏洞。另一种方法是没有固定谁盯对方中锋，中锋进入右侧的中卫区就由左中卫盯住，另一中卫做保护。中卫还要组织进攻。开角球时可以上前参与进攻。

前卫：主要职责是控制中场。它是攻与守的桥梁，是全队的枢纽。前卫队员应是全队技术和战术最全面、奔跑能力最强的人。一般前卫线由3～4名队员组成，根据各人不同的特点，担负各自侧重的任务；经验丰富，战术意识强，头脑冷静的前卫能起到中场的指挥作用，耐力出众、穿插灵活的前卫能起到锋、卫间的联结作用；纪律性强、顽强拼搏的前卫可专盯对方前卫的关键人物。现今前卫的打法，除控制好中场外，还应深入第一线，和前锋配合，积极争取射门。

边锋：主要职责是从边路突破对手，在边路打开缺口，为同样创造射门机会和自己射门。边锋也要参与防守。

现代足球比赛中边锋的打法多样，有的在自己一侧进行个人突破或与同伴配合进攻为主；有的则频繁交叉换位，内切至中路，变换进攻的位置，这就要求边锋技术更全面，才能适应现代足球的打法。

中锋：主要职责是射门得分。边锋位于进攻的最前线，通常是队内的尖刀和炮手，进攻时经常运用传球配合、运球突破、顶球摆渡等手段为自己或同伴创造射门机会。由攻转守时，中锋应回抢堵截、阻拦、延误或破坏对方的第一传。

第三节　攻守战术分析

一、进攻战术

（一）个人进攻战术

1. 摆脱与跑位

摆脱，就是使对方失掉对自己的看守，以便在没有阻挠的情况下完成战术配合。摆脱的方法有突然起动、突然变向、假动作等。

示例一（见图3－8）：反切。⑦号向后跑佯作接球，把防守队员△4号引诱出来，再突然转身切入，摆脱△4号防守，接同队⑥号传出的球。

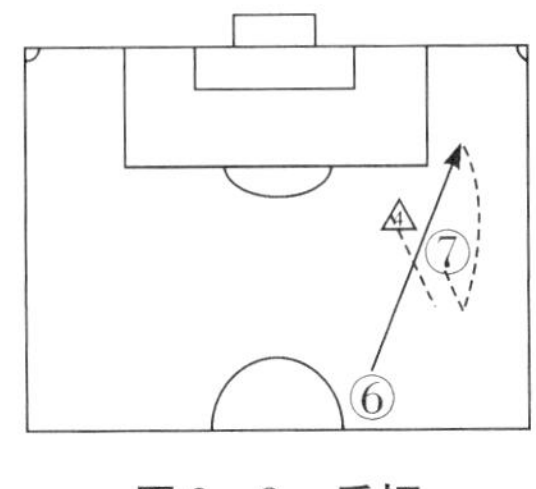

图3－8　反切

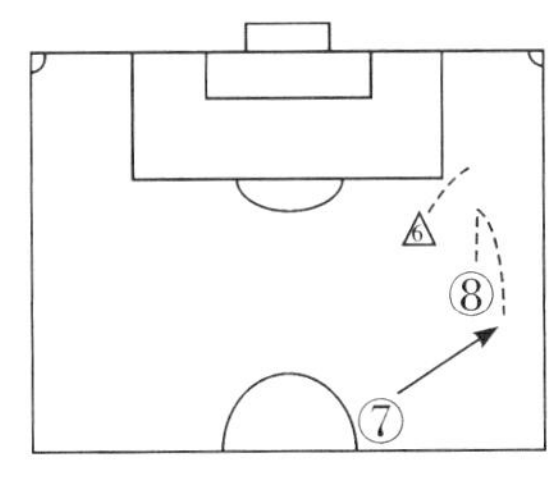

图3－9　先压后回

示例二（见图3－9）：先压后回。⑧号向前插进佯作接球，突然转身回跑，摆脱防守队员△6号接同队队员⑦号传球。

跑位是指无球队员在进攻中为自己创造更好的接球、射门机会或为同伴创造这些机会而实施的有计划、有目的的战术行动。无球跑动是足球比赛中的重要组成部分，在一场足球比赛中，每个运动员接触球的时间仅有两三分钟，其余都是无球的跑动，因此跑位是否合理，对一个队的战术质量和技术发挥都有重要的作用。跑位的作用有：摆脱对手接球；牵制或扯动对手为同伴创造机会；扰乱对方防线制造空当。

2. 运球过人

运球过人是破密集、破紧逼的重要的个人战术。如能突破对方防守就有射门得分的可能；同时也可破坏对方防线，造成以多打少，为本队同伴创造射门机会。要想突破对手，首先要勇敢、机智，其次要掌握全面技术，尤其是快速的起动、身体的协调动作等。

3. 传球

传球是集体配合的基础，它是完成战术配合，创造射门机会的主要手段。

按传球距离可分为：短传（15米以内）、中传（15～25米）、长传（25米以上）。按传球的高度分为：高球（高于人体）、平直球（膝部以上头部以下）、低球（低于膝面的平直球）和地面球（俯贴于地面运行的球）。

按传球的目标分为：向脚下传球和向空当传球。

按传出球的方向分为：直传（平行边线的传球）、横传（平行端线的传球）、斜传（出球方向与边线或端线成角度的传球）。

按球运行路线分为：直线传和弧线传。

按传球前的触球次数分为：直接传球和间接传球。

由于传球效果不一样，因此要根据比赛实际情况及战术需要采用不同的方法，但无论用何种方法，传球的时机、传球的力量和传球目标、落点是传球的主要战术因素。

传球应注意以下几点：①传球前尽可能隐蔽自己的意图。②传球动作要快速、简练、多变。③攻守队员集中在一侧时应转移传球方向。④遇风雨天比赛，顺风时少直传、长传、高传，传球力量要比平时小些；逆风时多低传，力量要大些；下雨地滑多向同伴脚下传，场地泥泞少传地面球。

4. 射门

射门是决定一场比赛胜负的关键。任何一种集体和个人进攻行动都是围绕射门这一中心环节进行的。

射门可以从不同距离和不同角度，运用各种身体部位和脚法，采用多种形式获得射门机会。无论在何处、运用何种方法，射门应做到快速、突然、准确、有力、善变。

每个队员在射门时都应注意关于提高射门质量的几个原则：①能直接射门的不间接射。②能快射的不慢射。③能传射的不运球突破射。④能空中抢点射的不等落地射。

（二）局部进攻战术

1. “二过一”

所谓“二过一”，是指在比赛中的局部地区，两名进攻队员运用传球（通常是发动者与接应者各运用一次传球）和跑位来突破对方一名防守队员的配合方法。

一般常用的“二过一”配合方法有（以发动者传球与跑位路线命名）以下几种。

（1）横传（斜传）斜插“二过一”（见图3－10）。

⑧号运球接近防守队员△4号时，横传球给同伴⑦号，斜插接⑦号的直传球。

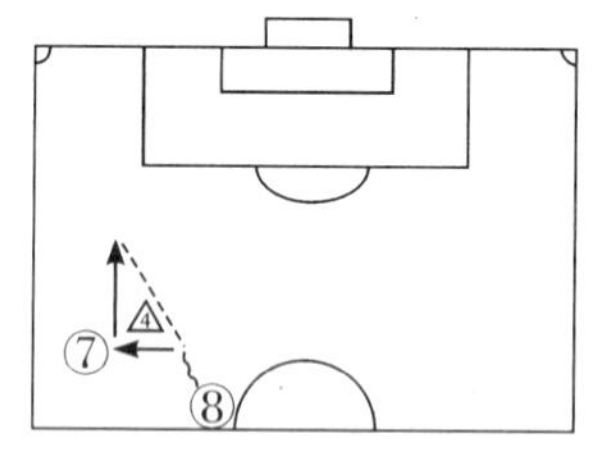

图3－10　横传（斜传）斜插“二过一”

（2）横传（斜传）直插“二过一”（见图3－11）。

⑧号运球接近防守队员△3号，把球传给同伴⑦号，传球后突然起动，摆脱△3号，直插接⑦号的斜传球。

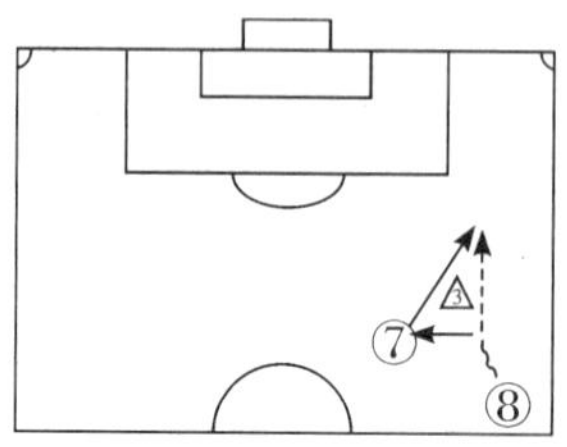

图3－11　横传（斜传）直插“二过一”

(3) 撞墙式“二过一”(见图3-12)。

⑧号向同伴⑨号脚下传球，⑨号直接传出，球好像碰在墙上，弹向防守队员△3号背后的空当，⑧号快速切入接球（撞墙式“二过一”接应队员一般都直接传球）。

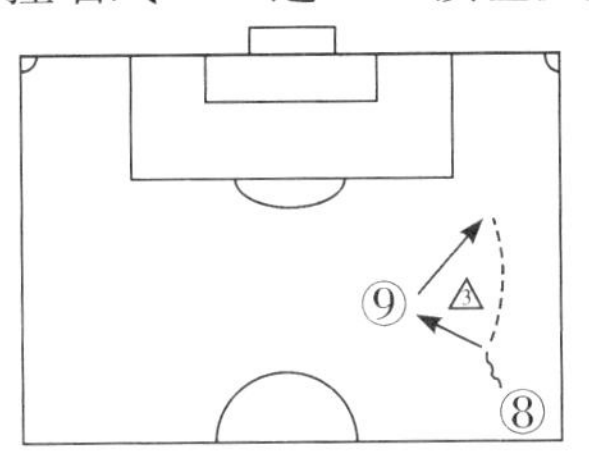

图3-12 撞墙式“二过一”

(4) 回传反切“二过一”(见图3-13)。

⑪号回撤迎接球，防守队员△2紧逼，⑪号将球回传给同伴⑩号，转身反切接⑩号传至△2号身后空当的球。

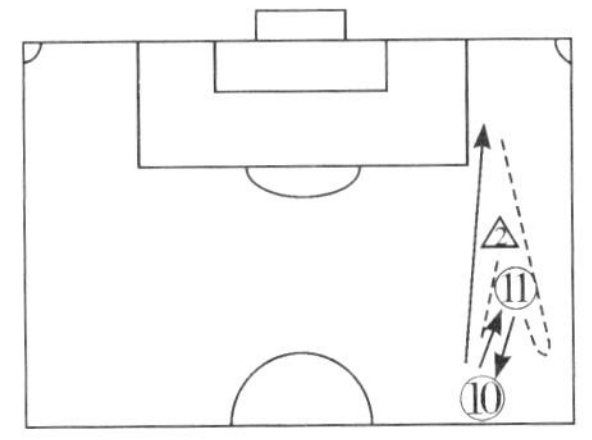

图3-13 回传反切“二过一”

进行“二过一”配合时应注意的问题：①控球队员运球接近对手，隐蔽自己的配合意图，一般距对手约1.5米时将球传出。②传出球要准确，力量要恰当。③控球队员传出球后要快速起动摆脱对手。④接应队员要选择好位置，与控球队员保持一定距离和角度。⑤接应队员应尽量直接将球传给插上的同伴，注意场上的情况，抓住战机，避免越位。

2. “三过二”

“三过二”比“二过一”配合进攻的面更大，同时也增加了进攻战术的多变性和突然性。“三过二”配合的方法可分为下列两种：一种是一个队员利用自己跑向空当牵制一个防守队员，其他两个进攻队员利用传切突破另一位防守队员（见图3-14)。另一种是三个队员通过传球进行一次间接“二过一”或连续两次“二过一”配合突破两个防守队员(见图3-15)。

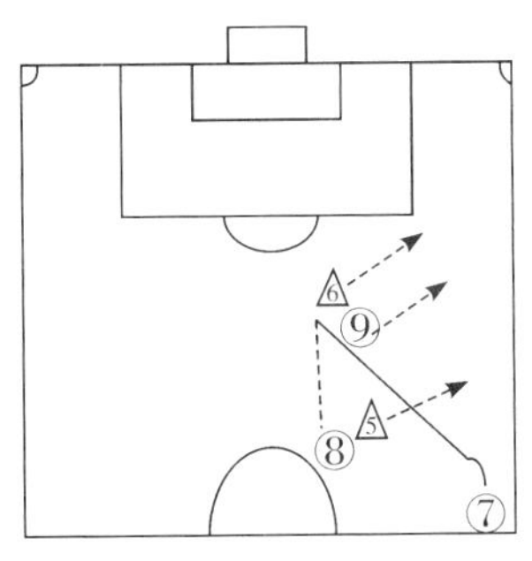

图3-14 “三过二”之一

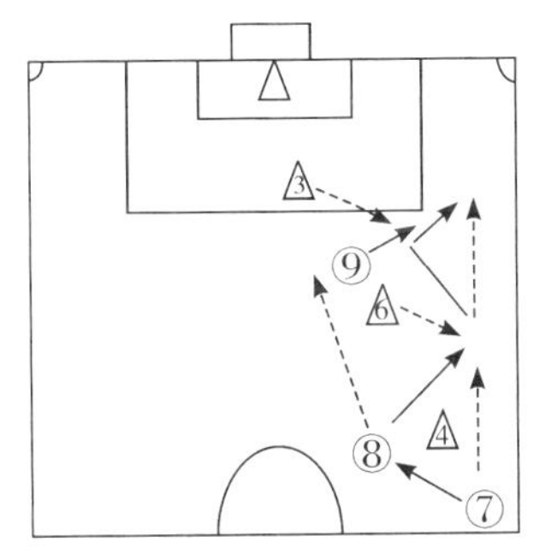

图3-15 “三过二”之二

（三）全队进攻战术

全队进攻战术是指进攻的面比较广，投入的人数比较多的进攻配合。全队进攻战术的具体配合千变万化，大致可归纳为边路进攻和中路进攻两大类。

一次完整的进攻是由发动、发展和结束三个阶段组成的。

1. 边路进攻

边路进攻是指在对方半场两边线地区发展的进攻，边路进攻主要是沿边线地带快速运球突破，传球推进切入、传中、包抄射门。

边路进攻防守人员较少，便于组织进攻。同时还可以利用前卫靠边，后卫插上进行助攻。

示例（见图3－16）：后卫②号传球给边锋⑦号，⑦号得球斜传给内锋⑧号后再跑上接⑧号斜传球，⑦号得球下底传中，也可以下底回传或直接运球切入罚球区进行射门。

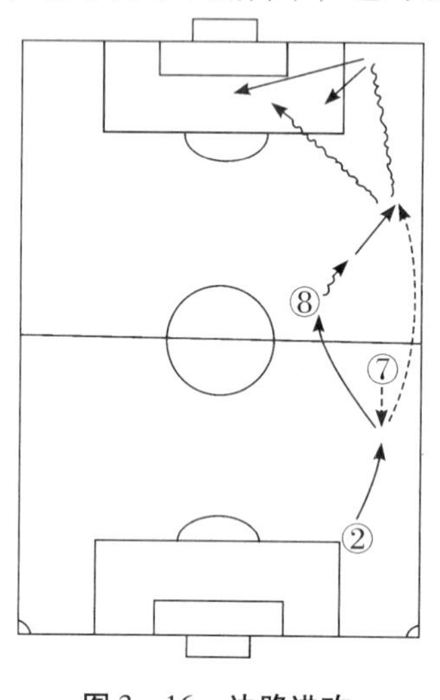

图3－16　边路进攻

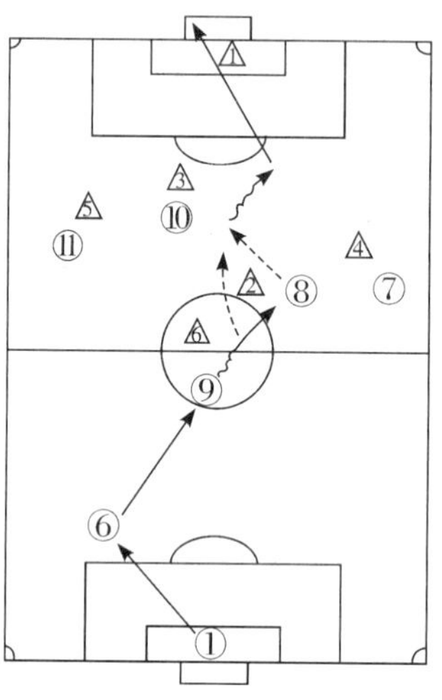

图3－17　中路进攻

2. 中路进攻

中路进攻是指在对方半场中间地带发起的进攻。

在比赛中，中间地区的球比较多，射门角度大，有威胁性，尤其是两前锋拉开后，中间空隙较大，便于在中间组织进攻。

示例（见图3－17）：守门员发动进攻传球给⑥号，⑥号传球给⑨号，⑨号又传球给⑧号，⑧号与⑨号做“二过一”配合切入射门。

二、防守战术

（一）个人防守战术

1. 站位与盯人

站位指防守队员选择的位置，原则上是站在对手与本方球门中心所构成的一条线上。还应使自己能清楚地观察全场队员分布情况和球的移动方向。

盯人是指防守者通过各种方法，紧紧跟随并看守住自己的对手，严格控制对方的有效战术活动。

盯人主要有紧逼盯人和松动盯人两种。紧逼盯人是贴近对手不给对手从容活动的机会；松动盯人是与对手保持一定距离，以便随时上前断抢对手的球。两种盯人方法都应根据场上球与人的活动情况灵活运用。在一般情况下，有球的一侧可采用紧逼盯人，无球的一侧可松动盯人；对方队员靠近罚球区地带或球门，应采用紧逼盯人。

2. 抢截

抢截在比赛中的运用极为广泛，它是在防守中获得球，争取重新主动进攻的积极手段。抢截是指防守者有意识地运用各种规则允许的争抢动作，主动地向控球者发动进攻，把球抢过来、破坏掉或是把持球者的传球断下来的行动。它具有明显的主动性和攻击性。

抢截动作的运用通常有三种形式：①在对手接球前断截球。②在对手接球的一刹那间抢断球。③在对手拿好球后抢截。

（二）局部防守战术

1. 保护与补位

保护是指在同伴紧逼控球队员时，自己选择有利位置来保护同伴，防止对手突破的行动。补位则是指防守队员补同伴在防守中出现的漏洞的互相协作防守的方法。保护是补位的前提，没有保护也就不可能有效地补位。

补位有两种：一种是补空当；另一种是临近位置队员间的互补位，即交换防守。

2. 围抢

围抢是指几个防守队员同时围堵，抢断某局部位置的对方控制球队员。围抢的运用是现代足球比赛的特点，是集体防守的重要手段，它以人数上的优势，在局部地区以多防少进行紧逼对方控球队员，达到抢断或破坏对方进攻的目的。

进行围抢时应注意的方面：①必须具有充沛的奔跑能力，才能造成在局部地区人数上的优势，从而给对方控球队员造成心理上的压力。②抢截要凶狠、果断，要有必胜的信心。③队员之间应具有协同防守的默契配合。④在围抢时应注意封死控球队员的传球路线，并结合抢、突击、封堵等手段，防止进攻队员突破或传球。

（三）全队防守战术

在比赛中常采用的防守方法有人盯人防守、区域防守和混合防守三种。

1. 人盯人防守

除拖后中卫外每人都有盯住一个指定对手的任务。原则上对手跑到哪里就盯到哪里，拖后中卫（自由人）进行区域防守，执行补位任务。

2. 区域防守

每个队员在自己的防守区域内进行盯人防守，不管是哪个对手进入该区域都盯住他，原则上不越区盯人，拖后中卫（自由人）执行补位任务。

上述两种防守方法各有其优缺点，人盯人防守任务明确，但要有良好的体力和个人防守能力，否则被突破后补位较困难；区域防守有比较固定的位置，但在交换防守时，若默契不好也易出现漏洞。

3. 混合防守

这是当今足球比赛中用得较多的一种方法。就是把人盯人防守和区域防守结合起来。一般三个后卫盯人，前卫和前锋区域盯人，拖后中卫（自由人）执行补位任务。根据对方队的具体情况，有时指定某一前卫死盯对方某一重点人物。

混合防守的几点要求：①对有球的队员逼抢。② 对距球近的对方队员要紧逼。距球远的防守队员采用松动盯人。③ 两个中卫中，突前中卫紧盯对方中锋，拖后中卫进行区域防守。④ 对特别有威胁的队员，可由专人盯死。

4. 制造越位

它是一种特殊形式的防守战术，防守队利用越位规则对进攻队员进行限制，故意造成队员处于越位位置，使进攻队员越位犯规（见图 3－18）。在⑪号欲将球传给⑧号，击球前的刹那，△3号指挥后卫突然前跑，置⑧号于越位位置，这时⑪号传球给⑧号，⑧号就越位犯规。应用这种战术时防守队的几个队员必须十分默契，动作协调一致，听从一个队员（一般是自由人）的指挥。

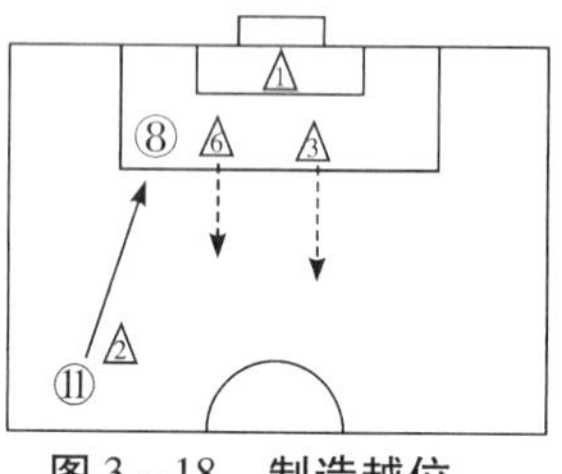

图 3－18　制造越位

三、定位球战术

定位球战术是指比赛死球局面时所采用的战术配合。它包括中圈开球、角球、球门球、掷界外球、任意球、球点球等的攻守战术配合。

（一）中圈开球

中圈开球战术主要是为了掌握主动权。进攻配合一般分两种。

1. 突然袭击，使对方措手不及

有的队在开始比赛时思想不集中，队形站得不妥，有较大的空当，这时进攻队可采用突然袭击的方法。

示例（见图 3－19）：⑨号开球传给⑧号，⑧号发现⑪号已插到对方门前空当，立即传给⑪号。

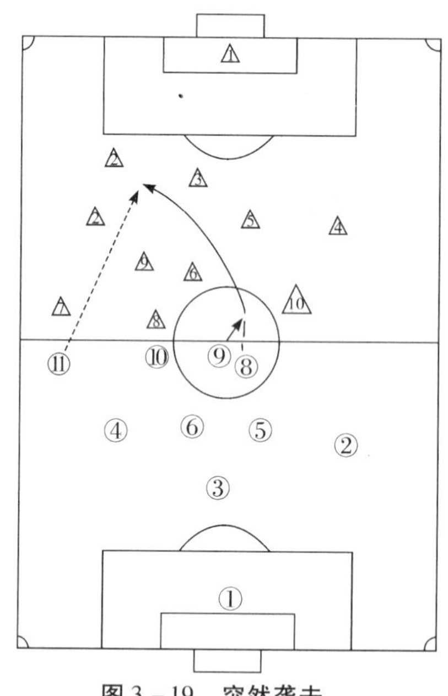

图 3－19　突然袭击

2. 控制传球，逐步推进

这是开球时常用的一种方法，目的是先控制住球，再根据场上情况见机行事。

防守队在中圈开球时一定要思想集中，选好位置，此外防守队员都要注意自己所防守队员的活动。

（二）球门球战术

球门球的进攻配合一般分两种。

（1）踢高远球给进攻第一线队员。

（2）守门员与后卫通过一次传球配合。守门员传给②号或传给④号，然后由他们直接组织发动进攻（见图 3－20）。

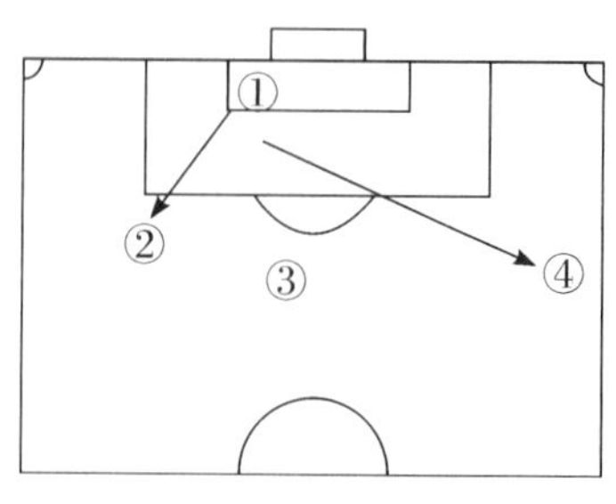

图 3－20　球门球战术

球门球的防守应迅速组织阵脚，队员要根据自己的防守任务分别盯住对手。在对方开球门球时，有时几个防守者可站在罚球区附近，干扰进攻者的推进或开球配合。

（三）掷界外球

一场比赛掷界外球的次数很多，特别在对方半场掷界外球时，加上掷界外球没有越位限制，组织得好就是一次威胁对方球门的好机会。一般配合方法是：接应者得球后，把球还给掷球者。为了获得球，接应者积极跑位，策应，拉开空当（见图3－21）。

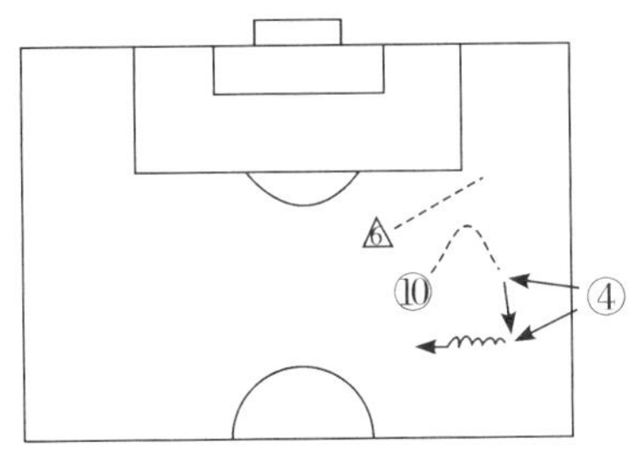

图3－21 掷界外球

（四）任意球

在中、后场的任意球，一般要求进攻队快速、准确地传球；防守队迅速回防补位。罚球区附近的任意球的攻守配合方法示例如下。

1. 任意球的进攻配合

直接射门：罚直接任意球时，如距球门较近，守方组织的“人墙”有漏洞或守门员位置不当，或攻方某队员善于踢弧线球就应直接射门。

配合射门：⑩号快速上前佯作射门，却跨过球向“人墙”一侧插入，以吸引防守队的注意力，这时⑧号突然将球横传给从后面插上的⑨号射门。也可以由⑧号搓球过“人墙”，传给插入的⑩号射门。还可由⑧号传给紧跟在⑩号后面的⑨号，⑨号再传给插入的⑩号射门（见图3－22）。

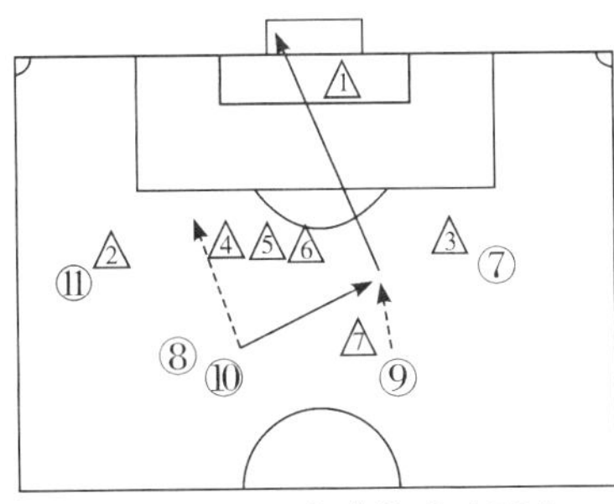

图3－22 任意球的进攻配合

组织这种配合时要注意：第一，传球次数不能多；第二，运用假动作迷惑对方；第三，传球要及时、准确，避免越位。

2. 任意球的防守配合

无论是直接任意球或间接任意球，都应迅速组织“人墙”防守。若射门角度大，组“墙”的人数要多；反之，组织“人墙”的人数可少。一般“人墙”由2～6人组成，“人墙”可封堵距球门较近的一侧，守门员站在距球门较远的一侧，“人墙”要听从守门员的指挥，其他的防守队员要盯人。

（五）角球

1. 角球进攻战术

（1）长传至门前，中间争抢射门：由踢球技术好的队员主踢角球，并由顶球能力强的队员争顶射门，一般踢内弧线球把球传至远端球门柱，离门 10 米左右的地方，争顶时进攻队员不要过早地等在那里，而应在球发出后，判断准球的落点及时冲上争抢射门。

（2）短传配合：这种战术一般在对身材高大，争顶能力强，而本方顶球较差，身体较矮时采用。这种方法要争取时间，不等防守队员站好位置就立即发球。

示例（见图 3－23）：⑦号用急速的地滚球传给快速摆脱迎上的⑩号，⑩号直接回传给突然插上的②号射门。这个配合也可改为⑦号传给⑩号，⑩号斜回传给⑦号，⑦号再见机行事。

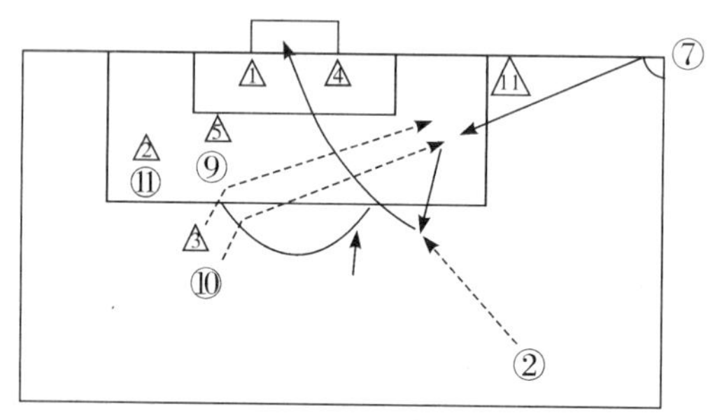

图 3－23 角球短传配合

2. 角球防守战术

防守者应注意位置的选择。守门员一般应站在离球较远的球门柱附近，同时另一球门柱附近应有防守能力较强的队员协助守门员守住球门，其他队员则应盯住相应的对手，特别是要防守住对方头顶球较好的队员。

第四节 根据外界条件选择战术

一、场地方面

球场较窄时防守者应注意纵向保护和各条线的衔接，避免对方快攻战术。球场较宽时进攻者应充分运用斜向和横向转移，防守时注意保护、补位。在平坦场地上有利于技术水平的发挥，防守战术应注意回撤快。而在不平的场地个人控制球和集体配合效果都受到影响，防守者应注意力高度集中。场地潮湿或泥泞球易打滑，不易控制球的落点，防守者应随时准备捡漏和断抢对手的失控球；守门员这时接球脱手的可能性大，因此守门员应注意第二反应动作，多用大力拳击球，防守队员应多用大脚解围，相反进攻队员则应增多远射和大力射门。

二、气候方面

顺风时进攻队员更易射门，防守战术应注意合理地站位和保护。逆风时进攻队员远射的效果一般较差，防守战术可适当缩小防区。在顺风、逆风情况下都应以传低平球为主。

背对太阳时防守者应选择对手眼睛受阳光干扰时抢断球；进攻则应以高吊球为主，特别是在守门员面对阳光时，增加远射和外围吊中冲门。而对阳光防守者应尽量设法阻止对手传高球和尽量设法把对手挤压到受阳光干扰较小的区域传球，进攻则应以短传渗透为主。

第五节 战术的教学与训练

进行战术教学与训练时，教练员必须在理论上和实践中贯彻比赛原则，它是战术教学训练的重要组成部分。

（一）比赛原则

参加比赛的目的是为了取得胜利，如胜不了，就要设法求和。训练的目的就是争取比赛的胜利。一切训练手段最终达到的目的就是射门。当然也不能忽视防守。只有善于进攻和善于防守，才能在比赛中取得胜利。因此，在训练中必须对队员进行攻守原则的教育。

1. 进攻原则

第一，制造宽度：充分利用球场的宽度，扩大对手的防守面，逼使对手产生空当。当队员得球时，其他同伴要进行摆脱和跑位，把防守队员拉开，制造防守上的漏洞。

第二，加大深度：也就是渗透、突破。通过制造宽度拉开空当后，就要不失时机地传球或运球突破，创造射门机会。

第三，机动灵活：当对方防守比较严密的情况下，要求队员能机动灵活地运用各种有球、无球技术，打乱对方的防线，制造和利用空当。同时要提高队员在战术上识别对手企图的能力。

第四，应变能力：是指队员在排除阻挠和困难的临场应变能力。这种能力是建立在全面身体素质和熟练技术的基础上。可以说应变能力是队员在技术、战术、身体素质、意志作风及个人智慧创造力方面的综合表现。

2. 防守原则

第一，延缓对方的进攻：失球后要延缓对手的进攻速度。离对方控球队员最近的队员要立即阻挠和封堵控球队员，不给对方进行快速反击的机会，使同伴能迅速回防。

第二，保持平衡：防守时必须使防守队员在人数上与对方进攻队员相等或较进攻者多。

第三，收缩保护：缩小防守者相互间的距离，以便保护和补位，不被对方拉开空当。

第四，紧盯控制：像影子一样盯住对手，特别是对方队员在罚球区附近有机会射门时要盯紧。

（二）个人战术戒律

为了贯彻和执行攻守原则，每个队员必须遵守以下 10 条戒律。

（1）每一个队员在获得球后必须发动一次新的进攻。

（2）如本队失球时，每一个队员必须立即担负起防守任务。

（3）控球队员传球后立即跟上，进行支持和接应同伴。

（4）主动接应球。传球后立即跟上做接应。其他临近的队员也要靠近控球队员，要主动迎球，不要等球。

（5）有意识地控运球。控球队员在无人接应或传球不利时，要做有意识的控运球。

（6）当队员得球后，把自己的身体置于对方和球之间，以免对方将球抢去或破坏掉。

（7）主动抢点，当传来空中球时，接球队员力争不让球落地就把球控制好。

（8）能截断的球，绝不能让其漏过。

（9）队员在比赛中，始终要使自己面向球，看到球。

（10）决不造成不必要的犯规和随便将球踢出界外。

战术教学训练通常由简单的局部战术开始，逐步过渡到全队整体战术配合。全队整体攻守战术与较复杂的战术，要在掌握了局部战术的基础上进行，这样才能收到较好的效果。为了提高实践中的应变能力，应根据教学训练阶段的任务，用对抗性的练习及近似比赛的练习或比赛来进行。

战术训练必须与技术训练、身体素质训练密切配合起来。

进行战术的教学训练时，队员必须了解一些技、战术理论以及规则的基础知识，为此必须给队员上一些理论课。比赛的准备会、总结会是队员学习技术、战术理论及规则的课堂。观看一些高水平足球比赛的技术电影或录像是非常有益的。

（三）练习方法

战术训练中常采用在规定区域里的传抢练习、半场攻守配合、全队攻守配合、小场地比赛和全场比赛等方法。这些方法可按队员技术、战术掌握程度，以变换场地大小、攻守人数和限定的技术来增加训练的难度。

1. 传抢练习

传抢练习是战术配合的一种方法。根据练习者的不同水平和训练任务，提出不同的要求。在规定场地范围内进行四对二、三对二、三对三、五对五的传抢练习。示例：五对五练习，这种练习是培养队员紧逼盯人、摆脱和传接的能力。在规定范围内进行五对五时，传球人触球次数可以不限，将球传给同伴，也可运球过人。传球、运球失误后五人变抢球组。人数不等的传抢练习，可规定触球次数。

2. 小场地比赛

小场地比赛目的是培养队员在近似比赛的情况下全面进攻、全面防守的战术意识。这种练习可在篮球场上或是球场的半场进行三对三或七对七练习。

3. 半场攻守

主要培养队员的进攻配合与防守配合能力，为全队配合打下基础。在半场内可用五对五、四对四、七对七等方法进行。

4. 全场比赛

全场的练习比赛是战术练习的最高形式。进行练习比赛时，要向队员讲清所练的战术，并要求队员努力完成战术任务，而不应计较比赛的胜负。在训练时，教练员可随时暂停比赛，及时讲解战术练习的要求。

应根据战术练习的不同要求而选择强弱不同的对手进行比赛，如开始进行战术练习，则应邀实力较弱的队进行比赛；如为了检查运用战术的能力或是为了提高战术质量，则应邀实力较强的队进行比赛。

第四章

足球运动员的身体训练

身体训练是指在训练过程中有计划地运用各种身体练习去促使运动员的机体机能和运动素质得以提高和发展，同时也使运动员的身体形态正常发展，使他们的健康水平得以提高。良好的身体素质是运动员学习和掌握技术、战术，并在比赛中充分发挥技能的基础。它对提高运动能力，延长运动生命，防止和减少运动创伤有着重要的作用。身体训练的过程还有助于运动员加强顽强刻苦及勇于克服困难等意志品质的培养。

本章介绍足球运动员在比赛中所需的体能素质要求，并根据体能素质的基础进行分类，将基础体能素质划分为速度、力量、耐力、灵敏及柔韧等几类。结合足球运动特点，在基本体能素质的基础上，进一步分类并应用于指导足球运动员的身体训练，使足球运动员的身体各部分肌肉、关节、韧带和器官达到全面的素质要求，以利于足球运动员在足球训练和比赛中得到更好的发挥。

第一节　身体训练的意义、内容和任务

一、身体训练的意义

从现代足球运动的发展可以清楚地看到，足球比赛速度加快，对抗越来越激烈，战术变化增多，这些对运动员的身体素质也提出了更高的要求。只有身体素质、技术、战术和心理素质这四个方面都达到相当高的水平，才能在高水平的世界比赛中取得好的成绩。目前，身体训练越来越被世界各国的专家和教练们所重视，各级各类足球队都在积极地学习和利用先进的知识和研究成果，采用科学的训练方法，不断提高运动员身体训练的水平。因此，重视和加强身体训练，对于足球运动水平的提高具有十分重要的意义。

二、身体训练的内容和任务

足球运动员身体训练的内容包括一般身体训练和专项身体训练。一般身体训练的任务是全面发展足球运动员所需要的一般身体素质；专项身体训练的任务是在全面发展一般身体素质的基础上，发展运动员所需要的专项身体素质。所谓身体素质，是指运动员在训练和竞赛过程中在速度、力量、耐力、灵敏和柔韧等方面所表现出的机体工作能力。

足球运动员的一般身体训练和专项身体训练的关系十分密切，二者之间存在着既相互促进又相互制约的对立统一关系。一般身体训练可以促进身体的全面发展，有助于促进专项身体素质的提高。专项身体素质训练可以把一般身体素质的发展同足球专项技术的提高紧密结合起来。但是，一般身体训练和专项身体训练是有区别的，二者不能相互取代，如果在进行身体训练中只重视一般身体训练，忽视专项身体训练，足球技术水平的提高就会受到限制；相反，只进行专项身体训练而放弃一般身体训练，运动员就不会得到全面、协调和均衡的发展，运动水平的提高同样会受到限制。因此，根据两者的关系，合理地进行统筹安排，才能使运动员获得较高的身体训练水平。

第二节　各项身体素质及其练习方法

一、速度素质

速度素质是指运动员对各种刺激反应的快慢和一定时间内完成各种运动的能力。

速度快，是足球比赛中球队取得主动和优势的重要因素，随着足球比赛速度的加快，对足球运动员的速度素质提出越来越高的要求。足球运动员的速度素质突出表现在反应速度、起动速度、冲刺速度和转身变向速度以及完成技术动作的速度等，一般可归纳如下三个方面。

（1）反应速度：指运动员在球场上接受刺激到做出决定时间的长短。

（2）位移速度：指身体在单位时间内位置移动距离的长短。

（3）动作速度：指完成一个或连续几个动作时间的长短。

反应速度取决于运动员接受信号（球的飞行、场上队员移动变化等）及通过反射弧所需要时间的长短，时间长反应就慢，时间短反应就快，因此，改善中枢神经系统，缩短神经传导时间，是提高反应速度的关键。足球运动员主要是通过视觉和本体感受器的神经冲动通过反射弧的各个环节而做出动作，提高足球运动员的反应速度必须与加强观察力训练紧密结合起来，只有把提高视觉感受器和机能以及场上出现的各种刺激而引起的反应所做的动作结合起来，进行反复的练习，建立起巩固的条件反射联系，才能有助于提高反应速度。

足球运动员的位移速度除了像田径运动员的各种跑的技术外，还要掌握足球场上的奔跑技术。足球场上奔跑的特点之一是常常做5～10米的起跑，10～30米的冲刺跑，由于快跑中要随时改变方向，并且要结合控球和应对突变情况，所以身体重心应稍低，步频快，步幅小；特点之二是比赛中做大量的起动、急停、变速、变向和转身等动作，要求运动员具备较强的腿部力量、腰腹力量和力量耐力；特点之三是运动员在比赛中经常是在快速奔跑中或在快速中完成各种技术动作，很多时候是在缺氧状态下工作，所以需要运动员具备较强的无氧代谢能力。

发展位移速度的训练，应在运动员神经系统处于适宜的兴奋状态，采用有一定距离的最大强度的反复跑练习，并严格控制间歇时间，以保证每次练习都能以最快的速度进行。这样才能有效地刺激中枢神经系统，提高其兴奋的程度及兴奋与抑制的转换能力。

提高足球运动员的动作速度，主要在于提高参加完成各种技术动作肌肉的爆发力和协调能力，特别应当注意各动作之间的衔接速度，这需要通过技术练习和力量练习，反复在快速中合理地完成各种技术练习，提高运动员对有球和无球技术动作的熟练程度，以达到在比赛中轻松自如、协调合理、快速有效地完成技术动作。

（一）练习方法

（1）各种姿势的起动：如以蹲踞式、站立式、侧身站立、背向站立、坐姿、各种卧姿等静态，或在各种移动中、滚翻后等动态下的起动练习。

（2）听、看各种信号或设立标志物的快速跑动练习：如在一定条件下或随机情况下完成加速跑、变速跑、变向跑、后退跑、侧身跑、曲线跑、急停等技术动作练习。

（3）结合基本技术的快速跑练习：如全速运球跑、变速运球跑、两人追抢球练习、冲刺跑射门和快速跑上抢断球等。

（4）结合基本战术的快速跑练习：如两人连续“二过一”的快速传接球跑动、边路快速跑动中接控球下底线传中、回传后转身切入快跑中接控球射门等。

（5）20～50米的加速跑和全速跑。

（6）各种无球和有球的发展速度的游戏。

（二）练习注意事项

（1）要在运动员神经兴奋和体力充沛的情况下进行，一般应放在训练课的前半部分。

（2）每次练习要用最大强度，间歇时间不宜太短，练习的密度、强度和时间要根据运动员的身体状况不同而区别对待。

（3）应多利用视觉信号，以培养运动员的反应能力和观察的习惯。

（4）结合有球技术的速度练习，技术难度和要求不能过高，应突出速度方面的要求。

二、力量素质

力量素质是肌肉收缩时所表现出来的克服阻力的能力，是各项身体素质的基础。在快速激烈的足球比赛中，运动员进行起动、冲刺、急停、转身、冲撞及各种有球的技术动作，要不断使用身体的阻力和惯性，因此，需要具备良好的动力性力量、速度力量和力量耐力。足球运动员的力量特点是以速度力量（主要体现为爆发力）为主的一种非周期性的肌肉活动。发展足球运动员的力量，要在发展全身力量的基础上，重点发展腿部和腰部的速度力量。

（一）练习方法

1. 发展颈部和上肢力量的练习

（1）两手扶头，在颈部转动时施与一定的阻力。

（2）两人一组，一人腹撑，两臂交替前移，另一人提其双腿分抱于腰部两侧，犹如推小车的样子。

（3）在垫上做颈桥，以颈桥姿势推举哑铃、壶铃或轻杠铃。

（4）徒手俯卧撑、俯撑向侧跳动、单杠引体向上、双杠臂屈伸等。

（5）各种哑铃和杠铃的练习。

2. 发展腹背力量的练习

（1）仰卧起坐、仰卧举腿、仰卧快速屈身。

（2）俯卧做体后屈、侧卧做体侧屈。

（3）仰卧，两脚夹球离地，以腰为圆心画圆。

（4）肩负杠铃做体前屈或转体，以及抓举杠铃。

3. 发展下肢力量的练习

（1）各种跳跃练习，如立定跳远、多级跳、蛙跳、跳台阶、向前并腿跳，及肩负杠铃或手握哑铃的跳跃练习。

（2）结合有球技术的大力踢球和射门等练习。

4. 发展全身力量的练习

（1）快速背同伴走或跑、快速挺举杠铃、双人角力练习和双人的冲撞练习。

（2）结合有球技术的合理冲撞、反复用力掷界外球和跳起头顶球等练习。

（二）练习注意事项

（1）要注意安全。练习前认真做好准备活动，练习中精神要集中，练习后必须做好肌肉的放松；在大负荷练习时，要掌握正确的要领和方法，加强保护，以预防伤害事故发生。

（2）提高速度力量的练习：必须要有一定的速度和强度，每组练习的次数不宜过多，各组练习的间隔时间要长一些。提高力量耐力和重力性力量的练习：练习次数可多一些，各组的间歇时间可以短些。

（3）力量练习应按照身体的各个部分（腰腹、下肢、上肢）交替进行，否则容易造成局部负担过重；在每组练习之间应安排放松跑或颠球等缓冲性的练习。

(4) 力量素质提高很快，停止练习后的消退也快。为了保持和发展力量素质，要处理好练习和间隔的关系，一般每周不少于两次力量练习。

(5) 力量练习一般都放在训练课基本部分的后面，在几种力量练习都要进行时，顺序应当是先速度力量，次重力性力量，最后是力量耐力。

三、耐力素质

耐力是人体保持长时间运动的能力，也可以说是抗疲劳的能力。

一场高水平的足球比赛，运动员要跑 8 000 ~ 12 000 米的距离，其中全速快跑和冲刺有 5 分钟（1 500 ~ 2 500 米），对运动员耐力的要求非常高。足球运动员既要具有长距离奔跑的一般耐力，又要具备保持随时以最快速度奔跑和做快速技术动作的能力，即速度耐力。

进行一般耐力（有氧耐力）的训练，主要是通过较长距离和长时间的练习来提高心血管系统的机能和机体能量贮备的能力。

足球运动员的速度耐力训练，一般采用多组数、短时间的大强度练习，这是因为机体内三磷腺苷和磷酸肌酸供能只能维持 8 秒钟左右，8 秒钟以后主要依靠肌糖原酵解供能。采用这种训练可以有效提高肌糖原贮备，加快肌糖原分解速度和提高无氧和有氧合成的速度，从而有效地提高运动员的专项耐力。

（一）练习方法

1. 一般耐力练习

可采用越野跑、12 分钟跑、定时的间歇跑、定时的上下台阶跳、定时的连续跳绳和各种循环练习方法。

2. 速度耐力练习

(1) 有间歇的多次反复冲刺跑。

(2) 短距离的多次折返跑。

(3) 5 ~ 25 米折返跑。

(4) 原地快速跳绳，如 30 秒 × 10，60 秒 × 5（每次间歇 30 ~ 60 秒）等。

(5) 定时的一对一控球与抢球。

(6) 二对二、三对三、五对五的规定时间和场地范围的传控球与抢截球练习。

(7) 减少人数的对抗比赛。

（二）练习注意事项

(1) 耐力训练比较艰苦和枯燥，所以要选择多种多样的练习方法，调动运动员练习的积极性，激发其自觉、刻苦地进行练习。

(2) 安排运动负荷时要注意循序渐进和区别对待，也要加强医务监督，根据运动员不同的身体状况随时进行运动负荷的调整。

(3) 在发展一般耐力的基础上，重点发展速度耐力，并应把二者结合起来进行练习。

(4) 耐力训练每周至少要安排一次大强度的训练。

(5) 耐力训练一般安排在综合课基本部分的末尾。

四、灵敏素质

灵敏素质就是快速、准确地完成技术动作的能力，是各项身体素质的综合表现。良好的灵敏素质是运动员随心所欲控制自己身体和肢体器官的前提条件，只有具有高度的灵敏素质，才能在快速、复杂和多变的足球比赛中做出准确的判断，并迅速而协调地完成技术动作和战术配合。灵敏素质的提高，必须有速度、力量和柔韧素质做保证，而腰腹部的柔韧和力量起着重要的作用。

（一）练习方法

（1）听或看信号后快速做各种滚翻的练习。

（2）各种跑的练习，如快速后退跑、侧身交叉步跑和快速变速变向跑。

（3）两人一组的相互追拍练习。

（4）连续跳“人马”或跳钻“人马”交替的障碍跑。

（5）身体的多部位颠球及加转身的颠球。

（二）练习注意事项

（1）灵敏素质是多种素质的综合表现，所以要注意和其他素质及技术练习的结合。

（2）灵敏素质练习一般安排在训练课基本部分的开始阶段。

（3）灵敏性练习时，要注意动作的轻松和协调。

（4）在快速奔跑中完成有球技术的各种练习，是灵敏素质训练的主要内容和方法，特别要重视在对抗条件下的灵敏性练习。

五、柔韧素质

柔韧素质是指肌肉和韧带的伸展长度、弹性和关节的活动范围。

柔韧素质对于运动员掌握和提高技术水平，尤其对掌握较高难度的技术动作有着重要的作用，对发展其他素质和避免运动创伤也具有重要的意义。足球运动员应特别加强颈、膝和踝关节的韧带及腰腹和下肢肌肉的伸展练习。

（一）练习方法

（1）头颈的前屈、后屈、侧屈和绕环。

（2）两人面对相互扶肩，做体前屈压肩。

（3）两人背靠背、臂挽臂，一人体前屈背起另一人振动。

（4）身体前屈、侧屈和后屈下振。

（5）跪压正脚背（上体后仰，轻轻振压）。

（6）前弓步、侧弓步、扑步压腿，及纵劈腿和横劈腿。

（二）练习注意事项

（1）柔韧练习前必须做好准备活动，练习时动作幅度要由小到大、节奏由慢到快，练习后要做放松练习。

（2）柔韧练习一般应安排在课的准备部分后期或基本部分的开始。

（3）身体疲劳和练习部位有伤的时候，不宜进行柔韧练习。

第三节 儿童、少年身体训练的特点

身体素质是随着年龄的增长和不同生活条件的影响而发生变化的。儿童、少年的各器官系统的结构及机能是随着年龄增长和身体发育的过程而发展成熟的。由于身体素质的自然发展在各年龄阶段有着不同的“发展敏感期”及特点，所以，根据儿童、少年的身体自然发展规律和解剖生理特点来安排身体训练是非常必要的。儿童、少年时期应当以全面身体训练为主，把全面身体训练贯穿到训练过程的始终，只有在全面训练的基础上进行专项训练，才能更有利于他们打好训练基础。以下结合儿童、少年的特点阐述一下训练过程应当注意的问题。

（一）速度素质

根据有关资料的综合考证，发展反应速度应抓住 9 ~ 12 岁的时机，发展位移速度男孩应当抓住 7 ~ 14 岁的时机，女孩应抓住 7 ~ 12 岁的时机。

（二）力量素质

儿童、少年阶段正是骨骼、肌肉生长迅速的时期，安排力量训练需要适当控制，即要控制好力量训练的负荷和身体承受能力的关系，否则会影响儿童、少年的生长发育。一般以采用中小负荷为好。16 ~ 17 岁是增长力量的较好时期，负荷量可以与成年人相似。力量训练应当着重爆发力量的训练。

（三）耐力素质

耐力素质是儿童、少年身体素质发展过程中比较薄弱的环节，所以，耐力训练的负荷安排要合理，一般多采用游戏和竞赛的手段，耐力素质发展的敏感期是 16 ~ 19 岁。

（四）灵敏素质

从儿童开始到 12 岁前后，是灵敏素质逐步而稳定提高的时期，13 ~ 14 岁是灵敏素质的快速增长期，此期灵敏性发展迅速，但也不够稳定，有时还会下降。15 岁以后又逐步稳定地提高，直到成熟。

（五）柔韧素质

柔韧素质与年龄关系密切，年龄越大，柔韧性越差。因此，柔韧素质训练应当从小开始，一般 8 ~ 12 岁时发展最佳。柔韧素质训练须注意长年坚持。

第五章
学校足球教学训练的组织

在学校开展足球教学训练的第一项组织工作就是制订训练计划，提出训练的目的和任务以及要达到的指标，并把各阶段的训练计划具体落实到各项训练实践工作之中。本章叙述了学校足球教学和训练组织的基本情况，提出在组织学校足球教学和训练中应注意的一些问题及如何制订学校足球训练组织工作的计划和详细分类，介绍不同时间周期的足球教学和训练计划，如何更好地组织和开展教学与训练课及开展学校足球教学训练过程中应注意的一些主要事项。

第一节　学校足球队的组织和训练计划

一、组织学校足球队

组织学校足球队是为了贯彻落实党的教育方针，丰富和活跃学校文化生活，推动学校足球运动的开展，增强学生体质，提高足球运动技术水平，同时也为业余体校和足球运动队输送后备力量。

在学校开展足球教学训练的第一项工作就是组建队伍。不论是班级队、年级队，还是学校代表队，在选拔队员时应全面考虑，既要求挑选的学生是技术好、有培养前途的苗子，又要求是思想品德好、学习成绩好的尖子，这样才能组成一支团结战斗、积极进取的球队。

二、制订训练计划的意义

要做好一个球队的训练，使之能迅速、全面地提高技术、战术、身体素质、心理素质和作风，就必须有目的、有计划地进行。有明确的训练计划，才能保证训练工作有组织、有步骤地开展，避免工作中的盲目性。训练计划能帮助教练员和队员在不同时期和阶段抓住工作重点，解决关键性问题，全面系统地安排好训练内容。

制订计划要认真贯彻群众路线，充分地发挥民主，集中群众智慧，使计划制订得更加切合实际，使全体队员明确训练的目的，思想统一，从而有利于调动队员在训练中的自觉性和积极性。

三、训练计划的种类

训练计划有多年训练计划、全年训练计划、阶段训练计划、周训练计划和课时训练计划等。

1. 多年训练计划

多年训练计划内容主要有：

（1）提出多年训练的目的和任务及要达到的指标。

（2）将多年训练计划划分为几个阶段，并提出各阶段的训练任务和重点。

（3）技术、战术、身体、心理训练总的要求，足球理论讲述的重点。

（4）各阶段、各时期训练内容纲要和所占的比重与时间。

2. 全年训练计划

应以多年训练计划为依据，把多年计划各方面的设想具体落实到每年的训练计划中。主要内容有：

（1）本年度训练的目的、任务与指标。

（2）技术、战术、身体和心理训练的方法与要求，理论讲授大纲与内容。

（3）各时期的划分，各时期的训练任务、内容、重点、比重和措施。

（4）全年比赛安排等。

除了业务上的内容外，还要有思想政治工作的内容。

3. 阶段训练计划

根据全年训练计划的周期划分制订阶段训练计划。学校足球训练的周期，应以一个学期为一个周期，每一个周期就是一个完整的训练阶段。

阶段计划的训练内容要用进度表的形式排列出来（见表5－1）。

4. 周训练计划

根据阶段训练计划来制订，也就是把阶段训练计划更具体地落实到周训练计划之中。周训练计划是制订课时训练计划的主要依据（见表5－2）。

5. 课时训练计划

课时训练计划就是教案，是根据周训练内容制订的。教案中要写明本课的任务、每个内容的练习方法、次数、教法、要求等（见表5－3）。

表5－1　训练进度表

内容　时数　周次　月份		一月				二月				三月				备注
		1	2	3	4	1	2	3	4	1	2	3	4	
理论	技术战术分析													
	规则分析													
技术	控球													
	传接球													
	顶抢球													
	射门													
	综合技术													
	守门员技术													
战术	二过一配合													
	攻守配合													
	定位球战术													
身体素质	力量													
	速度或速度耐力													
	灵敏													
	柔韧													
其他	比赛													
	测验													

表 5－2 第　　周训练计划

日期	时间/min	课的类型	内容	备注
月　日	90	理论	规则分析 犯规则与不正当行为	
月　日	90	身体训练	发展速度、力量	
月　日	90	综合课	发展灵敏与柔韧 二过一配合与射门训练	
月　日		比赛课	采用“4—3—3”阵形打法 加强对各位置打法理解	对　　中学 下午 4 点开始

表 5－3 课时训练计划

第　周 第　次课　　　月　　日

教学任务：1. 提高起动速度，下肢爆发力和速度耐力。

2. 培养吃苦耐劳、顽强战斗的作风。

课的部分	内容	时间/min	教法和要求
准备部分	1. 整队、检查人数 2. 讲解本课任务、内容 3. 慢跑 400 米 4. 两人直线慢跑传、接球 5. 耍球	>3 >7 5	成两列横队沿 1/4 球场成一路纵队，听到哨声后沿反方向继续前进 4 人 1 球
基本部分	1. 起动练习 5×10 米 2. 下肢爆发力练习 4×50 次 3. 速度耐力练习： （1）五对五传抢 （2）越野跑	10 20 25 12	4 人 1 组进行练习，跑后放松慢走返回起点线 4 人 1 组，跳起双手碰球门横木，练完后自我放松 要求：认真练习，全力以赴 要求：1. 人盯人；2. 自始至终保持跑动
结束部分	1. 放松慢走 300～400 米 2. 小结	8	成一路纵队 成两列横队

第二节　足球课的结构与类型

上课是教师、教练员按照课程规定的时间，对球队进行系统作业的实践指导。每次课都是教学、训练过程的组成环节，课程内容的前后衔接要有机地加以联系。

一、足球课的结构

一般由开始部分、准备部分、基本部分和结束部分组成。

开始部分的任务是使队员集中注意力，明确本课的任务、内容和要求（一般3~5分钟），包括下列内容：

（1）集合整队，检查人数。

（2）师生问好。

（3）宣讲本课任务、内容与要求。

（4）安排实习生。

准备部分的任务是通过各种练习，使队员的身体各部分肌肉、关节、韧带和器官达到全面的活动和准备，以便能更好地完成基本部分的任务，同时减少和避免不必要的意外伤害。准备部分的时间一般为20~25分钟，主要包括下列内容：

（1）各种走与跑的练习。

（2）发展一般身体素质或专项素质的练习。

（3）结合基本部分的内容，安排各种技术性练习。

准备部分的活动不能使学生感到疲劳，应使学生在精力充沛时投入基本部分内容的练习。

基本部分的任务是学习和提高技术、战术、身体素质与培养意志。

在安排练习内容时，可多采用有球或游戏性、对抗性练习。

对一般新学的技术、战术和运动量较小的练习，复习提高的技术可放在前；对运动量大的技术和战术练习可放在后面。身体素质的练习，速度、灵敏、柔韧等安排在前，力量、速度耐力、弹跳等练习放在后面。比赛放在后面，有时在比赛后再进行适当的耐力或基本力量的练习。基本部分的时间一般为50~60分钟。

结束部分的时间一般为5~10分钟，主要进行放松练习，使队员逐渐恢复平静，并进行本课的总结和讲评等。

除了上课外，还要适当布置课外作业。在布置课外作业时，应根据每个队员的具体情况区别对待，使他们能够发挥优点，克服缺点，培养队员分析问题和解决问题的能力，充分发掘其自觉性和积极性。

教练员应定期检查队员完成作业的情况，有时也可参加队员的作业，进行监督和辅导。

二、足球课的类型

可分为理论课和实践课。实践课又可分为身体训练课、技术训练课、战术课、综合课、比赛课等。

（一）身体训练课

这种课主要是进行一般素质或专项素质的训练，包括速度、灵敏、柔韧、力量、弹跳、速度耐力等。

进行素质训练时，应将速度、灵敏、柔韧等安排在课的前一部分，把力量、弹跳、速度耐力安排在课的后一部分。

身体训练是比较枯燥的，因此练习内容和方法应多样化，结合球或游戏性的练习可以起到比较好的效果。强度较大而单调的练习，可做一些有球活动的调整，如要球、两人近距离的传接球等。

（二）技术训练课

这种课是以技术练习为主的课。

从一开始就要求队员必须正确掌握技术，练习时要刻苦努力、严肃认真、勤恳多练。在这个基础上同时注意结合战术意识的训练，并逐步加快速度和加强对抗性。力求根据比赛的要求把实战技术动作结合在一起练习。逐步加深和掌握技术动作的难度。只有这样，才能不断提高队员技术水平和实战运用能力。

守门员的技术训练有时可单独练习，有时可以与其他队员共同练习。

（三）战术课

课的基本部分都是战术练习，内容包括个人战术、局部战术、全队战术和定位球战术等。足球比赛的战术应用必须机动灵活，根据对方的具体情况随机应变。要做到这一点，首先要能熟练运用基础战术，其次是对全队战术也能灵活运用。

为了在比赛中能机动灵活地运用战术，必须长期地刻苦训练，默契配合方能达到。开始可以在无人防守的情况下练习，逐步过渡到有人消极防守，最后在对抗性的情况下练习。只有这样，在激烈对抗中练习来的战术才能在比赛中应用自如。

（四）综合课

这种课的基本内容不是单一的内容，而是根据训练的不同要求，可有技术和战术，技术和身体训练，技术、战术、身体训练等的综合内容。

（五）比赛课

课的基本内容为分队比赛和对外比赛。比赛应有明确的任务和要求，任务与要求可以是身体素质方面的，也可以是技术、战术或意志作风方面的。

以上各种类型的课，可根据具体情况与本队的需要来选用。

总之，根据不同的任务和内容来确定采用什么课。但各种类型的课之间是既有区别又互相联系的。例如同一种形式的练习在不同的要求下，其完成的任务也不相同。在技术练习中是有战术、身体训练等因素的，在战术练习中又有一定的技术要求，所以在教学训练过程中对各种类型的课是不能绝对化的。

第三节　教学训练中的注意事项

足球课程教学训练中应注意以下事项：

（1）发挥教师与队员双方的积极性是教学训练过程中一个极为重要的课题。只有发挥教与学双方的积极性，才能把工作做得既快又好。教师是起主导作用的。教师的主导作用应体现在调动学生的积极性，启发学生的自觉性上。只有教师的主导作用和学生自觉积极地投入训练，才能搞好教学与训练工作。

（2）要使学生对每个技术动作有一个正确的概念和掌握技术规范的要领，必须通过反复练习逐步理解，才能建立正确的方法。而概念是通过视觉和听觉建立的。教练通过正确的示范动作和简明扼要的讲解，使队员得到直观的感受并理解动作的正确要领，然后通过实践练习逐步形成正确的动作定型。

（3）向队员传授比较完整、系统的知识和技能，知识和技能本身有它的完整性和系统性。在教法上应按一定的顺序进行，即由简到繁、由易到难、由次要到主要、由非对抗到对抗。运动量安排要合理，逐步增加。

（4）一般要求与个别对待相结合。一个球队中，不同年龄、技术水平高低、担任不同位置的不同职责要求、不同的特点是客观存在的。因此，在教学训练中，既要有一般的要求又要个别对待，才能迅速提高球队的训练水平和战斗力。

（5）要严格训练、严格要求。就是要以高标准、高质量来实施教学和训练工作。要严格执行训练计划，严肃课堂纪律，严密组织，严格课的要求。教练员首先要严格要求自己，要认真制订好计划，认真备课，要以身作则，起表率作用，身教重于言教。教练员的以身作则对队员来说就是一种无声的命令。

（6）要坚持大运动量训练，这是取得优异成绩的重要途径，也是国际、国内的理论与实践证实了的成功经验。

大运动量训练包括训练的次数、时间、强度、密度和动作的质量，这五个方面是一个整体。

大运动量必须逐步加大，在安排上要大、中、小运动量结合进行，同时加强医务监督。

（7）比赛是训练的导师。足球运动是一项对抗比较激烈的项目。只有通过比赛实践，才能检验足球教学训练的效果，丰富比赛经验，使队员熟练掌握技术、战术的实战能力。

第六章
足球竞赛规则分析与裁判法

足球竞赛规则的简单明了，是足球运动得到普及并广泛受到欢迎的原因之一。尽管由国际足联颁发的最新《足球竞赛规则》只有17章，但对比赛场地、用球、队员人数及装备、裁判员、比赛等事项都做出了明确规定。不同国家的足球运动员，虽有着不同的语言，却都能在一起比赛。因此，足球竞赛规则不仅裁判员要掌握，运动员和教练员也必须熟悉，就是球迷也需要了解规则。例如，如果能够理解规则中越位的概念，以及“有利”的原则，就可以明白裁判员和助理裁判员的信号，队员就可以更好地进行比赛，观众也可以增加观看足球比赛的兴趣。

本章以国际足联颁发的最新《足球竞赛规则》《室内五人制足球竞赛规则》的主要内容及裁判法作为导引，为了便于加深对这些规则的学习和理解，在编写过程中撰者着重对知识点、难点的作用和意义进行了阐述，增加学生学习规则的兴趣。在裁判法的分析中，从如何当好一名合格的裁判员入手，详细介绍了裁判员的基本条件、基本要求、基本做法，力求使初学者喜爱足球裁判事业。鉴于足球运动在广东的实际发展情况，开展七人制足球比赛较十一人制多。七人制的规则与十一人制相比较，除在场地的尺寸、比赛用球的大小、人数的减少等方面有所区别外，其他并没有实质性变化。

第一节　足球竞赛规则分析

一、学习规则的意义及规则基本精神

（一）学习足球规则的意义

学习足球规则能更好地了解足球运动的特点及比赛方法，便于组织足球竞赛，开展训练活动和群众性足球活动。学习规则，利用规则，有利于提高足球技术、战术水平。

（二）足球规则的基本精神

（1）保护运动员身体健康。

（2）促进技战术发展。

（3）体现对等原则。

（4）适应职业化需要。

二、主要规则分析

（一）场地各线、区、点、圈、弧的作用

足球比赛的场地必须是长方形的场地，在场地中间设有宽度为12厘米的各种标志线。

1. 三线：边线、中场线、球门线

（1）边线和球门线：较长的两条线叫边线，较短的两条线叫球门线。它们的作用是：比赛时，双方运动员的活动只允许在边线、球门线划分的场地以内，未经裁判员的允许，不得擅自离场和进场，否则予以警告。

当球的整体全部在地面上或空中越出球门线或边线时即为球出界。球由本方队员踢出边线时，由对方队员掷界外球。球在球门线出界，如果是进攻队员踢出时，则由防守队员踢球门球；如果是防守队员踢出时，则由进攻队员踢角球。

（2）中场线：中场线是球场的分界线，把球场划分为两个相等的区域，其作用是：开球时双方队员都必须站在本方半场内，不得越过中场线。

队员在本方半场内没有越位限制，如果队员越过中场线进入对方半场，才有越位的限制。

（3）球门线：球门线除上述外，还包含两个球门立柱之间的连线，其线宽必须是12厘米，作用是判断球是否进球门。球的整体全部越过门线及其垂直面，方为进球（对方队员故意用手进球除外）。

执行罚点球时，在球未踢出之前，守门员必须两脚站在门线上，可以左右移动或上下跳动，但当对方踢球时，只允许一只脚向前移动。

2. 三区：球门区、罚球区、角球区

（1）球门区是球门前的小区。其作用是：①踢球门球时，球必须放定在球门区域内，踢球队员可以直接将球踢进对方球门得分有效。②在此区域内守门员手中无球，且又没有阻挡对方队员时，对方队员不得向其冲撞或阻碍他的移动。③若在本方球门区域内获罚任

意球时，球可放在球门区内任何一处。④若攻方在对方的球门区域内获罚间接任意球时，球必须在犯规地点垂直拉回到球门区的横线上主罚。

（2）罚球区是球门前的大区（包括球门区在内）。其作用是：①守门员允许在本方区域内用手接触球（本方队员故意用脚回传球除外）。②队员在本方罚球区内犯规，被判罚“直接任意球”时均应罚“球点球”。③在执行“球点球”时除守门员及主踢队员外，其他队员都不能站入罚球区内，以及罚球弧内。④在踢球门球或守方在罚球区内罚任意球时，把球踢出比赛即为开始。⑤在罚球区内，如果守门员用手控制球（接住球）后，又使球重新进入比赛状态，未经双方队员触球不能再次用手触球。

（3）角球区是在球场四个角所画的弧，即以边线和球门线交叉点为圆心，以 1 米为半径，向场内各画一段四分之一的圆弧，这个弧内地区叫角球区。其作用是：当队员将球踢出本方球门线的则由对方将球的整体放在离球出界处较近的角球区的弧内发角球。

3. 两点：中点、罚球点

（1）中点是中线的中心点，也叫开球点，其作用是：比赛开始或胜一球后重新开始继续比赛的放球地点，中点开球可以直接将球射入对方球门得分有效，开球可以向任何方向踢出，但开球一方的球员必须处在本方半场。

（2）罚球点是球门线中点垂直伸入场内 11 米处的一个圆点。其作用是：执行罚球点球时放球的位置。

4. 一圈：中圈

中圈是以中点为圆心，9. 15 米为半径所画的圆圈。其作用是：开球时，防守队员必须站在中圈以外的本方半场，当球被踢并移动时比赛即为开始，队员方能进入圈内抢球。

5. 一弧：罚球弧

罚球弧是以球点球点为圆心，9. 15 米为半径所画的弧线，两端与罚球区横线相连接构成。其作用是：执行“球点球”时，除主罚队员外，其他队员必须站在罚球弧外。

（二）队员

一场比赛应有两队参加，每队上场队员不得多于 11 名，其中必须有 1 名守门员。比赛开始或比赛进行中，某队如少于 7 名队员时做弃权处理。

比赛时，守门员可以和其他队员交换位置，但必须事先通知裁判员（服装也必须更换好），否则予以警告。

替补队员人数根据比赛规程规定或双方协商，赛前必须通知裁判员，如果赛前没有通知裁判员或双方未达成一致意见，替补队员不得超过 7 名。正式比赛规定每场比赛最多可以使用 3 名替补队员，如比赛进入加时赛，双方可增加一名替补名额，而且该名额只能在比赛前向裁判员递交的 7 名替补队员名单中选择。替补席应设座位 14 人，其中 7 名替补队员，7 名官员。

比赛开始后队员不得随意进出球场。如因受伤需离场护理时，必须告诉裁判员，护理完毕后重新进场也必须得到裁判员的允许。

（三）比赛时间

正式比赛（十一人制）时间 90 分钟，分上、下半场各为 45 分钟，中场休息不得超过 15 分钟。竞赛规程必须阐明中场休息的时间。只有经裁判员同意方可改变中场休息时间。

除遇到罚球点球不计算时间决出胜负以外，在其他情况下裁判员按时结束比赛，如鸣笛结束比赛后球才入门，应判无效。

比赛时间应以裁判员补时为准。裁判员可以根据比赛现场情况补足因故损失的时间。一般补时有下列几种情况：

（1）更换替补队员所用时间。

（2）队员受伤需紧急护理的时间。

（3）将受伤队员移出比赛场地进行治疗时间。

（4）蓄意浪费的时间。

（5）执行纪律处罚的时间。

（6）补水与降温补水的时间。

（7）因视频助理裁判员介入导致延误的时间。

裁判员补时的一般工作程序：每半场 44 分钟时，由主裁判通过信号告知第四官员应补多少时间，确认后由第四官员在 45 分钟举牌示意。

裁判员决不允许因上半场计时出错而在下半场增加或减少时间。

如果一场比赛踢成平局，根据竞赛规程规定延长 30 分钟为决胜期，在决胜期开赛前休息 5 分钟，并重新选择场地及开球。决胜期分上、下半场，各为 15 分钟，中间只交换场地，不做休息继续比赛。

罚球点球决胜开始前需由裁判员进行两次投币，一次决定球门，另一次决定谁先踢。每队先派出 5 名队员依次交叉轮流罚球，如这 5 名队员罚球已定出胜负则比赛结束，若仍为平局则两队派出第六名队员罚球，决出胜负：进球者为胜，不进球者为负。若双方第六名队员仍未定出胜负则由第七名队员陆续罚球，以此类推至决出胜负为止。

在踢点球过程中，场上守门员受伤不能继续比赛时，可由竞赛规程规定的最大限额内，被提名而尚未使用过的替补队员进行替换。

除上一条所述的情况，只有比赛结束时，包括在规定的延长期比赛结束时场上的队员方可参加踢点球。

在踢点球的过程中，符合资格的队员可以与守门员互换位置。

罚球点球决胜之前还应实行：①当一个队以较多人数与对方结束时，他们应减去多的人数以便本队与对方人数一样，并通知裁判员出场队员的名字和号码。②在开始踢点球决胜之前，裁判员应确保留在中圈里的双方队员人数一致后再执行。

（四）比赛进行及停止

球的整体在地面或空中越过了边线或球门线的外沿时，或裁判员用信号停止比赛时，即为比赛停止。除此以外，比赛始终在进行中。当球的整体全部越过了界线，才算出界。判断球是否出界是根据球的位置，而不是根据人所处的位置。

球触及球门立柱、横梁、角旗杆弹回场内时，仍继续比赛。

如果球触及场内的裁判员：

（1）如果触及的地点在罚球区内，暂停比赛，由裁判员坠球给守方守门员。

（2）如果触及后改变了球权，暂停比赛，由裁判员在触及地点坠球给最后触球一方。

（3）如果触及后形成有希望的进攻，暂停比赛，由裁判员在触及地点坠球给最后触球一方。

（4）坠球时，对方队员距离坠球地点至少 4 米。

因故停止比赛（如处理受伤队员等）应由裁判员在停止比赛时球所在的地点用坠球重新开始比赛。

当队员有犯规行为或其他情况时，裁判员未鸣笛判罚前应继续进行比赛。

（五）计胜方法

（1）入球。

球的整体从两门柱中间，横梁下面全部越过球门线（包括空中垂直面），而入球前并未有攻方队员触犯条例，即为胜一球。

球进门与否是根据球的位置而决定，而不是以守门员接球时或队员踢球时所站的位置为依据。

如果守门员将球直接掷入对方球门，判对方得一球门球。

（2）决胜方法。

- 作客入球条例。
- 两个相同但不超过 15 分钟半场的加时比赛。
- 互射球点球决胜。

（六）越位

1. 越位位置

队员处于越位位置本身并不是犯规。

队员处于越位位置：

（1）越过中线进入对方半场。

（2）越过球的假想平衡线。

（3）越过对方倒数第二名队员的假想平衡线。

（4）队员同时越过以上三条线，即为处于越位位置。

队员不处于越位位置：

（1）他齐平于中线。

（2）他齐平于球的假想平衡线。

（3）他齐平于对方倒数第二名队员的假想平衡线。

（4）队员并没有同时越过以上三条线。

2. 犯规

处于越位位置的队员，在同队队员踢或触及球的一瞬间，裁判员认为其就下列情况而言“卷入”了现实比赛中时才被判为越位犯规：

（1）干扰比赛：是指参与传递或触到同队队员传来、触过的球。

（2）干扰对方队员：是指通过明显的阻挡对方视线或与对方争抢球，以阻止对方触球或可能的触球。

（3）利用越位位置获得利益：

a. 从球门柱、横梁，以及从对方队员身上弹回或变向的球。

b. 从对方队员有意识地防守救球而弹回或被动折射出变向的球。

c. 处于越位位置的队员，接得对方队员故意传出的球（有意识地救球情况除外），不能认为是获得利益。

3. 没有犯规

如果队员直接从下列情况下接到球，则没有越位犯规：

（1）球门球。

（2）掷界外球。

（3）角球。

4. 违规与判罚

对于任何越位犯规，裁判员应判给对方在犯规发生地点踢间接任意球，犯规发生的地点有可能在本方本场。

越位的判罚是一个较复杂的问题，场上的情况又千变万化，而且运动员不时地变换位置，往往判罚是一刹那的时机。所以裁判员除了掌握判罚越位的规则精神和原则外，关键是裁判员在临场工作中一定要认真负责，一丝不苟，及时选择好位置，相互默契配合，敏锐地观察，准确地判断，使比赛圆满结束。助理裁判员应做到勤移动，高度集中注意力，并合理分配，40%看球、60%看倒数第二名防守队员，身体语言要醒目，举旗判罚越位的时机要把握好，该快则快，该慢则慢，对一些“拿不准”的情况，不要急于举旗判罚。

有关越位与非越位可用以下图例进行说明：

（1）一攻方队员处在越位位置（A），他没有干扰对方却触到了球。当越位队员触球时，助理裁判员必须举旗示意其越位犯规（见图6－1）。

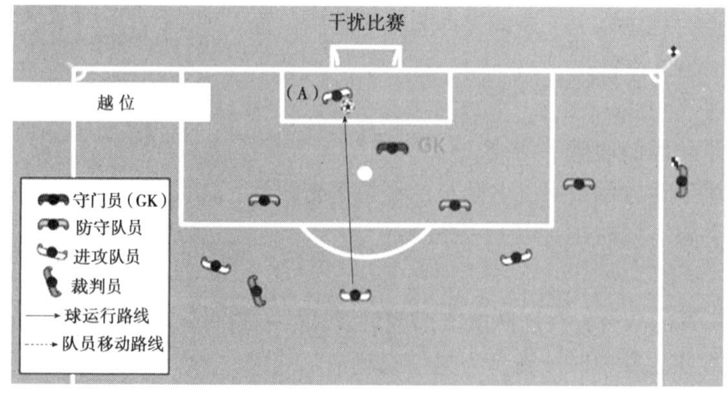

图6－1　越位（1）

（2）一攻方队员处在越位位置（A），他既没有干扰对方，也没有触到球。由于处在越位位置的队员没有触到球，因此不能判其越位犯规（见图6－2）。

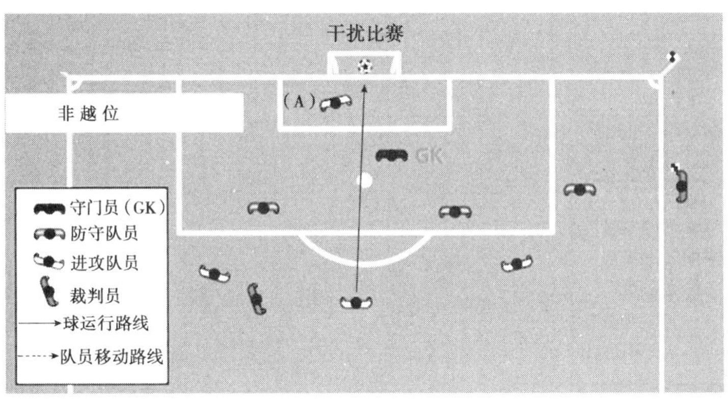

图6－2 非越位（1）

（3）一攻方队员处在越位位置（A），在其跑向球的同时，他的队友从不越位位置（B）向球跑动并触到了球。（A）位置的队员没有触到球，不能判其越位犯规（见图6－3）。

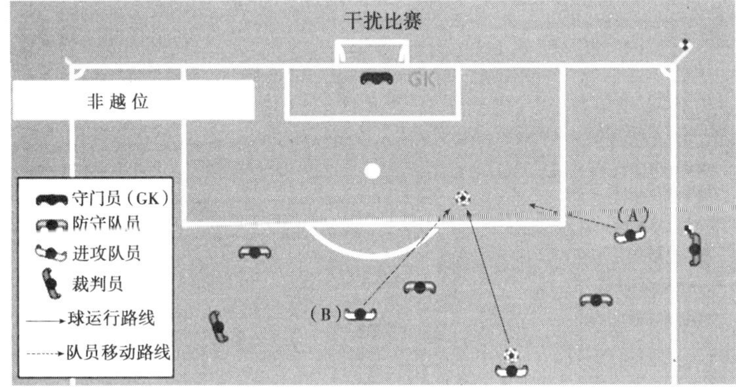

图6－3 非越位（2）

（4）一攻方队员处在越位位置（A）。如果裁判员认为，此时处于非越位位置的他的队友没有机会去争抢球，那么这名队员在争抢或触球前可以被判罚越位（见图6－4）。

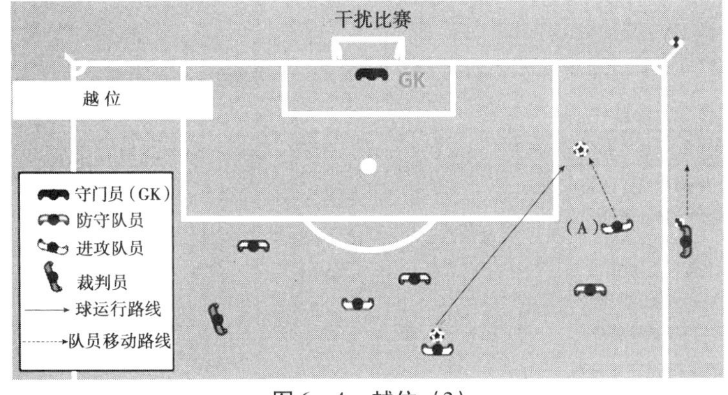

图6－4 越位（2）

（5）一攻方队员从越位位置（A）跑向（B）但并未触到球。助理裁判员必须举旗示意球门球（见图6－5）。

图6－5　球门球

（6）一攻方队员处在越位位置（A）阻挡了守门员视线。因为越位队员阻碍了对方争抢球或可能争抢球，助理裁判员必须举旗示意越位犯规（见图6－6）。

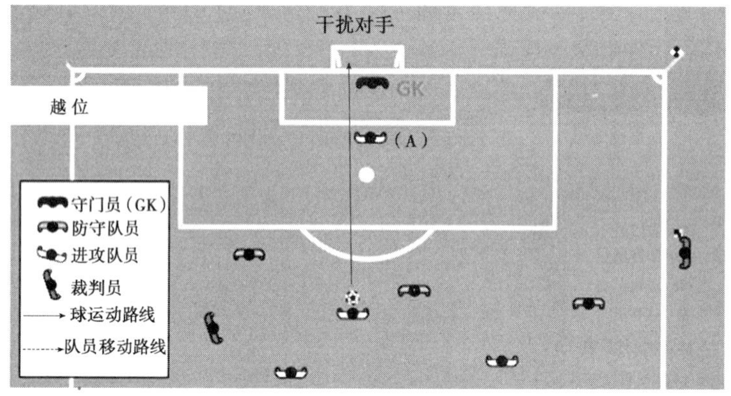

图6－6　越位（3）

（7）一攻方队员处在越位位置（A）没有阻挡守门员视线或做出欺骗和影响守门员的姿势及动作（见图6－7）。

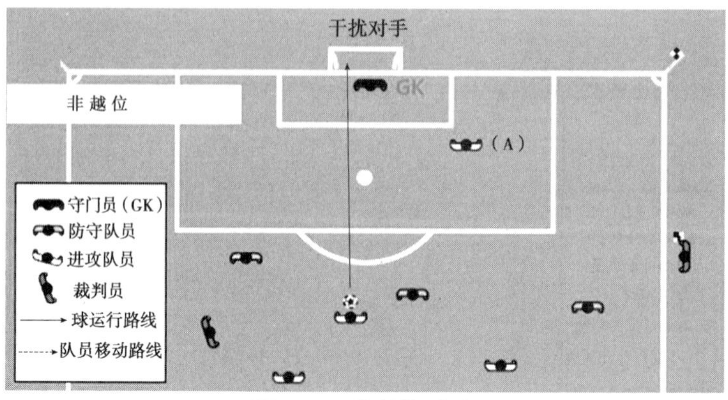

图6－7　非越位（3）

（8）一攻方队员从越位位置（A）跑向球，不过他没有阻止也没有做出欺骗或影响（B）处对方队员争抢球或可能争抢球的姿势及动作，不能被判越位（见图6－8）。

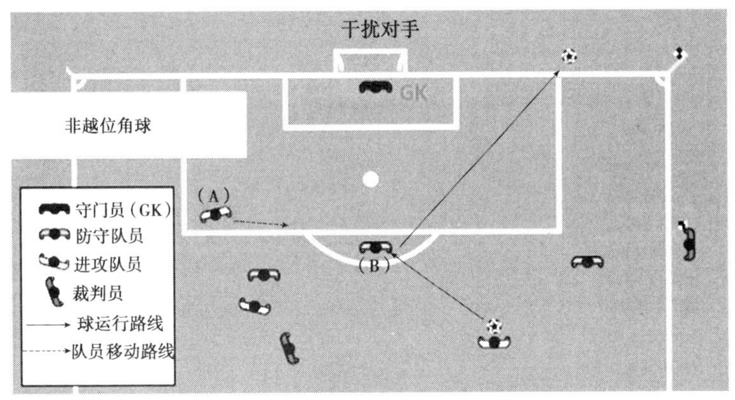

图6－8　非越位（角球）

（9）一攻方队员从越位位置（A）跑向（B）阻止对方队员争抢或可能争抢球，这名队员做出了欺骗或影响对方队员的姿势及动作，可被判越位（见图6－9）。

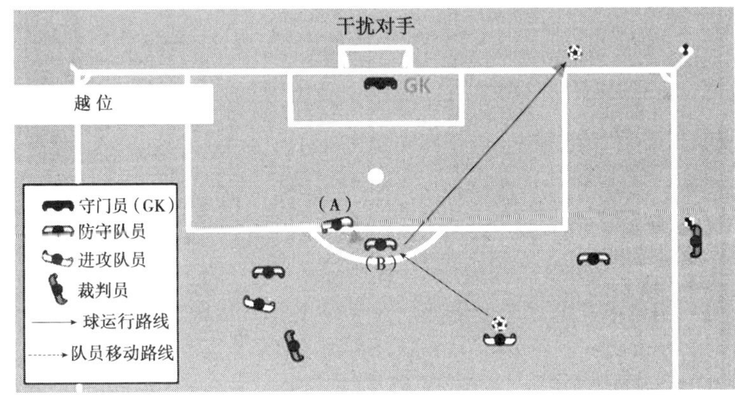

图6－9　越位（4）

（10）队员（A）处的射门球被守门员挡出至（B）处的队友，这名队员因处在越位位置并触球被判罚越位犯规（见图6－10）。

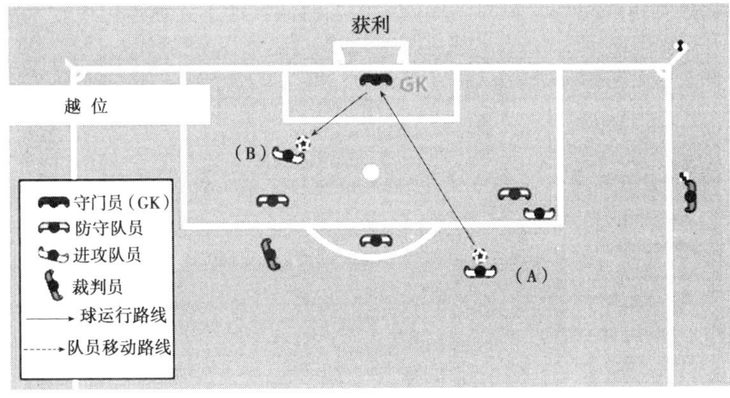

图6－10　越位（5）

（11）队员在（A）处的射门球被守门员挡出，此时处在（B）位置的队友从不越位位置插上后触球。（C）位置的另一队友虽然处在越位位置但并没有获利，也没有触球，所以不能判罚越位犯规（见图6-11）。

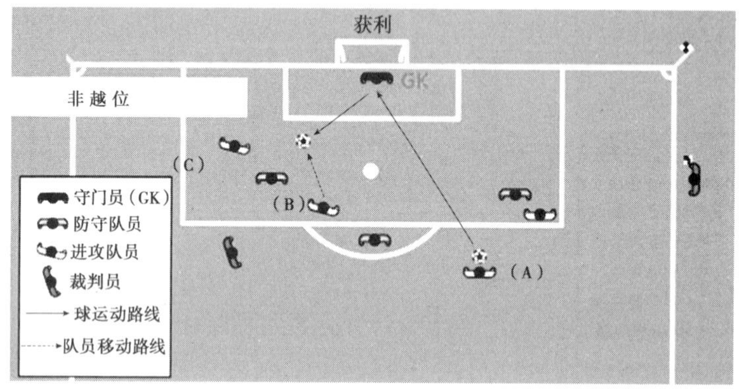

图6-11　非越位（4）

（12）球由（A）位置的队员射门被防守方挡回后反弹到（B）位置的队友，队友（B）因在越位位置触球应被判罚越位犯规（见图6-12）。

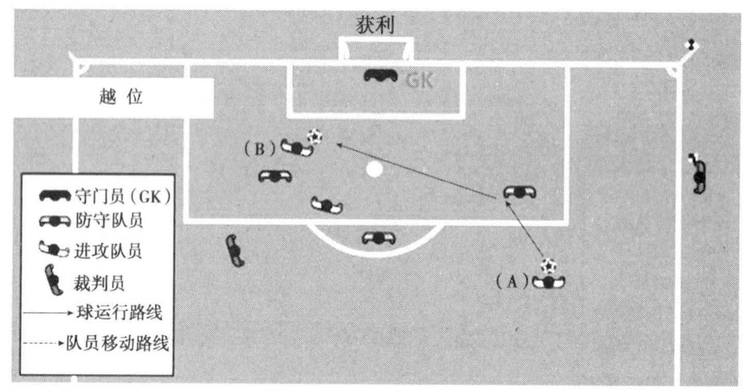

图6-12　越位（6）

（13）一攻方队员在越位位置（C）未干扰对方。队友在（A）处传球给从不越位位置（B1）跑向（B2）处的另一名队友，此队员接球后将球传给在（C）处的队友，此时（C）位置的队员不能被判越位犯规，因为当球传给他的时候，他不处在越位位置（见图6-13）。

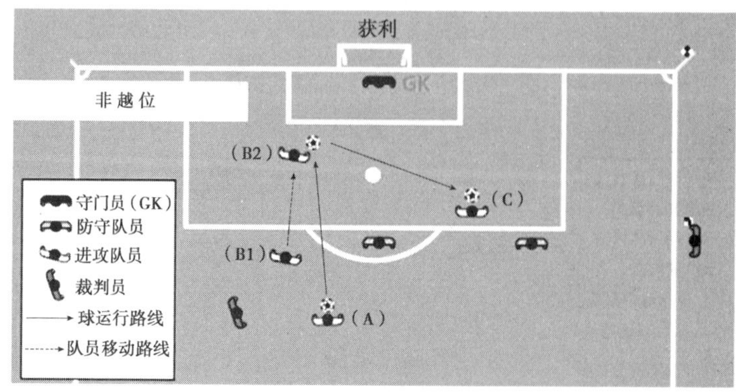

图6-13　非越位（5）

(七)犯规与不正当行为

足球比赛是在对抗性强、激烈、快速的争夺下进行,运动员经常会发生身体接触和冲撞。有时会出现一些犯规动作,这是难免的。但对于那些企图通过故意犯规和不正当行为,甚至不惜伤害对方队员来获得某种利益的行为,是违反体育道德的,应坚决反对,及时制止。裁判员必须根据规则的精神去区分运动员的“勇敢”或“粗野”,“故意”或“无意”,对球或对人,对勇敢、顽强的拼搏精神要鼓励和提倡,对故意犯规和粗野的动作应及时制止果断判罚。以促进运动员发挥技、战术水平,防止伤害事故的发生。

在比赛中队员出现犯规与不正当行为时,裁判员应根据规则判罚直接任意球、间接任意球两种。

1. 直接任意球

直接任意球即罚球队员可直接将球射入对方球门得分的任意球,俗称“一脚球”。在什么情况下裁判员判罚直接任意球?规则规定,凡是队员故意违反如下任何一项规定时,就应在犯规地点罚直接任意球。如果守方队员在本方罚球区内违反下列规定时,不论在任何地方,均应判罚“球点球”。

● **裁判员认为,如果队员草率地、鲁莽地或使用过分的力量违反下列七种犯规中的任何一种,将判给对方踢直接任意球:**

(1)踢或企图踢。

(2)绊摔或企图绊摔。

(3)跳向。

(4)冲撞。

(5)打或企图打(包括用头顶撞)。

(6)推。

(7)拦截或冲击。

● **如果队员违反下列五种犯规中的任何一种,也判给对方踢直接任意球:**

(1)拉扯对方队员以阻碍其移动。

(2)手球犯规(不包括守门员在本方罚球区内)。

(3)阻碍对方队员移动时有身体接触。

(4)咬任何人或向任何人吐口水。

(5)用手中持有的物品掷中球、对方队员或官员。

草率地:表示队员在争抢球时表现出缺乏注意力或缺少考虑对方,或其行为表现为随意性。不必给予纪律处罚。

鲁莽地:表示队员的行为完全不顾对方的危险,或者因他的行为将带来危险的结果。必须给予警告。

使用过分的力量:表示队员使用完全不需要的、过分的力量进行争抢或比赛,并且使对方有受伤的危险。必须罚令出场。

在比赛中裁判员要正确区分动作的性质,力求准确地判罚。例如:运动员在激烈争夺中的冲撞动作中有“合理”和“不合理”的区别。足球规则中规定运动员可以做“合理冲撞”。怎样才算合理冲撞?

队员的目的是为了争抢球,而球在双方都有可能抢到的范围内,在同等的条件下,用肩部以下，肘关节以上的上臂部位，以适当的力量从侧面与对方进行冲撞（上臂要贴紧身体不能张开）。

最主要的目的是双方都是为了抢夺球，否则就是“不合理”的冲撞而产生犯规动作。

又如对“故意”或“无意”的犯规判罚，以手球犯规为例，如故意手球或当队员故意张开手或手臂，即使球打手，必须判罚。但有时纯属无意的球触手，则不判为手球犯规：如运动员距离很近，来球很猛来不及躲闪，球打在手上；球从背后来触及手部或臂部。运动员失去重心而摔倒，球触及手部。队员主动处理球后，却意外球触到了手等。

又如运动员在铲球过程中是否有犯规动作是较难区分的。一般是看队员的目的是对球还是对人的动作，若有意将对方铲倒就是犯规，若目的是对球的，先铲到球后而因惯性碰倒对方，甚至使其摔倒在地，也不应视为犯规动作。所以在区分勇敢顽强与粗野动作时裁判员要准确地洞察运动员的意图与目的。

判罚直接任意球犯规的基本要素：

（1）犯有可以判罚直接任意球的有关规定。

如果是因场外因素进场干扰，妨碍比赛而停止比赛，在球所在地点坠球开始比赛。

如果是因球队官员或替补队员或被换下场的队员进场干扰、妨碍比赛而停止比赛，以直接任意球或球点球开始比赛。

如果场上队员在比赛中意外出场外犯规而停止比赛，在犯规地点对应的场内（最短的距离）判罚任意球。

如果场上队员从比赛场内走到场地外犯规，在球所在地点踢间接任意球开始比赛。

（2）当皮球被踢及有明显移动后，比赛便重新开始。

当守方队员由三名或以上队员排“人墙”时，所有攻方队员必须保持距离“人墙”至少一米，直至比赛正式开始。

可以用单脚或双脚同时将足球挑起开出任意球。

2. 间接任意球

间接任意球即罚球队员不能直接射门得分的任意球，俗称“两脚球”。那什么情况下判罚“两脚球”？

● **如果守门员在本方罚球区内违反下列四种犯规中的任何一种，将判给对方踢间接任意球：**

（1）用手控制球后在发出球之前持球超过 6 秒。

（2）在发出球之后未经其他队员触及，再次用手触球。

（3）用手触及同队队员故意踢给他的球。

（4）用手触及同队队员直接掷入的界外球。

● **裁判员认为，队员在出现下列情况时，也将判给对方踢间接任意球：**

（1）动作具有危险性。

（2）阻挡对方队员进攻（未有身体接触）。

（3）阻挡对方守门员从其手中发球。

（4）因规则第 12 章及前面各章未提及的任何其他犯规，而停止比赛被警告或罚令出场。

队员的动作和踢球方式，裁判员认为有伤及对方队员或自己的危险者（称为危险动作)。危险动作与其他犯规动作有所不同，这种动作的目的是为了获得球或处理球，但动作的方式有可能伤及对方队员。例如，企图踢守门员手中的球，抬脚过高控制球易使对方受伤等。

阻碍对方的进攻发展：

阻碍对方的进攻发展形式为，当球并不在某一方队员的争抢距离之内，抢占到对方合理路线去阻挡、妨碍，使对方减慢进攻速度或改变进攻方向。

所有的队员在场地内有选择自己位置的权利，本身处在对方进攻或防守路线与抢占到对方的路线上是不一样的。

用身体掩护球是可以的。队员根据战术需要将自己放在球和对方队员之间，只要将球控制在合理范围内，并且没有用手臂或身体阻止对方队员接近自己并不犯规。只要球在合理争抢的范围内，对方队员可以对掩护球的队员进行合理冲撞。

国际足联“关于将球传给守门员的具体规定”：

下列情况应判罚间接任意球：

(1) 在比赛进行中，某队员故意用单脚或双脚将球传给本方守门员，守门员用手触球，在守门员手触球的地点由对方罚间接任意球。

(2) 队员在罚球区外罚任意球，用脚将球传给在罚球区内的本方守门员，守门员用手触球。在守门员用手触球的地点由对方罚间接任意球。

(3) 队员在罚球区内踢球门球或罚任意球，用脚将球传给在罚球区外的本方守门员，守门员用脚将球带入罚球区内后用手触球。在守门员用手触球的地点由对方罚间接任意球。

(4) 在比赛进行中，队员在控制着球的情况下，故意将球挑起，用头、胸或膝部或单腿跪地用膝部将球击向本方守门员。该队员被视为不正当行为而受警告，并在该队员击球地点由对方罚间接任意球。

(5) 队员罚任意球，故意用脚将球挑起，由另一名（或一名以上）队员用头、胸或膝部将球击向本方守门员。最后击球者被视为不正当行为而受警告，并在该队员击球地点由对方罚间接任意球。

下列情况不应判罚：①在比赛中，某队员无意将球踢偏或由于失误造成守门员用手触球。②在比赛中，某队员用头、胸或膝部将球传给本方守门员，守门员用手触球。

守门员在以下情况被认为已用单手/双手控制足球：

(1) 当足球在他双手中或处于手部与任何接触面之间（如地面、自己身体等）或已用手的任何部分触及足球，除非足球从守门员身上或扑救来球后反弹的足球。

(2) 当足球在伸展开的手上。

(3) 在地面上来回拍球或将足球抛向空中。

当守门员用单手/双手控制足球后，对方队员不能与他争夺足球。

3. 警告（黄牌）

警告是裁判员对运动员一种比较严厉的处罚，也是对运动员进行教育的手段。执行警告时，裁判员对犯规的运动员（场上队员、替补队员或被替补下场的队员）出示黄牌，并在其犯规地点由对方罚任意球恢复比赛。

如果队员违反下列九种犯规中的任何一种，将被警告并被出示黄牌：

（1）犯有非体育道德行为。

（2）以语言或行动表示异议。

（3）持续违反规则。

（4）延误比赛重新开始。

（5）当以角球或任意球重新开始比赛时，不退出规定的距离。

（6）未得到裁判员许可进入或重新进入比赛场地。

（7）未得到裁判员许可故意离开比赛场地。

（8）进入裁判员回看区域。

（9）过分地做出回看手势（电视回放）。

4. 罚令出场取消比赛资格（红牌）

罚令出场是裁判员对运动员最严厉的处罚，执行罚令出场时，裁判员应停止比赛，出示红牌。如只是因罚令出场暂停比赛，而该队员并未违反其他规则时，由对方在犯规地点间接任意球恢复比赛。

裁判员认为队员有下列行为时，应被罚令出场：

（1）严重犯规。

（2）暴力行为。

（3）咬任何人或向任何人吐唾沫。

（4）用故意手球破坏对方的进球或明显的进球得分机会（不包括守门员在本方罚球区内）。

（5）用可判为任意球或球点球的犯规破坏对方向本方球门移动着明显的进球得分机会（罚球内争抢球的动作除外）。

（6）使用无礼的、侮辱的和辱骂性的语言或动作。

（7）在同一场比赛中得到第二次警告。

（8）进入视频操作室。

国际足联关于出示红、黄牌的规定：

如果场上队员由于第二次被出示黄牌而被罚出场，裁判员应在出示第二张黄牌的同时出示红牌（以便表示该犯规队员被罚出场是由于第二次被出示黄牌而不是第一次红牌罚出场）。

国际足联“关于明显得分机会”的规定：

阻止进球或一个进球机会。

有两种罚出场的犯规涉及阻止对方明显的进球机会，这种犯规是不需要发生在罚球区内才罚队员出场（有时队员犯规发生在罚球区外）。

如果裁判员在明显的射门得分机会过程中掌握有利，而且球射进了门，根据犯规方的手球或对对方的犯规情况，不必将犯规队员罚出场，不过应该给予警告。

当决定是否对阻止一个进球或一个明显进球机会的队员罚出场时，裁判员应考虑下列情况：

（1）犯规地点与球门的距离。

（2）掌握或控制球的可能性。

（3）进攻的方向。

（4）守方和攻方的位置和人数。

（5）阻止对方明显进球机会的犯规可以是一种可判为直接任意球或间接任意球的犯规。

5. 对非体育行为的队员给予警告

当一名队员因非体育行为必须被警告时有多种不同的情况。例如，如果一名队员有以下行为应给予警告：

（1）违反了以鲁莽的方式进行比赛这一条款，应被判罚直接任意球的七种犯规之一。

（2）为达到战术目的而干扰或破坏对方的有希望进攻。

（3）用手球阻止对方队员得到球或阻止对方有希望进攻（守门员在本方罚球区内除外）。

（4）用手击球试图得分（不管是否得分）。

（5）用假装受伤试图欺骗裁判员或假装被对方犯规（假摔）。

（6）比赛中与守门员互换位置或未经裁判员同意。

（7）表现出一种对比赛不尊重的行为。

（8）在得到裁判员允许离开场地前踢球。

（9）在比赛中或恢复比赛时用语言干扰对方队员。

（10）未经允许在场地内做标志。

（11）因犯规干扰或阻止对方一明显进攻机会，除该犯规是队员在意图争夺足球情况下产生及被判罚一球点球方。

（12）因意图争夺足球时犯规引致破坏对一明显得分机会，及该犯规被裁判员判罚一球点球。

（13）比赛中，队员故意施诡计，用头、胸或膝盖等部位传球给本队守门员以逃避规则相关处罚条款，无论守门员是否用手触球，该队员行为是企图利用规则第12章的条文和精神内涵而造成的犯规，裁判员应以间接任意球恢复比赛。

（14）队员踢任意球故意施诡计传球给本队守门员以逃避规则相关处罚条款，裁判员警告该队员后，必须判罚重踢任意球。

6. 有利

（1）如裁判员运用有利于一个应被警告（黄牌）/应被罚令出场（红牌）的犯规，此警告/罚令出场必须在紧接的下一个比赛暂停时执行，除非裁判员运用有利处理一个破坏明显得分机会后，则只需以非体育道德行为警告（黄牌）该犯规队员。

（2）当队员触犯严重犯规暴力行为或应被第二次警告（黄牌）之犯规时，除非当时出现一个明显的得分机会，否则裁判员不应运用有利条款。如运用了有利条款，裁判员应于紧接下一个比赛暂停时，罚令该队员出场。但是，如正在运用有利条款时，该名犯规队员仍参与争球或影响对方队员时，裁判员应暂停比赛，罚令该名犯规队员出场，及判一间接任意球给对方重新开始比赛，除非该名队员触犯了更严重的犯规。

（八）罚球点球

当比赛进行中，一个队在本方罚球区内由于违反了可判为直接任意球的十二种犯规之一而被判罚直接任意球，应执行罚球点球。罚球点球时可以直接进球得分。在每半场比赛或决胜期上下半场结束时，应允许延长时间执行完罚球点球。

除主罚球点球的队员及守门员外，其他队员应在比赛场地内、罚球区外、罚球点后，并距罚球点至少9.15米。

主罚球点球的队员必须将球向前踢出，踢出后未经其他队员接触，主罚队员不能再次触球，违者被判罚“连踢”犯规，在违规地点由对方踢间接任意球。

● 必须通过举手示意的方式明确主罚队员。

● 守方守门员必须留在球门线上，面向主罚队员，不能触碰门柱、横梁或球网直至足球被踢出为止。

● 守方守门员在足球被踢出时，必须至少有一只脚的一部分接触球门线或与球门线对齐。

● 如果裁判员发出执行罚球点球信号后，球进入比赛之前发生下列情况，裁判员允许踢出该球点球：

（1）主踢队员违规：球进门，应重踢；球不进门，在违规地点由对方踢间接任意球。

（2）守门员违规：球进门，得分有效；球不进门，应重踢。

（3）攻方队员违规：球进门，应重踢；球不进门，在违规地点由对方踢间接任意球。

（4）守方队员违规：球进门，得分有效；球不进门，应重踢。

（5）攻守双方队员违规：应重踢。

（九）掷界外球

掷界外球是重新开始比赛的一种方法。当球的整体无论是从地面或空中越过边线时，掷界外球判给最后触球队员的对方。掷界外球不能直接进球得分。

在掷出球的一瞬间，掷球者应：

（1）面向比赛场地。

（2）任何一只脚的部分站在边线上或站在边线外的场地上。

（3）使用双手。

（4）将球从头后经头顶掷出。

（5）从球越出边线处掷出。

所有对方队员距离掷球者所在地点不能近于2米。当球进入比赛场地，比赛即为开始。将球掷出以后，掷球队员在其他队员触球前不得再次触球。

第二节 裁 判 法

一、裁判员的职责与分工

正式的足球比赛是由一名主裁判员，两名助理裁判员及一名第四官员共同担任一场足球比赛的裁判工作。裁判员在比赛过程中必须认真执行规则，并且严格要求自己，做到“严肃、认真、公正、准确”，以饱满的精神，相互默契的配合，以确保比赛的顺利进行。

（一）裁判员

（1）裁判员应备有口哨、电子手表、笔、记录卡片、挑边器、红黄牌、气压表等。

（2）裁判员自进入比赛场地时起即开始行使其职权，直至比赛结束后，离开比赛场地前执行纪律行动（包括中场休息时、加时比赛中和互射球点球决胜期间）。

（3）执行比赛规则（避免做出对犯规队有利的判罚）。

（4）裁判员根据场上具体情况及比赛结果所做的判决为最后的判决。

（5）裁判员掌握比赛时间。

（6）做好比赛记录，如进球时间、队员号码、警告及罚出场的队员号码及情况等等。

（7）根据场上情况停止、推迟或终止比赛。

（8）对违反规则的队员进行警告、罚令出场的处理。

（9）确保比赛用球符合规则第 2 章的要求。

（10）确保队员装备符合规则第 4 章的要求。

（11）根据队员受伤的情况做出处理（轻伤、重伤、守门员受伤，同队队员同时受伤，流血队员，担架进场）。

（12）当一个队被判犯规而根据“有利”条款能获利时，让比赛继续。如果“有利”在数秒内没有接着发生，则判罚最初的犯规。

（13）确保未经批准的人员不得进入比赛场地。

（14）比赛停止后，以信号指示重新开始比赛。

（15）如同一时间有多于一个犯规出现时，裁判员因动作的性质以及犯规的战术性等因素，对较严重的犯规做出判罚。

（16）裁判员可向替补席人员进行口头警告、黄牌警告、红牌罚令出场，如违规人员身份未能被确认，则处分出现在技术区域内最高级教练（职员）。

（二）助理裁判员

助理裁判员是裁判员的助手，在比赛中主要是协助裁判员进行工作，使比赛顺利进行。助理裁判员一般是在半场的边线外活动，主要是通过旗示手势或动作指示球出界，角球、球门球、越位、进球以及附近队员的犯规动作，提示换人，时间终了，以协助配合主裁判的判罚，但判罚与否由主裁判决定。

准确判断越位的建议：

（1）好的位置是准确判断越位的前提。

（2）集中注意力观察越位情况。

（3）恰当分配注意力，兼顾触球瞬间和越位线。

（4）必要时的后退可以拉大观察面。

（5）勇气。

（6）在确实难以判断的情况下，请将球权交给进攻一方。

犯规的协助：

（1）用目光和裁判员交流。

（2）给出信号时必须停止移动，面向场内。

（3）举旗和随后的其他信号使用同一只手。

（4）必要时给出配合的暗号。

（5）必须运用“等和看”的技巧。

（6）如果裁判员看到了这次犯规也不应该掌握有利。

（7）助理裁判员对于裁判员视野以外的犯规应时刻保持关注。

（8）罚球区内的犯规协助必须是清晰、明显的犯规。

（9）如需向裁判员反映纪律处罚的情况必须是100%确定的事实。

（三）第四官员

第四官员在场下工作主要是管理好场外的运动员、教练员及其他人员（如教练员在场外来回走动，大声叫喊等干扰比赛现象）保证赛场正常秩序，防止干扰比赛。记录比赛的情况，如进球队员、警告与罚令出场的队员及情况以便协助主裁判核对。替补队员上场时检查其装备等。

如遇到场上的裁判员出现意外情况（如身体不适、受伤等）则由第四官员上场代替其执行工作。一场比赛的顺利进行与否同场外的管理好坏也有很大的关系，所以不能忽视第四官员的工作。

根据裁判员的意愿在半场结束的一刻显示最少补时时间（包括加时比赛的上下半场）。

- **遇有技术区域内任何人员的不正当行为，通知裁判员。**

总之，每一场比赛担任工作的四位裁判员是一个整体，必须在各自的职责范围内认真做好工作，团结合作，紧密配合、圆满完成比赛任务。

（四）视频助理裁判员

视频助理裁判员的使用原则：

（1）视频助理裁判员（VAR）是一名比赛官员，可以独立查看比赛视频，只有在发生“清晰的、明显的错误”或“严重遗漏事件”时，才能协助裁判员。

①进球/未进球。

②判罚/不判罚球点球。

③直接红牌（不包括第二张黄牌/警告）。

④处罚对象错误（当裁判员对犯规方的队员执行警告/罚令出场而罚错了对象）。

（2）始终由裁判员做出最终的判罚决定，即裁判员不得“不做判罚决定”，而将决定权交给视频助理裁判员。若裁判员决定不停止比赛判罚可能存在的犯规，视频助理裁判员可以回看该（允许比赛继续的）决定。在极少数情况下，出现不确定判罚的警告（黄牌）犯规是否达到罚令出场（红牌）程度或应向谁执行纪律处罚的特殊情况时，裁判员可以咨询视频助理裁判员。

（3）除非视频回看分析清楚地表明裁判员的最初决定是“清晰的、明显的错误”，否则裁判员的决定不得更改。

（4）只有裁判员才可发起“回看分析”；VAR（和其他比赛官员）仅可建议裁判员进行“回看分析”。

（5）最终的判罚决定总是由裁判员根据VAR的信息，或是进行了“在场回看（OFR）”之后而做出。

（6）回看分析过程没有时间限制，因为准确性比速度更为重要。

（7）队员和球队官员不得因回看分析某一判罚决定、回看分析的进程或裁判员最终的决定而围堵裁判员或企图进行干扰。

（8）在回看分析的过程中，强调裁判员“可见”原则，确保该环节的透明性。

（9）VAR 的理念是："最小的干扰，最大的受益"。

二、裁判员与助理裁判员的活动路线、范围与配合

目前正式比赛裁判员 R 是按照对角线跑动（又称对角线裁判制），助理裁判员 L1 和 L2 两人在相对边线外各负责半场范围。这种裁判法要求裁判员做到多跑、勤跑，向前、向后、侧身跑，使自己尽量接近球，并经常保持在进攻队员的左侧，球的后面，距离球 10～20 米，以球为中心，全面观察场上情况，始终与助理裁判员保持适当相对或斜相对活动位置。助理裁判员在进攻队员的左侧边线外活动，并随时与守方最后一个后卫（不包括守门员或攻方最前面一个前锋）保持在一条平行线上，以便较准确地观察越位情况。

裁判员与助理裁判比赛时在球场上的位置分别如以下图中所示。

1. 开球位置

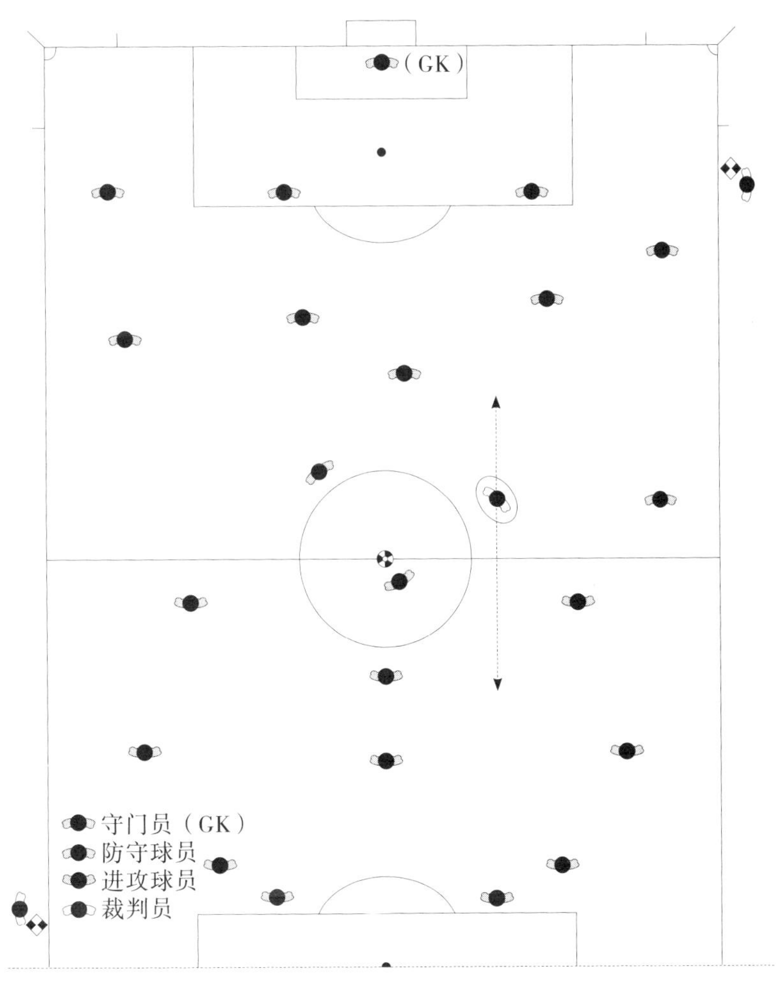

图 6－14　开球位置

2. 球门球位置

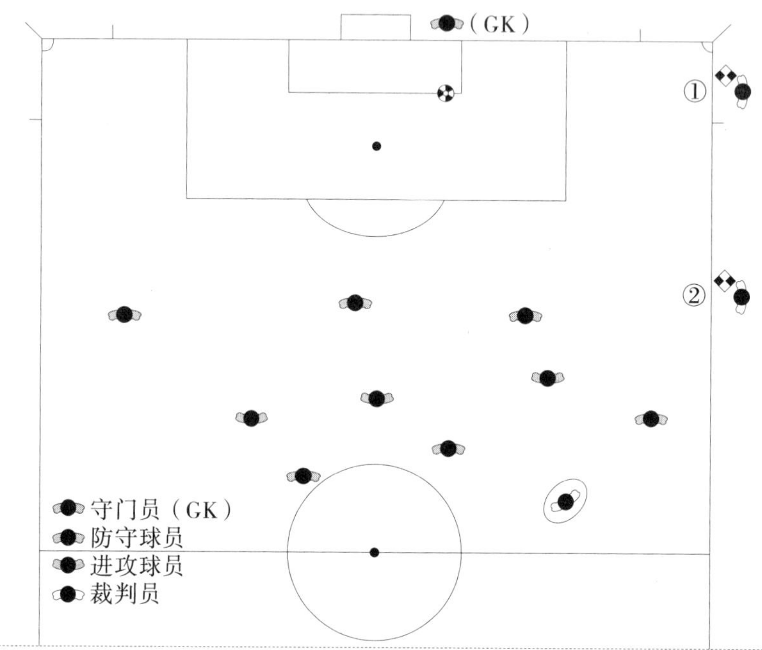

图 6－15　球门球位置

3. 角球位置

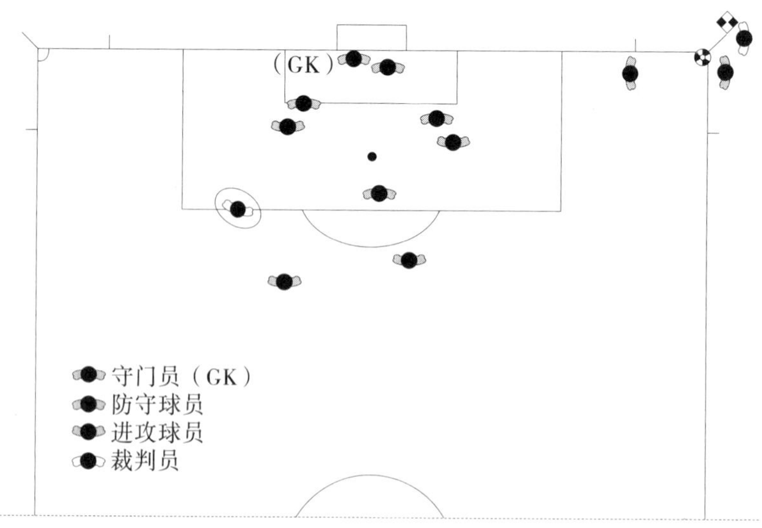

图 6－16　角球位置

4. 任意球位置（1）

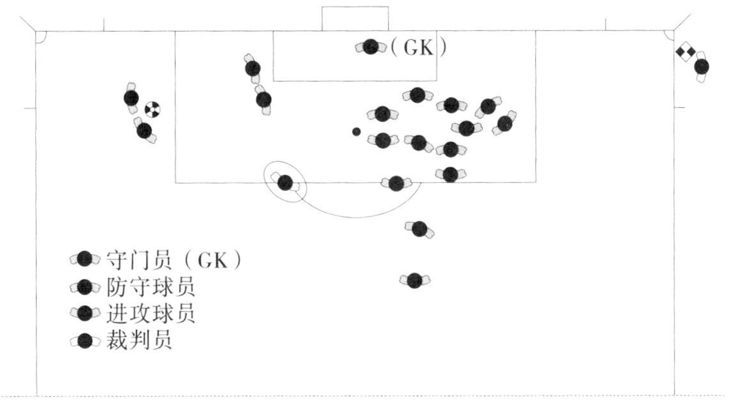

图 6－17 任意球位置（1）

5. 任意球位置（2）

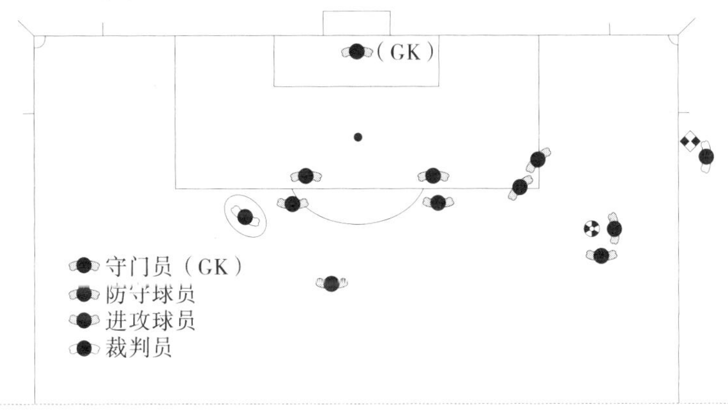

图 6－18 任意球位置（2）

6. 任意球位置（3）

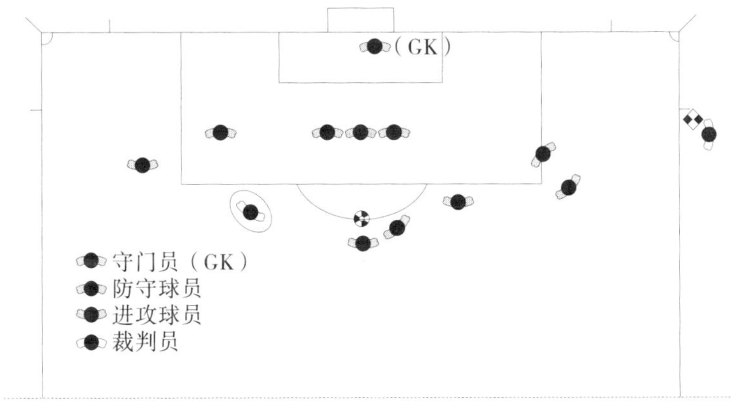

图 6－19 任意球位置（3）

7. 任意球位置（4）

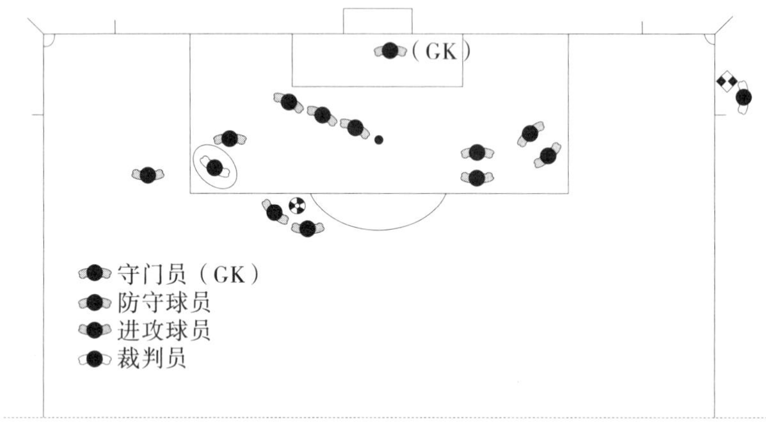

图 6－20　任意球位置（4）

8. 罚球点球位置

图 6－21　罚球点球位置

备注：上述若干图示来源于《2019—2020 足球竞赛规则（香港版）》。

三、裁判员的哨声手势和助理裁判员的旗示

1. 裁判员的哨声手势

裁判员的哨声应该洪亮、短促、有力。一般来说除犯规、越位、胜一球、中圈开球、停止比赛、恢复比赛外不需要鸣哨。遇到有争议的球或运动员不大清楚的球可用连续短促的哨声，予以提示。在判罚犯规时亦可根据犯规动作的程度，以轻或重的哨声表示以提醒运动员的注意。因此，裁判员每吹出一次哨声都有一定的分量，对控制比赛的顺利进行有一定的意义和帮助。

裁判员的手势较简单，但动作的幅度要大，要果断大方，给人有一个清楚的表示。一般间接任意球时单臂上举；判罚直接任意球以及球出界等则一手侧平举指示罚球及发球方

向；判罚球门球时则一手在体前斜下指球门区；判罚角球则一手斜上指向踢角球的角球区；进球则指向中圈。

2. 助理裁判员的旗示

界外球——一臂持旗斜上举指向进攻方向，一般向右进攻用右手举旗，向左进攻用左手举旗，注意保持面对场内。

越位——单臂持旗上举以示出现越位犯规。裁判员判罚鸣哨后将旗指向越位地点。若球远端位置队员越位犯规，则旗指向斜上方。中间位置越位犯规则旗平举，近端位置越位犯规将旗指向斜下方。

球门球——将旗前平举并指向球门区。

角球——将旗指向侧下方角球区处。

换人——两手伸直将旗横握举过头顶。

犯规——配合判罚犯规可以摇旗示意。

胜一球——将旗指向中圈并向中圈方向跑动；若对疑似进球进行判决进球，则原地举旗示意表示进球，待争议消除后才能离开。

时间终了——将旗双手横握放在胸前处。

足球比赛场地大，助理裁判员的旗示对裁判员的判罚有很大的帮助，所以旗示要果断、清楚，以达到配合默契的目的。助理裁判员注意手握旗后要臂下垂，旗紧贴体侧，尤其在跑动中臂部不要随便乱摆，否则使旗经常晃动，易引起裁判员的误会。

四、裁判员如何组织一场足球比赛

组织一场比赛裁判员首先要在思想上明确比赛的目的意义。如果一场重要的比赛，裁判员在赛前必须做好精神上和体力上的准备，赛前开好准备会，彼此之间相互了解，使大家统一思想，统一认识，互相默契，协作完成好比赛任务。一般的比赛裁判员到达场地后相互交换一下意见，提出注意的问题，默契配合便可以上场执行任务。

赛前裁判员应到场地认真检查一下场地的情况，球门、球网、场地划得是否准确、有否插角旗等等。

比赛开始前 10 分钟检查选择用球是否标准，检查双方队员的服装和装备，队长标志，一般基层比赛特别注意守门员的服装是否区别明显。检查自己所带的裁判用品是否齐备。

比赛开始前 5 分钟，鸣哨将双方队员召集到边线的中线处，检查队员人数，双方队长挑边（选择场地或开球权）。

将双方队员排列带入球场，经双方致意及向观众致意后，各自站在自己的半场内准备开始比赛。

裁判员将球放在中点上，攻方队员开球，裁判员鸣哨开球后，攻方队员将球踢过中线，球滚动一周后，比赛方为正式开始，此时守方队员方可进入中圈内抢球。

球从边线出界则由最后触球队员的对方在球出界处掷界外球。球门球从球门线出界时若由攻方触球出界则由守方踢球门球，由守方触球出界则由攻方踢角球。

比赛中队员犯规由裁判员鸣哨判罚，并根据犯规的性质判罚直接任意球或间接任意球，由犯规队的对方在犯规地点开球。

攻方队员被判罚越位，由守方队员在越位地点踢间接任意球。

进球得分，重新把球放在中点由负方开球。

在比赛中双方队员必须服从裁判员的判罚，有时场上虽然出现犯规动作，但裁判员认为对被犯规队有利而不判罚，应继续比赛，有时助理裁判员举旗示意但裁判员认为可不判罚，运动员不应自动停止比赛，在场上应以裁判员的哨声为准。

裁判员发现场上队员受伤或出现特殊情况可暂停比赛，待处理好后才恢复比赛。

当某队要求替换队员，待比赛成死球时，裁判员鸣哨停止比赛才允许换人，替换的队员必须在中线处先出后入，完成替补程序。

裁判员根据规则精神，控制好比赛的气氛，如个别队员出现动作粗野等情况，可以出示黄牌警告，或出示红牌罚令出场，以保证比赛顺利进行。如遇到场外或场内出现各种情况干扰比赛的正常进行，裁判员暂停比赛，召集双方队长及领队教练、有关人员商量，待解决问题后再重新开始比赛。

比赛时间终了，裁判员鸣哨结束全场比赛，由裁判员召集双方运动员行“握手礼”，比赛双方相互致谢并向观众答谢！

总之，裁判工作是足球竞赛的重要组成部分，裁判员必须认真、负责地执行比赛规则，彼此之间相互默契配合，公正、果断地判罚，一场比赛是可以顺利、圆满地完成的。

第三节　场地与其他规则介绍

一、十一人制场地

（一）十一人制足球场地

1. 尺寸

比赛场地必须为长方形，边线的长度必须长于球门线的宽度。长度：90～120 米（100～130 码），宽度：45～90 米（50～100 码）。

2. 国际比赛场地

长度：100～110 米（110～120 码）宽度：64～75 米（70～80 码）。

（二）十一人制足球场地要点

1. 场地标记

比赛场地是用线来表明的，这些线作为场内各个区域的边界线应包含在各个区域之内。两条较长的边界线叫边线，两条较短的线叫球门线。所有的线宽度不超过 12 厘米（5 英寸）。

比赛场地被中线划分为两个半场。

在场地中线的中点处做一个中心标记，以距中心标记 9.15 米（10 码）为半径画一个圆圈。

2. 一弧，一圈，两点，三区，三线

一弧：罚球弧。

一圈：中圈。

两点：中点（开球点），罚球点。

三区：球门区，罚球区，角球区。

三线：球门线（含两球门立柱间的门线），边线，中场线。

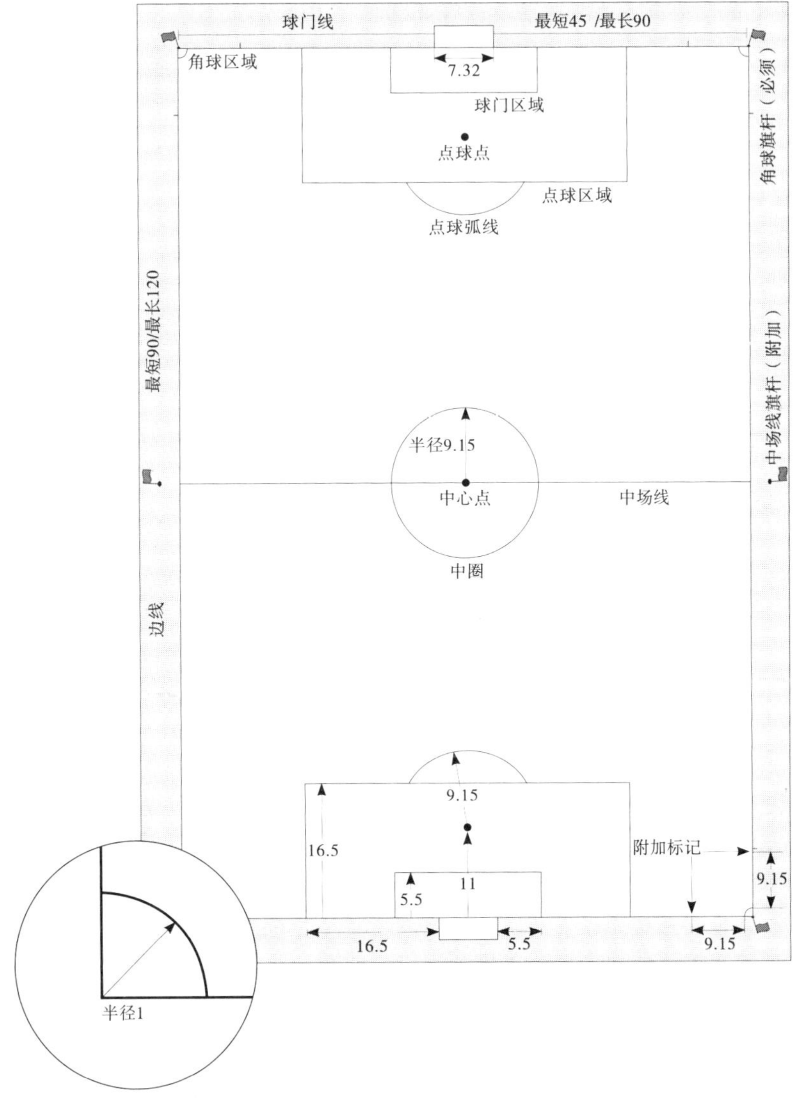

图 6－22　十一人制足球场地示意图（单位：米）

二、七人制场地和足球竞赛规则简介

（一）七人制足球场地设施

七人制（或八人制）足球场场地设施如图 6－23 所示。

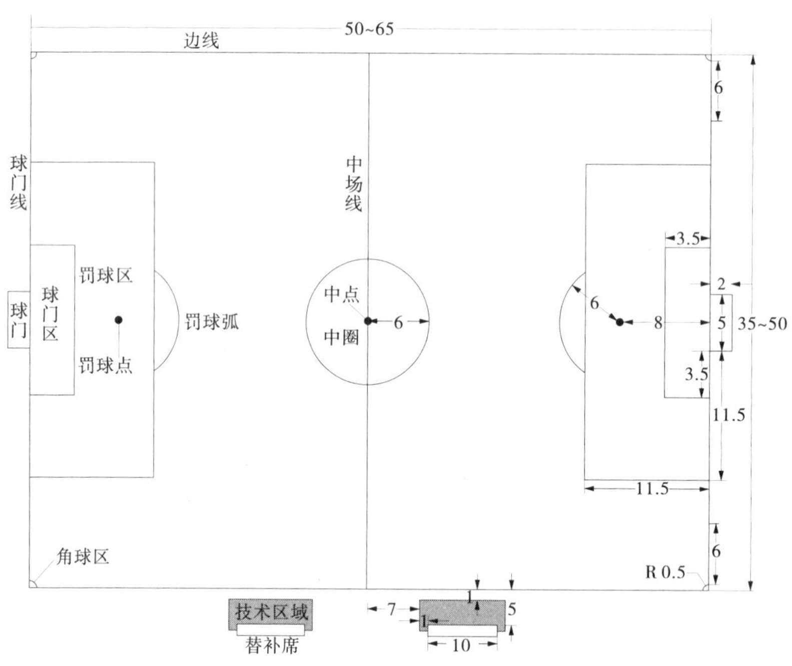

图 6－23　七人制足球场地示意图（单位：米）

（二）七人制足球竞赛规则要点

七人制足球在规则上基本上与十一人制相同，但根据七人制的特点有如下不同之处：

（1）比赛场地：参照图 6－23 的尺寸。所有线宽及球门柱的直径为 10 厘米，并包括在该区内。

（2）比赛时间：上、下半场各 30 分钟，中间休息 10 分钟。

（3）比赛人数：每队出场队员 7 人（包括守门员）。场上比赛人数不能少于 5 名队员，否则比赛无效。

（4）比赛用球：采用国家标准 4 号足球。

（5）球点球决胜负办法：每队先派出 3 名队员进行轮换一次罚球，若 3 名队员已决出胜负，则比赛结束。如 3 名队员罚球后成平局则派出第 4 名队员进行罚球。从第 4 名队员开始谁进球为胜，不进球为负，一直到分出胜负为止。

其他规则与十一人制相同。

三、室内五人制足球竞赛规则简介

（一）比赛场地

（1）所有线宽及球门柱的直径为 8 厘米，并包含在该区内。

（2）球门的大小：球门的宽度为3米，高度为2米。球门后部必须挂有球门网，必须有固定的系统以防止翻倒。

（3）球场表面：必须光滑、平坦而不粗糙。

（4）室内天花板的高度不应低于4米。

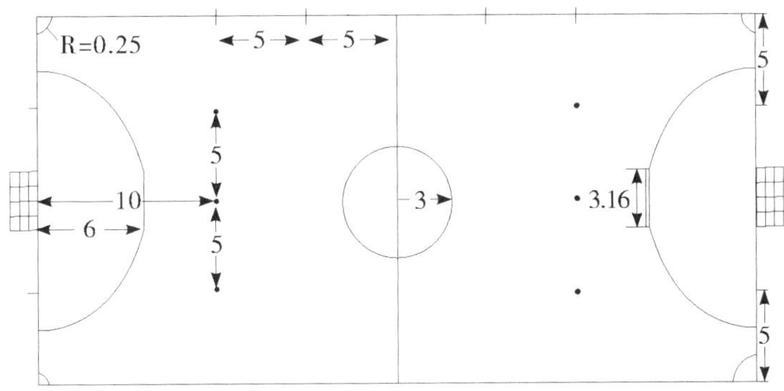

图6－24　五人制足球场地示意图（单位：米）

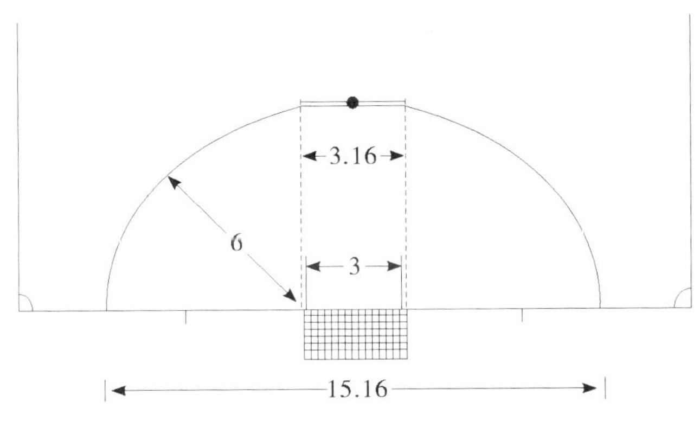

图6－25　罚球区度量（单位：米）

（二）球

必须是低弹性用球，海平面气压为0.6～0.9个大气压，当球从2米处坠下，第一次弹起的高度应在50～65厘米之间。

在比赛中未经过裁判员允许，不可更换比赛用球。

（三）队员人数

（1）比赛应有两队参加，每队上场队员不得多于5人，其中必须有1人为守门员，比赛开始前，每队至少要有3人。

（2）如比赛过程中，某队因有球员被罚令出场而场上队员人数少于3人（包括守门员），比赛必须终止。

（3）被替换下场的队员可以重新上场比赛。

队员可在比赛中或比赛停止时随时进行替换。

换人时，要在本方的替换区域内进行，必须是先出后进。

（4）守门员可与场上任何一名队员互换位置，无须知会裁判员，也无须待比赛停止。但其服装颜色必须是与赛前联席会上确认的颜色相同，并使用本人的号码。

（5）如果一球队替补队员擅自进场，破坏了对方进球或明显进球得分机会，必须被罚令出场。他所在球队的人数应减少。

（四）队员装备

基本装备：

（1）同队队员的服装（包括上衣、短裤和护袜）颜色必须一致，并与对方队员有明显区别。

①如果穿短袖，内穿长袖衣，其袖子颜色应与短袖的主色相同。

②如果穿紧身内裤或紧身长裤，其颜色与短裤的主色相同。

③守门员的服色必须与双方队员及裁判员的服色有明显区别。

（2）上场时队员服装应整齐，上衣放入短裤内。守门员可以穿长运动衣、裤，但裤管须塞在护袜内。

（3）队员的运动上衣必须有袖子。

（4）比赛应穿球鞋，并须带护腿板。

（5）队员可以在护袜外缠绕绷带或胶布，但必须与所包裹部分的护袜颜色相同。

（五）裁判员和第二裁判员

每场比赛由两名裁判员执法，他们具有全部权力去执行与比赛有关的竞赛规则。

两名裁判员的职责相同。

裁判员和第二裁判员均有判罚、警告或罚令队员出场的权力，但当两人意见不一致时，以裁判员的决定为最终决定。

（六）计时员和第三裁判员

（1）计时员：负责比赛计时，比赛停止时，停止计时；比赛重新开始时，重新启动计时器。控制 1 分钟的暂停。

（2）第三裁判员：记录比赛有关的情况；管理两队替补席人员；协助场上两名裁判员的工作。

（七）比赛时间

（1）比赛分为上下两个半场，每半场 20 分钟（净打时间）。

每半场结束时，应允许延长时间执行完罚球点球或累计五次犯规后再次判罚的直接任意球。

（2）暂停：每队在每半场可向计时员申请一次暂停，暂停时间为 1 分钟，球队官员可随时请求暂停，但只有在比赛停止本方有开球权时才给予执行。过时不补，加时赛不设暂停。

（八）比赛开始和重新开始

（1）挑边：猜中的一方必须选择进攻方向，另一方只能开球。

（2）开球：开球不可以直接进球得分。

所有队员在本方半场和防守队员应距球至少 3 米，直至比赛开始。另还须注意：①球应放定在中点上。②由裁判员发出信号。③当球被踢并向前移动时，比赛即为开始。④开球队员在球未经其他队员触及前不得再次触球。

（3）坠球：裁判员用手托着足球，伸直与肩同高的高度，撒手让球自由落下，球落地后比赛即为开始，如球未落地被队员触及，则重新坠球。

（九）犯规与不正当行为

1. 直接任意球

犯规动作的判罚与十一人制相同

室内五人制足球比赛，凡是被裁判员判罚属直接任意球的犯规，均要做累计犯规的统计，当每队每半场的累计犯规次数超过5次之后，开始被判罚累计犯规罚球，犯规队不可以排人墙防守。

如果犯规地点在犯规队半场第二罚球点假想平行线之前的任何地点，一律将球放在第二罚球点罚球，否则对方主罚队员可选择在犯规地点罚球或在第二罚球点罚球。

如果裁判员因掌握有利而没有判罚，不等于对犯规队不做累计犯规的统计。但五犯后一般不做有利的掌握，除非具有明显进球的机会。

如比赛需要加时赛，下半场的累计犯规次数继续生效。

守方队员如在本方罚球区内犯规，属直接任意球的犯规，一律判罚球点球。

2. 间接任意球

（1）凡是由守门员将球发出后，足球未经对方队员踢或触及，在本方半场内再次触及同队队员传给他的球，违反者将被罚间接任意球。包括回到本方半场内接球或带球回到本方半场内。

下列情况可以将球传给本方守门员一次：

①对方队员在比赛中踢或触碰过球。②守门员越过中线进入到对方半场内。③比赛停止，重新开始比赛后。

（2）守门员以手触及或控制同队队员故意踢给他的球（界外球）。

（3）守门员在本方半场内，以手或脚控制球的时间超过4秒。

（4）以危险的方式比赛：当队员试图争抢球时，其行为对其他队员构成伤害威胁（包括对自己的伤害），犯规发生在做动作队员附近，并阻止了对方因害怕受伤而失去争抢球。

（5）阻碍对方的进攻发展：指当球并不在某一方队员的争抢范围内，抢占到对方合理路线去阻挡、妨碍，使对方减慢进攻速度或改变进攻方向。所有的队员在场内有选择自己位置的权利，本身处在对方进攻或防守路线与抢占到对方的路线上是不一样的。

3. 罚令出场的规定

队员一旦被罚令出场，不得重新参加该场比赛，也不能坐在替补席上，应回到休息室。该队可在队员被罚离场满2分钟后，由另一名替补队员上场，如在2分钟内，其中一队有入球，则引用下列条款：

（1）较多人的一队入球，少人的一队可补充一人。

（2）较少人的一队入球，则不能补充队员。

（3）如场上是4对4或3对3，虽有入球，两队都不能补充队员。

（十）踢界外球

（1）踢界外球不能直接进球得分。

（2）位置：将球放定在球出界的地点上或从这一点的地面向外不超 25 厘米处踢出。

（3）时间：主踢队员控制球后须在 4 秒内将球踢出。

（4）支撑脚：不能完全踏进边界线内。

（5）连踢：主踢队员在球踢出后未触及其他队员前，不能再次触及球。

（6）距离：防守队员在球踢出前，离球至少 5 米。

（7）未踢进场：如主踢队员未能将球踢进比赛场地内，则由对方踢界外球开始比赛。

（十一）掷球门球

（1）掷球门球不能直接进球得分。

（2）由守门员在罚球区内的任何一位置将球掷出。

（3）裁判员认为守门员随时可以将球掷出时开始数 4 秒。

（4）球一旦被掷出罚球区，比赛即为重新开始。

（十二）角球

（1）角球可以直接射入对方球门得分。

（2）踢角球队员在控制球后，未能在 4 秒钟内将球踢出，则由对方守门员掷球门球重新开始比赛。

（十三）罚球点球

（1）罚球点球直接进球得分有效。

（2）在每半场或加时赛上下半场结束时，应允许延长时间执行完。

（3）球必须放在罚球点上。

（4）必须明确主罚队员。

（5）守方守门员必须位于本方两球门柱之间的球门线上，面向主罚队员直到球被踢出。

（6）除主罚队员外的其他队员应处于比赛场地内、罚球区外、罚球点后，并距罚球点至少 5 米。

（7）裁判员必须发出信号。

（8）主罚队员必须将球向前踢出。

第七章

足球竞赛组织编排

组织足球活动和比赛是足球教学的重要内容。本章阐述了足球竞赛的意义与种类，足球竞赛的组织工作和主要的竞赛方法，竞赛组织工作中准备、进行和结束三个阶段的工作概述，强调了制订竞赛规程和临场管理的重要性。对竞赛的主要编排方法，单循环、单淘汰和混合赛制的特点、编排程序和注意事项等都做了较详细的说明。

第一节 足球竞赛的意义与种类

一、足球竞赛的意义

足球运动是我国广大人民群众所喜爱的运动项目之一。足球竞赛可以宣传国家体育运动的方针、任务，激励广大群众锻炼身体的热情，有利于推动体育运动的广泛开展，对增强人民体质、丰富文化生活、振奋民族精神具有重要意义。

足球竞赛可以检查训练的成果，交流经验，取长补短，提高足球竞技运动水平。足球竞赛可以促进世界各国人民相互了解，加强团结，增进友谊。

二、足球竞赛的种类

足球竞赛的种类较多，它是根据不同的任务和目的来组织的。我国目前足球竞赛活动有以下几种：

（1）全国足球联赛：是为了提高我国足球的竞技水平，创造更好的社会效益和经济效益，同时根据比赛的成绩划分等级。例如每年举行的中超联赛、甲级联赛和乙级联赛。

（2）邀请赛：是为了达到互相学习，增进友谊，共同提高的目的。有国际足球邀请赛，省、市之间邀请赛。

（3）选拔赛：是为了选拔一支优秀队或选拔优秀运动员组成代表队完成某种比赛任务而举行的竞赛。

（4）锦标赛或杯赛：为了检阅足球运动水平，推动足球运动的开展和培养后备力量，主办单位对优胜队奖以锦旗或奖杯的比赛。如每四年一次的“世界杯”足球赛；我国的“足协杯”赛等。

（5）表演赛或友谊赛：是为了互相观摩学习，促进友谊和团结，宣传和普及足球运动，丰富群众节假日的文化生活而进行的比赛。

（6）冠军赛：足球冠军赛是为争夺某种范围的冠军，授予该竞赛冠军称号的比赛。

足球竞赛的种类还可以从参加者的年龄、职业、系统范围区分。如各年龄级别的儿童、少年、青年足球赛，工人、农民、大学生、中小学生足球赛和军人足球赛等。

另外，从足球比赛上场人数、方法上的不同，足球竞赛有十一人制、九人制、七人制、五人制、四人制、三人制足球赛。根据参加者的性别可分为男子和女子的比赛。

第二节 足球竞赛组织与编排

一、足球竞赛的组织工作

足球竞赛的主办单位应根据竞赛工作计划安排进行工作。组织竞赛是一项比较复杂而细致的工作，涉及面广，它是决定竞赛能否顺利进行的关键，直接影响到竞赛任务的完成。

竞赛的组织工作可分为竞赛前的准备工作，竞赛期间的工作和竞赛结束的工作。

（一）竞赛前的准备工作

1. 确定组织方案

要根据足球竞赛的性质和目的任务来确定组织方案。

（1）竞赛的名称和目的任务。竞赛的名称和任务应根据竞赛的内容、性质、时间和规模来确定，同时要结合当时的形势和中心任务。如有些比赛有赞助商赞助，在比赛冠名等方面要考虑到他们的利益。

（2）竞赛的规模和时间。竞赛项目和参赛队的多少直接关系到比赛场馆的需求和时间的长短。竞赛组织部门要根据竞赛项目的设立，对参赛队的数目要有充分的预计，以便确定竞赛的天数。

（3）拟订竞赛的组织机构。拟订和建立竞赛的组织机构是足球竞赛组织工作的重要环节。机构设置要合理、精练，职能划分要明确，要保证竞赛任务的圆满完成。

各种竞赛的组织机构一般采用“组织委员会制”（简称“组委会”）。组委会由各方面代表组成，负责组织和领导竞赛的全部工作。组委会一般下设办公室、竞赛、后勤、保卫等职能部门。

各职能部门的工作范围如下：①组织委员会：是竞赛组织工作的最高领导机构。其职能有审议批准下设各机构的负责人及人员名单（包括确定仲裁委员、裁判长等），审议批准竞赛活动的各项实施方案以及裁决竞赛工作中出现的重大问题。②办公室：是竞赛组织工作的综合办事机构。其职能有负责新闻宣传，拟定竞赛有关文件，组织会议（包括开幕式、闭幕式），联络调控、文档管理以及接待等工作。③竞赛处：是竞赛组织工作的业务机构。其职能有制订竞赛规程、组织报名、编排比赛日程、编印秩序册以及比赛进行中的组织管理工作和比赛结束后的工作。④后勤处：是竞赛组织工作的保障机构。其职能有进行财物管理，负责场地器材、食宿、卫生、交通等工作的实施。⑤保卫处：负责竞赛工作中的安全工作。其职能有制订安全保卫计划、落实对竞赛设施及生活设施的安全检查和保卫、维持赛场秩序、及时处理突发事件等工作。

大型竞赛活动还可根据需要增设接待处、新闻宣传处、场地器材设备处、电子技术处、集资处等机构。

（4）经费预算。经费预算是执行经费开支的重要依据。各职能机构要根据本部门的需要，并本着勤俭节约的精神，对自己的每一项经费开支进行认真的预算，制订经济计划和严格的管理办法。经费预算可以留有一定的余地，以保证竞赛活动的顺利进行。

2. 制订竞赛规程

竞赛规程是根据竞赛计划而制订的有关竞赛的具体政策与规定。它是足球竞赛的指导性文件，也是竞赛组织者和参加者进行工作和比赛的法律性文件。因此，举行任何足球竞赛活动，首先必须制订竞赛规程。竞赛规程一般由下面的内容组成，竞赛组织者在制订竞赛规程时可以根据各自的具体情况对其内容进行取舍和补充。

（1）竞赛名称：根据竞赛的任务、性质和内容确定竞赛名称。名称要用全称，如：中国足球超级联赛、××杯足球赛。在竞赛的文件、会标及宣传材料等方面，名称要统一。

（2）目的任务：根据竞赛活动的要求，简要说明举办竞赛的目的和任务。如：增强人民体质，普及全民健身运动；交流教学训练工作经验，提高运动水平等。

（3）主办单位和承办单位：注明竞赛主办单位和承办单位，如："全国足球甲级联赛"由中国足协主办，由各主场会员协会组成的联赛赛区委员会承办；"××杯三人足球赛"由××公司主办，由××公司承办。有的比赛还有协办单位。

（4）时间和地点：竞赛时间要明确比赛开始至比赛结束的年、月、日，如有的比赛安排有预赛、决赛的，要分别写明预、决赛的开始时间和结束时间。写明举办竞赛的具体地点。

（5）竞赛项目和组别：明确竞赛设置的项目，如十一人制、七人制；男子组、女子组等。

（6）参加办法：①参加单位、人数和运动员资格。明确哪些单位可以参加比赛，规定各单位领队、教练、工作人员人数和运动员人数；规定运动员的参赛资格和标准（如代表资格、运动等级、运动成绩等）。②报名、报到时间和报名规定。明确规定报名的开始与截止时间；规定报到的时间与报到须知。有的竞赛的抽签时间和地点也可以在这里注明。③对服装和比赛器材的要求。明确规定服装的套数、颜色、号码尺寸，比赛器材的规格标准等。

（7）竞赛办法：①确定比赛采用的规则。可以根据竞赛的不同性质对现行的规则做一定的修改和补充，但必须在竞赛规程中写清楚。②确定竞赛采用的竞赛制度。如循环赛、淘汰赛，或是混合赛等。若比赛分阶段进行，要写清楚各阶段的竞赛制度、两阶段比赛的衔接办法、成绩计算和名次排列。③具体的编排原则和方法。如循环赛编排采用哪种轮转方法；单淘汰赛设立几名种子，怎么确定种子等。④明确计分方法和确定名次的方法。各种不同竞赛项目有不同的计分方法；接力、破纪录如何加倍计分；排列名次的方法以及积分相同时如何判定名次的方法；团体总分如何计算等。⑤比赛中违反规定的处罚方法。如弃权的处理、违纪的扣分等。

（8）录取名次与奖励：规定竞赛录取名次和奖励的办法。包括对团体奖、单项技术奖、道德风尚奖等的奖励名额和各种奖项的奖励内容（奖杯、奖旗、奖状、奖章及奖金等）。

（9）裁判员：如需参赛单位选派裁判员的，要写明人数、等级及报到时间，学习时间。

（10）其他事项：对有关经费、交通、食宿等问题进行说明。

（11）未尽事宜，另行通知：为了方便今后对竞赛规程的修改和补充。

（12）规程解释权的归属单位：确定对竞赛中出现的问题，由谁来进行解释。

3. 组织编排工作

（1）了解和熟悉情况：学习竞赛规程和竞赛规则，了解竞赛的时间安排、比赛单位、组别、参赛办法、竞赛办法、奖励及计分方法等。掌握竞赛场地器材情况和裁判员的人数、水平等情况。同时准备有关用具、比赛用表。

（2）检查报名情况，审查报名资格：检查各单位报名是否符合竞赛规程的规定。需要严格审查运动员参赛资格的比赛，要认真对待，以保证竞赛的顺利进行。

（3）编排竞赛秩序和制定竞赛日程：①首先要计算场数和轮数，确定比赛所用时间，然后遵循编排要求和编排方法用抽签的方法把参赛队定位或分组定位。并在此基础上制定出竞赛日程。②编排和制定竞赛日程时要考虑到各参赛队竞赛时间、场地的机会均等

(如：白天、晚上；室内、室外等)；要考虑到比赛的精彩程度。

4. 编印秩序册

竞赛秩序册是组织完成一次竞赛活动的综合性的完整文件。竞赛秩序册既是竞赛的组织者组织管理比赛的依据，也是教练员、运动员、裁判员参加比赛的依据；既是比赛的时间表、项目安排表，又是比赛的成绩册。竞赛秩序册要在比赛开始前发给参赛队。

竞赛秩序册一般有以下内容：

(1) 封面。封面内容有：比赛名称、时间、地点、主办单位、协办单位、赞助单位等。封面上要印有运动会会徽和“秩序册”三个大字。

(2) 目录。按顺序排列秩序册的所有内容。

(3) 竞赛规程和补充规定。是组织和参加竞赛的指导性文件。

(4) 竞赛组织委员会成员名单和办事机构成员名单；各单项竞赛委员会、仲裁委员会成员名单和裁判长、裁判员名单。

(5) 各代表队名单。按有关规定顺序排列，内容有：队名、领队、教练、医生和运动员名单。运动员名单内容有：号码、姓名、出生年月日、身高、体重等。

(6) 大会活动日程。包括运动员、裁判员报到的时间、训练的时间；组委会会议及裁判长、领队、教练员联席会议和有关抽签的安排；竞赛安排；比赛结束及离开时间；有关注意事项。

(7) 竞赛日程。具体明确各场比赛的时间、地点、比赛队、服装要求等。

(8) 比赛成绩表。根据比赛的结果进行填写。

(9) 历届比赛名次表。

(10) 比赛场地平面图。

5. 检查竞赛场地和器材

赛前必须对场地和器材进行细致的检查，发现有不符合竞赛标准的要及时解决。如场地是否平坦，灯光是否符合要求，足球网是否有漏洞等。

6. 组织裁判员学习、安排赛前训练

竞赛前要组织裁判员学习，统一判罚尺度，保证严肃、认真、公正、准确地执行任务。有的比赛需要安排赛前适应性训练的，要考虑到各种不同场地、不同时间的机会均等。

7. 召开组委会及联席会议

召开组委会会议或裁判长、领队、教练员联席会议。由组委会成员介绍竞赛活动的组织工作情况；裁判长明确执行的规则及要求；听取意见和解决有关问题（如：更换运动员、运动员号码错误等)；组织抽签，确定参赛队的分组定位。

(二) 竞赛期间的工作

1. 全局一致、各方协调

竞赛活动是一项综合性工程，组织竞赛、临场管理、宣传报道、后勤保障、医护保卫等工作缺一不可。竞赛的组织者要与竞赛的各个环节保持信息的畅通，要深入赛场，掌握最新动态，加强各方面的协调配合，不断改进工作，保证对竞赛全局的控制。一旦出现问题，立刻进行解决，切实保证比赛的圆满完成。

2. 加强临场管理

临场管理是组织好足球竞赛的关键环节，它直接影响比赛的顺利进行。裁判员需要公正执法；运动员需要规范职业道德；工作人员需要做到热情服务。对临场比赛中的技术问题、对违反体育道德的现象、对不负责任的工作态度以及对场地器材、饮食卫生、安全保卫中可能出现的隐患和问题都要及时发现，尽快地给予解决。对违规违法的人或事要坚决、严肃、尽快处理，不得影响比赛。

3. 完成成绩统计和处理工作

要对比赛的红、黄牌及成绩等做出准确的统计和记录，以此作为比赛和录取名次的依据。

4. 做好成绩公告

每场、每轮比赛结束后，要将比赛成绩及时送交给大会竞赛部门，再由大会竞赛部门将各项成绩汇总，准确、快捷地印制、发送当日的成绩公报，使参赛单位、运动员和观众及时了解竞赛的进程和结果，以便进行分析研究，宣传报道。

（三）竞赛结束的工作

1. 排定名次，做好颁奖工作

比赛结束，竞赛部门要尽快核对比赛成绩，排定名次，交裁判长在闭幕式上宣布。要根据竞赛规程的规定提前准备好奖品及奖金，以便在闭幕式进行颁奖。精神文明奖可在比赛进行中就开始评选，比赛结束时其评选活动也应结束，和其他奖项同时颁发。

2. 做好总结工作

竞赛活动结束以后，竞赛有关部门要对竞赛工作做一个全面、认真的书面总结，肯定成绩，找出不足，提出建议。总结上交给主办单位。同时要将竞赛的各种文件、记录表格、原始成绩等一起归类存档，以便今后查阅和工作。

二、足球竞赛的竞赛方法

竞赛方法是指从比赛的开始、比赛进行直至比赛结束的过程中，为合理比较参赛队的运动水平，公正排定参赛队的比赛名次所采取的组织和编排方式。这种组织编排及完成竞赛的方法，我们又称作竞赛制度，简称“赛制”。足球竞赛中常用有循环赛制、淘汰赛制、混合赛制。组织者应根据比赛的目的和任务，以及参赛队数目、时间长短、场地条件及训练水平等实际情况来考虑选用哪一种赛制，以便使比赛顺利进行和圆满结束。

（一）循环赛制

循环赛制（简称“循环赛”）是指所有参赛队相互之间都轮流进行比赛，最后按照其在循环比赛中得分的多少排定名次的竞赛方法。循环赛包括有：单循环赛、双循环赛、分组循环赛等。

1. 循环赛的特点

（1）比赛场次多，接触对手多，有更多的互相学习、实战锻炼的机会。

（2）最后排定的名次基本符合各队的实际运动水平，偶然性小。

（3）不足的是：比赛的时间长，占用场地多，参赛队数量多时不易采用；最后几轮的比赛可能会由于一些因素（为保存实力、人际关系等），出现消极比赛现象。

2. 单循环赛

所有参赛队相互之间都轮流比赛一次，最后按其在同一循环比赛中得分的多少排定名次的竞赛方法，称作单循环赛。

（1）场数和轮数的计算。两个参赛队相互比赛一次，称作一场比赛。计算循环赛比赛总场数，主要是便于根据实际比赛场数的多少，计划好比赛场地和时间、人力、物力的安排。

单循环比赛场数的计算方法：$X = N \times (N-1) \div 2$（X 为比赛场数，N 为参赛队数）。

即：单循环比赛场数 = 参赛队数 ×（参赛队数 - 1）÷2

例如：8 个队参加单循环赛，比赛的总场数是 $8 \times (8-1) \div 2 = 28$ 场

所有参赛队都比赛完一场（包括轮空者），称作一轮比赛。

比赛轮数的计算方法：参赛队是双数时，比赛轮数 = 参赛队数 - 1；参赛队是单数时，比赛轮数 = 参赛队数。

例如：8 个队参加单循环比赛时，比赛轮数是 8 - 1 = 7 轮。5 个队参加单循环赛时，比赛轮数是 5 轮。

（2）制定竞赛日程。

①编排比赛秩序表。单循环赛轮次的安排通常在参赛队是双数时采用逆时针轮转法。如 6 队参加比赛，先选出 1、2、3、4、5、6 个位置号（序号），其第一轮比赛先将 1、2、3 号自上而下依次写在左侧，再将 4、5、6 号自下而上与 3、2、1 号对应写在右侧，然后用横线分别将左右两个对着的号码连接起来，即为第一轮的比赛顺序（见表 7-1）。将第一轮比赛表中的 1 号固定不动，其余号码按逆时针方向轮转一个位置，即为第二轮比赛秩序，以后各轮次比赛秩序以此类推。

表 7-1 6 个队单循环赛秩序表

第一轮	第二轮	第三轮	第四轮	第五轮
1-6	1-5	1-4	1-3	1-2
2-5	6-4	5-3	4-2	3-6
3-4	2-3	6-2	5-6	4-5

若参赛队为单数时，则在最后一个数后补个“0”。各轮次遇到“0”的参赛队，则这轮“轮空”休息，没有比赛。为了避免因轮空休息而带来的不合理现象，轮次在安排时可采用顺时针轮转法（见表 7-2），其第一轮比赛与双数队相同，只在最后一个数后补“0”。第二轮是固定“0”号不动，其余号码按顺时针方向转动一个位置，各轮次以此类推。

表 7-2 5 个队单循环赛秩序表

第一轮	第二轮	第三轮	第四轮	第五轮
1-0	2-0	3-0	4-0	5-0
2-5	3-1	4-2	5-3	1-4
3-4	4-5	5-1	1-2	2-3

单循环赛根据参赛队数编排好轮次后，应将各参赛队安排进入比赛秩序表里，其定位

方法有两种。

抽签的方法：一种是在对参赛队的实力情况不了解，或竞赛规程规定必须进行抽签时采用。抽签时，首先按参赛队数做好相应数目的号签，在号签上写上位置号。然后由参赛队随机进行抽签，抽到号码后即对号入座，排入秩序表内的相应比赛位置上。

另一种是将上一次比赛的名次作为各参赛队进入秩序表的号码：如第一名为1号、第二名为2号、第三名为3号，以此类推，分别对号入座，排入秩序表内的相应比赛位置上。

②制定竞赛日程表。比赛秩序表编排好后，把各轮次的比赛制定成竞赛日程表印发给参赛者（见表7－3）。在制定竞赛日程表时应注意做到公平、合理，在场地（室内、室外等）、时间（白天、晚上等）和比赛间隙的休息时间等方面的安排上，力求各参赛队最大限度的机会均等。

表7－3　全国体院足球教学训练交流比赛日程表

序号	日 期	时 间	组 别	比 赛 队	场地	备 注
1	5月3日	8：30	一	广州体院（浅）—北京体院（深）	1	
2	5月3日	8：30	二	西安体院（浅）—成都体院（深）	2	
…						

（3）单循环赛成绩记录表。比赛成绩记录表的内容有比赛单位名称、比分（双方比赛结果）、积分、积分相等时排定名次的方法、名次等（见表7－4）。

表7－4　单循环赛成绩记录表

队名 \ 比分 \ 队名	一队	二队	三队	四队	积分	相互间		全部比赛		名 次
						净胜球	进球数	净胜球	进球数	
一队										
二队										
三队										
四队										

3. 双循环赛

所有参赛队相互之间都轮流比赛两次，最后按其在两个循环比赛中的得分多少排定名次的竞赛方法，称作双循环赛。

双循环赛的场数和轮数，均为单循环赛的一倍。双循环赛比赛轮次表的编排与单循环赛相同，只要排出第一循环的轮次表，第二循环再重复赛一次。也可重新抽签排定比赛位置。第二循环的比赛如何进行，应在竞赛规程中明确规定。

4. 分组循环赛

当参赛队数量较多、比赛时间较短时，可以安排比赛分阶段进行。在第一阶段或多个阶段中把参赛队分成若干小组进行单循环赛，按其在小组循环比赛中的得分多少排定名次的竞赛方法，称作分组循环赛。

分组循环赛时，为了使分组合理，各组运动员的实力接近，一般采用“确定种子”分组或“蛇行排列”分组的办法。

(1) 确定种子分组。“种子”即公众承认的运动成绩优秀者。种子的资格，竞赛组织者可以依据参赛队在上届比赛的名次或实际的运动水平来确定。种子的数目一般是组数的倍数。分组时首先将种子抽签平均分到各组中去，然后再抽签确定其他参赛队的组次和位置。例如：16 支队参加比赛，分 4 组，设 4 名种子。先将 4 名种子随机抽签分入 4 组，再将其他 12 支队随机抽签平均分入 4 组（签牌分为 4 组，每组有 3 个相同的签号）；如 8 名种子，则先将种子随机抽签分入 4 个组（如果需要，种子也可以分批抽签：先抽前 4 名种子，再抽后 4 名种子），其他队再随机抽签进入各组。若 8 名种子的顺序是按照运动水平依次排列的，则可以用蛇形排列的方法将种子分入各组。

(2) 蛇行排列分组。是将参赛队按照上届比赛的名次或参赛队实际运动水平从高至低依次排列，再依次衔接进行分组，这样分组各组的运动水平最为接近。例如 16 个队分成 4 组，其蛇形排列分组的方法如下（见表 7－5）。

表 7－5　蛇行排列分组表

第一组	第二组	第三组	第四组
1	2	3	4
8	7	6	5
9	10	11	12
16	15	14	13

(3) 确定名次。若分组循环赛的以后阶段比赛仍都采用单循环赛进行，则以最后阶段循环比赛的成绩排定名次。若比赛采用混合赛制，则以最后阶段所采用赛制的比赛成绩排定名次。

5. 循环赛编排时的注意事项

(1) 编排时，参赛队进入比赛顺序的序号抽签和进入各组的分组抽签应尽量由参赛队亲自参加，以免对抽签的结果有所异议；若技术代表、竞赛部门代为抽签，则要注意公开、公平、公正。抽签结果确定后要尽快通知参赛队。

(2) 循环赛必须按轮次的顺序逐轮进行。每一轮次的比赛，必须全部结束，方可进入下一轮的比赛，因某种特殊原因，需要调整比赛时，也必须将整个轮次的所有比赛与另一轮次的所有比赛一起对调。否则会造成比赛队休息时间的不均等，还有可能提供一些被利用的“机会”，干扰比赛的结果。

(3) 注意各队在每场比赛结束后，有基本均等的休息时间，以防造成恢复体力时的不均等待遇。同时，对比赛条件、场馆、观众、时间的安排要统筹兼顾，使各队基本上达到条件均等。

（二）淘汰赛制

淘汰赛制（简称“淘汰赛”）是指所有参赛队按照排定的顺序进行比赛，胜者进入下一轮，负者退出比赛，直至产生最后一队获胜者（冠军）的竞赛办法。淘汰赛包括：单淘汰赛、双淘汰赛和交叉淘汰赛等。

1. 淘汰赛的特点

（1）可以在较短的时间内，较少的场地条件下，安排较多的参赛队进行比赛。

（2）比赛具有强烈的竞争性，激烈精彩。

（3）不足的是：参赛队学习、交流、锻炼的机会少；排定的名次有限；比赛的结果有一定的偶然性。

2. 单淘汰赛

参赛队失败一次即退出比赛，比赛直至产生最后获胜者的竞赛方法，称作单淘汰赛（又称“单败淘汰赛”）。

（1）场数和轮数的计算。单淘汰比赛场数 = 参赛队数 - 1。

例如：有 32 支队伍参加单淘汰赛，共要比赛 31 场。

单淘汰的比赛轮数 = 所选择的作为号码位置数的 2 的乘方数的指数。

单淘汰比赛的轮数与比赛中为参赛队选择的号码位置数有直接的关系。不论参赛队有多少，其选择的号码位置数必须是2 的乘方数，所选定的号码位置数是 2 的几次方，比赛轮数就是几轮。例如：有 16 人参加比赛，选择的号码位置数是 16，16 是 2 的 4 次方，那么就有 4 轮比赛；有 32 支队伍参加比赛，选择的号码位置数是 32，32 是 2 的 5 次方，那么就需要进行 5 轮比赛。

（2）选择号码位置数和分区。

①选择号码位置数。进行单淘汰比赛时，要给每个参赛队编上一个号码，安排一个比赛位置。单淘汰赛参赛队的号码位置数，必须是 2 的乘方数。常用的号码位置数是：$2^3=8$、$2^4=16$、$2^5=32$、$2^6=64$、$2^7=128$。例如：8 支队伍参加比赛，8 恰好是 2 的乘方数，则 选择8 为号码位置数，每支队伍一个号码，一个位置，比赛 3 轮结束（见图 7 - 1）。

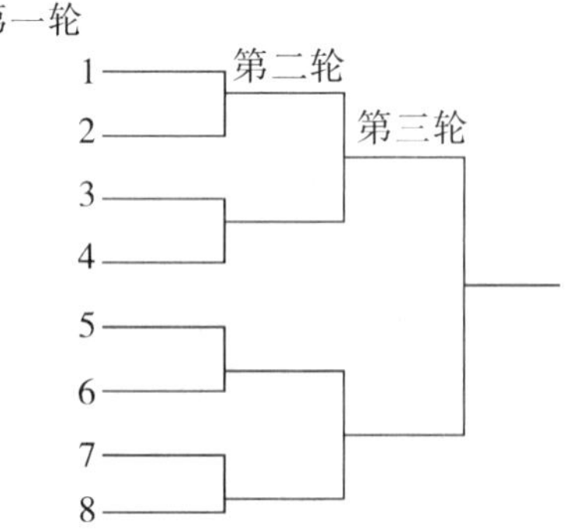

图 7 - 1　8 人单淘汰赛秩序图

若参赛队数不是 2 的乘方数，则选择最接近参赛队数的 2 的乘方数为号码位置数。

例如：19 支队伍参加比赛，则选择 16 为号码位置数，比赛 4 轮结束；28 支队伍参加比赛，则选择 32 为号码位置数，比赛 5 轮结束。

②分区。单淘汰比赛时要把号码位置分成几个相等的部分，称为“分区”（见图 7 - 2）。把全部号码位置分成两半，每半区称作 1/2 区，又称作上半区、下半区；再把上半区和下半区各分成两半，每个区称作 1/4 区；再把每个 1/4 区分成两半，每个区称作 1/8 区，以

此类推。

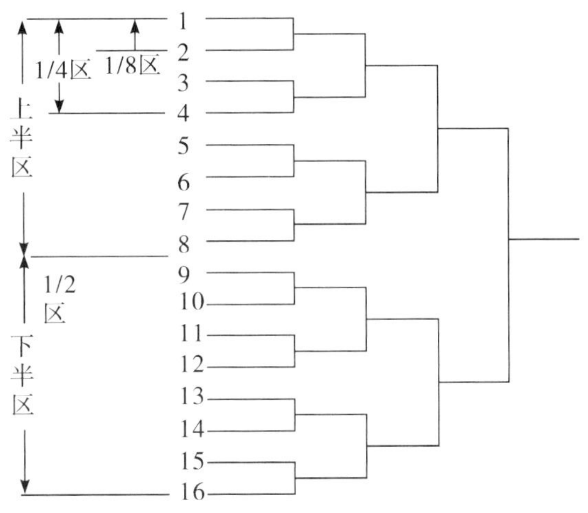

图 7－2 单淘汰赛分区图

（3）种子定位。

①查表定位。单淘汰比赛时，如果参赛者（队）数恰好是 2 的乘方数，那就可以选择与参赛者（队）数相同的数为号码位置数，使每个参赛者（队）都有一个号码位置，两两相对进行比赛。但为了避免水平高的参赛者（队）过早相遇、过早淘汰的不合理现象，在比赛前就必须设立“种子”，种子资格可依据上届比赛的成绩或实际的运动水平确定；种子的数目应根据参赛者（队）数目的多少来决定，一般也是 2 的乘方数；种子的序号按照其运动水平的高低依次排定。种子要公平、合理地分布到比赛的各个区中去，种子的号码位置，可以查“种子位置表”（见表 7－6）确定。

表 7－6 种子位置表

1	256	129	128	65	192	193	64
33	224	161	96	97	160	225	32
17	240	145	112	81	176	209	48
49	208	177	80	113	144	241	16
9	248	137	120	73	184	201	56
41	216	169	88	105	152	233	24
25	232	153	104	89	168	217	40
57	200	185	72	121	136	249	8

“种子位置表”的查法：按比赛所设种子数目，从表中依次逐行由左向右取出小于或等于比赛号码位置数的号码，这些号码就是种子定位的号码。例如：有 120 支队伍进行单淘汰赛，必须选用 128 个号码位置。若设 8 名种子，则可从表中依次取出小于或等于 128 的 8 个号码位置：1、128、65、64、33、96、97、32，这些就是种子所在位置的号码。

②“跟种子”定位。除了查表给种子定位外，还可按照种子排位的高低，采用“跟种子”的方法将全部种子定位（见图 7－3），其结果与查“种子位置表”的种子定位是一致的。

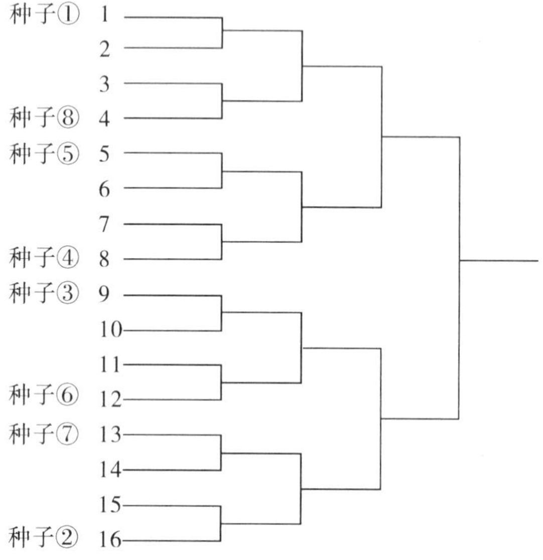

图 7－3 “跟种子”定位图

如果设立 4 名种子，“跟种子”定位方法首先将 1 号种子定位在上半区的顶部 1 号位置，将 2 号种子定位在下半区的底部 16 号位置。其次是将 3 号种子“跟”2 号种子定位在下半区的顶部 9 号位置，将 4 号种子“跟”1 号种子定位在上半区的底部 8 号位置。如果设立 8 名种子，那就再将 5 号种子“跟”4 号种子定位在同一 1/4 区的顶部 5 号位置，将 6 号种子“跟”3 号种子定位在同一 1/4 区的底部 12 号位置，将 7 号种子“跟”2 号种子定位在同一 1/4 区的顶部 13 号位置，将 8 号种子“跟”1 号种子定位在同一 1/4 区的底部 4 号位置。若选择的号码位置数是 64、128、256，种子的数目再多一些，也可以按照“跟种子”的规律进行种子定位的。

③“种子分级分批”定位。在实际运用中，“跟种子”定位方法有一定的局限，一是种子的排序比较复杂，再是种子的定位过于死板。现在在实际运用中普遍采用在“跟种子”定位方法基础上发展起来的“种子分级分批”定位的方法。

“种子分级分批”定位时，1 号种子和 2 号种子的号码位置不变，3 号种子和 4 号种子则随机抽签定位在 8 号和 9 号位置上，5 号、6 号、7 号、8 号种子也是各自随机抽签定位在 4 号、5 号、12 号、13 号位置上。这使得种子的定位更加合理、方便。

（4）轮空和抢号。

①轮空。当选择的号码位置数大于实际参赛队数目时，就会多出一些号码，空着没有参赛队进入。这就出现了“轮空”。轮空就是指在第一轮的比赛中有的参赛队没有对手，休息一轮。例如：13 支队伍参加比赛，选择 16 为号码位置数，就会有 3 支队伍的参赛者在第一轮没有比赛，轮空（见图 7－4）。轮空号码的位置，可以查“轮空位置表”（见表 7－7）确定。

轮空数＝号码位置数－参赛队数。

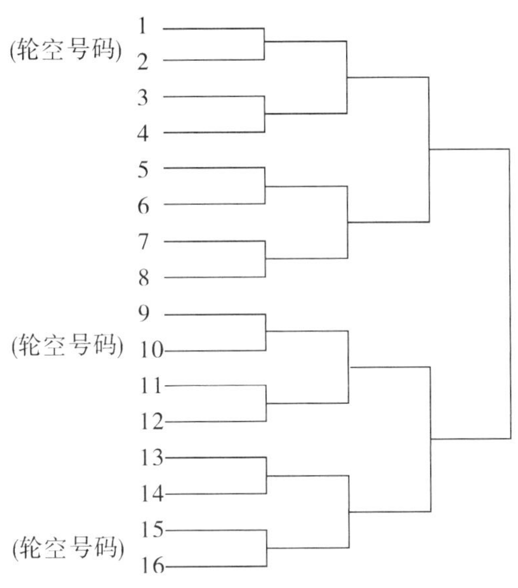

图 7－4　13 人单淘汰赛轮空号码位置图

“轮空位置表”的查法：选择最接近参赛队数的、较大的 2 的乘方数为号码位置数。并用该数减去参赛队数，得出的就是轮空数。然后按轮空数目，依次逐行由左向右取出小于比赛号码位置数的号码，这些号码就是轮空的号码。例如：有 120 支队伍进行单淘汰赛，必须选用 128 个号码位置，128 － 120 = 8，即有 8 个位置没有参赛队。从表中依次取出小于 128 的 8 个号码位置：2、127、66、63、34、95、98、31，第 轮比赛这些号码位置是空的，与之相邻的参赛队则第一轮轮空。

表 7－7　轮空位置表

2	255	130	127	66	191	194	63
34	223	162	95	98	159	226	31
18	239	146	111	82	175	210	47
50	207	178	79	114	143	242	15
10	247	138	119	74	183	202	55
42	215	170	87	106	151	234	23
26	231	154	103	90	167	218	39
58	199	186	71	122	135	250	7
6	251	134	123	70	187	198	59
38	219	166	91	102	155	230	27
22	235	150	107	86	171	214	43
54	203	182	75	118	139	246	11
14	243	142	115	78	179	206	51
46	211	174	83	110	147	238	19
30	227	158	99	94	163	222	35
62	195	190	67	126	131	254	3

②抢号。当选择的号码位置数小于实际参赛队数目时，就出现了参赛队多，号码位置不够的情况，这样就需要在第一轮比赛前，安排一定场次的预选赛，将多出的参赛队淘汰，使实际参赛的队伍数与号码位置数相符，使每支队伍都有一个号码位置。这就出现了“抢号”。

例如 19 支队伍选择 16 为号码位置数，有 3 支队伍没有比赛的号码位置，就必须有 6 支队伍先进行 3 场预选赛，争夺 3 个号码位置，负者淘汰，胜者“抢”得号码位置，进入正式比赛。“抢号”比赛不算入比赛轮次。

抢号场数 = 参赛队数 − 号码位置数。

抢号的位置就是轮空的位置，抢号位置也可以查轮空表获得。

例如：上例中的 3 个抢号位置数查表可得，是 2、15、10。实际上，抢号 = 轮空。

③种子优先轮空，序号在前的种子优先轮空。采用“种子优先轮空，序号在前的种子优先轮空”的方法，其轮空的位置与查“轮空位置表”是一致的。例如：有 4 个轮空位置，那么第 1 个轮空位置应在上半区顶部 1 号种子旁边的 2 号位置，第 2 个轮空位置应在下半区底部 2 号种子旁边的 15 号位置，第 3 个轮空位置应在下半区顶部 3 号种子旁边的 10 号位置，第 4 个轮空位置应在上半区底部 4 号种子旁边的 7 号位置。如有更多的轮空，则按“跟种子定位”的种子顺序在相应的种子旁边确定轮空的位置。

（5）附加赛。

单淘汰赛最后的胜者为冠军，负者为亚军，两场半决赛的负者为并列第 3 名，四场 1/4 决赛的负者为并列第 5 名。当有的比赛需要决出第 3 名，有的比赛甚至要决出 1 ~ 8 名时，就需要进行附加赛。附加赛是单淘汰赛的延伸，以便扩大录取优胜名次的范围。

附加赛场次的增加，是根据比赛所需决定名次的多少来决定的。一般决出 1 ~ 8 名的单淘汰比赛，增加附加赛的比赛如下（见图 7 − 5）。

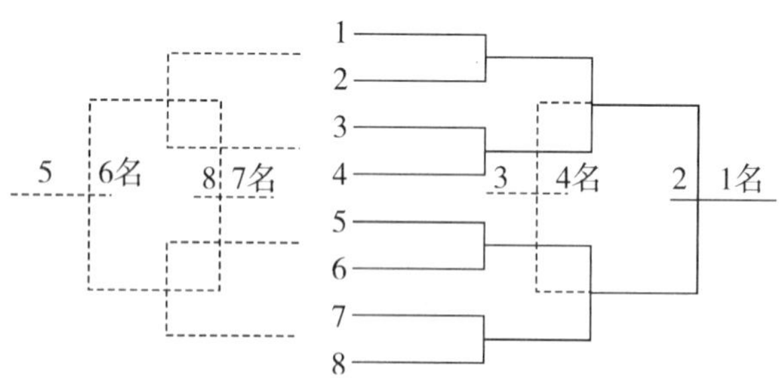

图 7 − 5　单淘汰赛增加附加赛秩序图

图中比赛的胜者以实线向右方移动，负者以虚线向左方移动，最后比赛决出 1 ~ 8 名。增加附加赛时，并不增加比赛的轮数。

3. 双淘汰赛

参赛队失败两次，即退出比赛，比赛直至产生最后获胜队的竞赛方法，称作双淘汰赛（又称“双败淘汰赛”）。常用的双淘汰赛有冠亚军淘汰赛、两败淘汰赛。双淘汰赛在足球竞赛中用得较少（见图 7 − 6）。

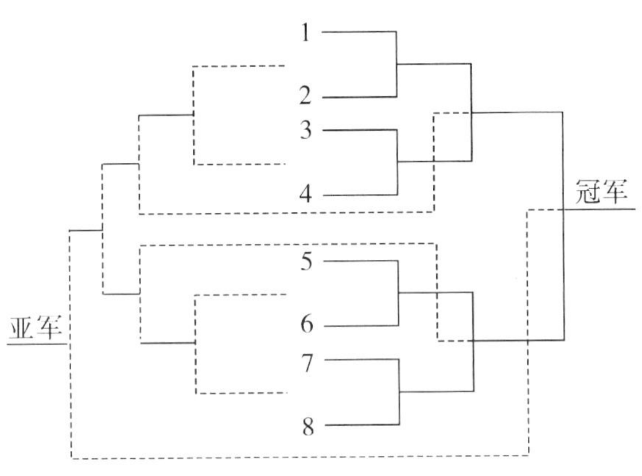

图7－6　双淘汰赛秩序图

（1）冠亚军淘汰赛：即比赛的全胜者为冠军，负一场者为亚军。

（2）两败淘汰赛：是在冠亚军淘汰赛的基础上，安排全胜者与负一场者再比赛一场，若全胜者获胜，则比赛结束，若负一场者获胜，则还需要再加赛一场，直至其中一队两败被淘汰。

以上双淘汰的比赛秩序表采用不交叉排列法，是为了遵循上下半区的运动员不跨区比赛，直到决赛才相遇的原则和解决同单位运动员不要过早相遇的问题。另外还有一种双淘汰赛交叉排列法（见图7－7）。在足球竞赛中，不论采用哪一种双淘汰赛方法，都要在竞赛规程里写清楚，以避免在比赛进行中或者确定冠亚军时出现争议。

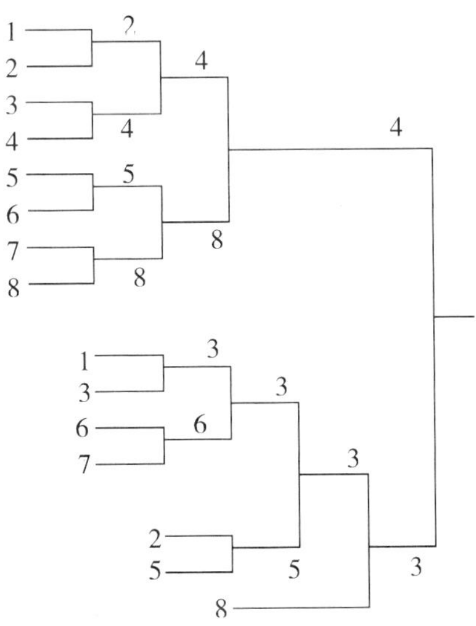

图7－7　双淘汰赛交叉排列法秩序图

4．交叉淘汰赛

将上一阶段比赛中不同名次的队伍互相交叉进行比赛，胜者继续比赛，负者即被淘汰，称作交叉淘汰赛。

这种比赛第一阶段常将参赛队分成A、B两组进行单循环赛，决出小组全部名次；第二阶段A、B组的前2名进行交叉比赛，即A组第1对B组第2，B组第1对A组第2进行交叉比赛（见图7－8），两场比赛的胜者决出冠、亚军，负者被淘汰，或者负者决出3～4名。

5. 淘汰赛编排时的注意事项

（1）足球比赛时淘汰赛很少安排在第一阶段进行，所以轮空和抢号也就很少用到。但在有很多队报名参赛的社会性比赛中，淘汰赛是较为合适的竞赛方法。

（2）在羽毛球、乒乓球等球类的单项比赛中较多采用单淘汰赛。各单项比赛需要交叉进行，编排时容易出现重场、漏场和连场等问题，因此要注意反复检查、核对，杜绝差错。

（3）凡属有兼项比赛的球类项目的淘汰赛中，应保证运动员得到充足的休息时间。对于一个场馆内安排若干个比赛场地的小球个人项目竞赛，特别要注意科学、合理地使用比赛场地。

（4）淘汰赛的比赛秩序图同时可以作为比赛日程表和比赛成绩表使用（见图7－8）。

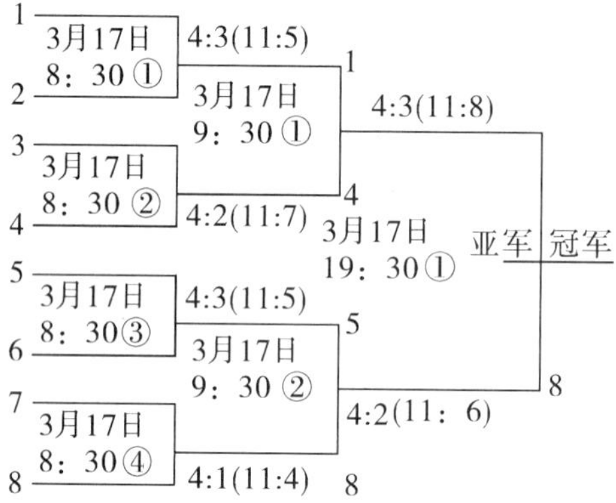

图7－8　交叉淘汰赛秩序图（日程表、成绩表）

（三）混合赛制

混合赛制（简称“混合赛”）是循环赛制与淘汰赛制在比赛中交叉使用的竞赛方法。比赛分两个或多个阶段进行，每一阶段所采用的赛制有所不同。

1. 混合赛制的特点

混合赛综合了循环赛和淘汰赛的优点，弥补了两者的不足。有利于参赛队相互交流，最大限度地减少比赛胜负的偶然性。同时，随着比赛的进程，比赛逐渐进入高潮，精彩激烈。

2. 先循环赛后淘汰赛

先采用循环赛制，然后再采用淘汰赛制是足球竞赛中最常用的一种混合竞赛方法。由于参赛队较多，考虑到比赛结果的合理性和时间、场地等实际情况，首先安排参赛队进行分组循环赛，排定各小组的比赛名次，然后再根据竞赛规程的要求，录取规定的小组名次进入下一阶段的淘汰赛，决出全部比赛最后的名次。例如：世界杯足球赛决赛阶段的比赛，第一阶段32支队分成8个小组进行单循环赛，然后录取每小组的前2名，共16支队进入第二阶段的淘汰赛，最后决出全部比赛的1～3名。

先循环赛后淘汰赛可分为两个阶段或三个阶段进行。

3. 先淘汰赛后循环赛

这种混合赛在比赛中很少采用。往往在参赛队很多，又想使比赛结果相对更加合理时运用。

4. 混合赛决赛阶段的竞赛方法

混合赛最后阶段的比赛为决赛，经常采用的方法有：

（1）同名次赛：如上一阶段比赛分成两组，则由两组的第 1 名相互比赛，决出 1 ~ 2 名；由两组的第 2 名相互比赛，决出 3 ~ 4 名；以此类推，决出其他的名次。这种同名次赛也可采用“佩奇赛制”。

如上一阶段比赛分成 4 组（或更多组），则由 4 组的第 1 名采用单循环赛或其他竞赛方法进行比赛，决出 1 ~ 4 名。

（2）交叉赛：如上一阶段比赛分成 A、B 两组，则每组的前 2 名进行交叉比赛，即 A 组第 1 对 B 组第 2，B 组第 1 对 A 组第 2 进行比赛，两场胜者决出 1 ~ 2 名，两场负者决出 3 ~ 4 名；每组的第 3、4 名，第 5、6 名也按照上述方法相互进行交叉比赛，决出其余的名次。

如上一阶段比赛分成 4 组（或更多组），则要在竞赛规程中就明确规定相互交叉比赛的对手和位置。当上一阶段比赛结束，进入决赛阶段的参赛队即进入规程中所指定的位置进行比赛，最后决出比赛名次。有的比赛规定了一定的位置，由取得相关名次的参赛队抽签进入。

（3）分段赛：将上一阶段各组比赛的第 1、2 名（或第 1、2、3 名）分成一组进行比赛，决出所有名次；也可以将各组其他名次分段进行分组比赛，决出其余的名次。

5. 混合赛编排时的注意事项

采用先循环赛后淘汰赛时，分区和定位的方法如下：

（1）在竞赛规程中明确规定第一阶段各组第 1 名、第 2 名在第二阶段比赛时的分区和号码位置，第一阶段比赛结束后各队按照规程规定对号进入自己的位置。编排时第一阶段同组的队要按照成绩依次分在上、下半区；每上、下半区和 1/4 区的参赛队实力要接近。

（2）在竞赛规程中不明确规定第一阶段各组第 1 名、第 2 名在第二阶段比赛时的分区和号码位置时，组织者要按照每上、下半区和 1/4 区的参赛队实力接近；第一阶段比赛的第 1 名、第 2 名（第 3 名）合理分布在不同的区；同单位参赛队分在不同的区等原则，在第一阶段比赛结束后，进入第二阶段比赛的参赛队重新抽签决定第二阶段比赛时的上、下半区和号码位置。

（3）当第一阶段所取名次的数目不是 2 的乘方数时，可以在下一名次中录取成绩最好的队补齐。例如，第一阶段有 6 组，每组取前 2 名参加第二阶段比赛的淘汰赛，则只有 12 支队，这就需要在 6 组的 6 支第 3 名的队中选取 4 支成绩好的队，补足为 16 支队，才可以进行第二阶段的淘汰比赛。补取的方法要在竞赛规程中写明。

第八章

青少年校园足球活动开展介绍

为了深入贯彻落实党的十九大精神和习近平新时代中国特色社会主义思想重要指示精神，将开展青少年校园足球活动作为加快推进健康中国建设，落实教育“立德树人”根本任务，拓展素质教育新空间，推进学校体育综合改革，促进青少年学生身心健康全面发展的国家战略重要举措，旨在新时代新形势背景下，推进学校体育工作高质量发展，大幅改善、提高青少年体质健康水平、足球运动竞技水平，为实现足球强国梦、健康中国梦奠定坚实基础。

《中国足球改革发展总体方案》提出，各地中小学要把足球列入体育课教学内容，加大学时比重；全国中小学的校园足球特色学校在2025年达到5万所，其中开展女子足球的学校占一定比例。教育部多次强调要以足球运动为抓手，全面深化学校体育教育改革，吸引更多青少年学生热爱足球、参与足球、享受足球运动，不断提高、发挥足球“立德树人”功能，让校园足球战略工程成为新时代促进青少年全面、健康、高素质成长、成才的基础途径平台。青少年校园足球开展意义重大而深远，可谓功在当代，利在千秋。

本章详述校园足球活动历史背景、发展情况及形势展望等内容。

第一节　青少年校园足球产生背景

一、国家体育总局主导下的校园足球

(一) 我国青少年校园足球活动产生的历史背景

在我国足球运动发展的过程中青少年足球运动曾经历过四次高潮。

1964 年 2 月，国家体委、全国总工会、共青团中央、教育部联合召开了全国足球训练工作会议，颁发了《关于大力开展足球运动，迅速提高技术水平的决定》。这是我国青少年足球活动的第一次高潮。

1979 年 6 月，国务院批准下发《国家体委关于提高我国足球运动技术水平若干措施的请示》的重要文件，并针对我国足球运动落后面貌提出了“在群众中特别是在青少年中大力普及足球运动，抓好重点地区，迅速组建国家青年队”等九大措施。同年，在全国足球工作会议上，重新确定 16 个全国足球重点发展城市和地区，并增设了“萌芽杯”“幼苗杯”“希望杯”三杯赛。这样，16 个足球重点城市和地区的足球运动蓬勃地开展起来。1980 年 1 月，国家体委、团中央、教育部又共同发出《关于在全国中小学中积极开展足球活动的联合通知》，这是我国青少年足球活动的第二次高潮。

1985 年，在中国举办了 U－16 足球世界锦标赛。在闭幕式后时任副总理李鹏传达了邓小平同志“足球要从娃娃抓起、从青少年抓起”的指示，这对足球界和青少年是极大的鼓舞，从而掀起了中国青少年足球活动的第三次高潮。

2009 年 4 月 14 日，国家体育总局和教育部联合下发了《关于开展全国青少年校园足球活动的通知》，通过广泛开展校园足球活动，建立和完善小学、初中、高中和大学四级足球联赛，在青少年学生中普及足球知识和技能，形成校园足球文化，从而培养全面发展、特长突出的青少年足球后备人才。它成为推动我国青少年足球运动开展的又一次高潮。

(二) 我国青少年校园足球活动产生的时代背景

中国足球自新中国成立以来一直处于亚洲领先水平，但 1994 年开展职业联赛后，把足球项目完全推向了市场，青少年培养的任务也随之转移到了职业俱乐部。然而职业俱乐部的粗放经营导致青少年培养存在的种种弊端严重影响了我国足球整体水平提高。2008 年我国足球运动发展到达谷底，国家男子足球队 2010 年南非世界杯预选赛、2008 年北京奥运会小组赛均未出线，国家女子足球队世界杯小组赛和奥运会也双双失利。我国男子足球队世界排位滑至 107 位，亚洲第 13 位，成为亚洲名副其实的三流水平球队，与我国的国家形象严重不符。

2008 年北京奥运会后，我国体育事业取得了举世瞩目的辉煌成就，但作为世界第一运动的足球运动，其发展形势却不尽如人意。因此，我国把足球体制改革作为了后奥运时代的一项重要任务。可以说校园足球活动的产生是举国体制的产物。

(三) 我国青少年校园足球活动产生的政治背景

中国作为一个高速发展的发展中国家，短短几年内政治、经济都取得了骄人的进步与成绩，包括体育事业的跨越式发展，特别是2008年奥运会还以51块金牌获得了金牌总数第一的突破。然而，作为世界第一运动的足球，我国却迟迟提高不起来。中国国家队的糟糕表现，引起了国家领导人对我国足球运动的关注。时任国家主席胡锦涛，时任副主席习近平，时任国务委员刘延东等领导同志曾多次问及足球运动的发展概况，并公开表示要大力推动我国足球运动的发展。国家领导人的高度关注引起国家体育总局对足球运动的高度重视。2008年底国家体育总局联台多个部门共同整治足球工作，主要有以下几方面内容。

首先，国家体育总局联合公安部成立假、赌、黑足球专案办公室，面向足协官员、俱乐部官员、职业教练员、裁判员、职业球员等多个群体进行了一场史无前例的“扫毒”风暴，这项举措清除了一批阻碍我国足球运动发展的“毒瘤”，为我国足球运动的再次腾飞扫清了障碍、铺平了道路。

其次，国家体育总局联台教育部成立全国青少年校园足球工作领导小组，国家体育总局时任副局长冯建中和教育部时任副部长陈小娅担任组长。并制订了从2009年至2018年的校园足球十年发展规划，每年国家体育总局从彩票公益金拨出不少于4 000万的启动经费。目的是通过广泛开展校园足球活动，建立和完善小学、初中、高中和大学校园足球四级联赛，在青少年学生中普及足球知识和技能，形成校园足球文化，从而培养全面发展、特长突出的青少年足球后备人才。这项举措为我国足球运动再次腾飞奠定了基础。

最后，在国家体育总局内部调整了每四年一届全运会足球项目的金牌比重，全运会足球项目增加了低年龄段，足球金牌数增加20枚，由原来的4枚，增加到现在的24枚，其中男、女各设置U18、U20两个组别，每个组别的第一名获得3块金牌，第二名获得2块金牌，第三名获得1块金牌，4个组别共计24枚金牌。这项举措将引起各地体育管理部门对足球运动的重视，为足球运动再次腾飞提供了动力机制。

（四）“校园足球”名称的由来

2009年2月18日经国家体育总局和教育部多次沟通后研究决定，在中国足协设立学校足球办公室，办公室主任由时任国家体育总局足球运动管理中心副主任、中国足协副主席薛立同志担任。在学校足球运动筹划的过程中，由于要体现足球的健身、娱乐、大众参与等基本特性，薛立副主席提出将从称呼上把原有的，较为严肃的“学校足球”改为目前一直沿用的，听起来较为悦耳且具有游戏性质的“校园足球”。而后，经过近两个月的筹划，2009年4月14日，由国家体育总局和教育部联合下发了《关于开展全国青少年校园足球活动的通知》。

（五）校园足球活动总体目标及意义历史探索

1. 校园足球总体目标

全面提高广大学生的体质和体能，培养青少年拼搏进取、团结协作的体育精神，传承足球运动文化，培养青少年足球兴趣，普及足球知识和技能，形成以学校为依托，体教结合的青少年足球人才培养体系。充分发挥足球教育功能，推进基础教育改革。基于青少年足球发展的原则和规律，借鉴一些欧美和亚洲国家青少年足球发展的成功经验，规范我国青少年校园足球活动的开展。根据全国青少年校园足球发展战略部署及要求，谋划全国青少年校园足球活动开展策略和路径，逐步形成我国青少年校园足球活动体系。

2. 校园足球活动意义

（1）开展校园足球活动对体育的意义。校园足球是我国青少年培养体制改革的一项

图 8－1 青少年校园足球比赛场景

创新举措，是培养体教结合型体育人才的一次新的尝试。校园足球运动的开展标志着我国青少年足球培养理念的转变，对其他体育项目后备人才的培养也具有一定的指导意义。

（2）开展校园足球活动对教育的意义。校园足球对进一步加强青少年体育、增强青少年体质，对于全面落实科学发展观，深入贯彻党的教育方针，大力推进素质教育，培养中国特色社会主义事业的合格建设者和接班人具重要意义。

（六）体育总局主导校园足球的发展成效及局限性

2009 年以来，中国足协一直在主导校园足球工作，做了大量的工作，也取得了成效。开展校园足球活动的学校发展到了 5 000 多所，每年参与足球活动的学生在 270 万左右，经常参加足球活动（校队）的学生超过了 20 万（校园足球人数）。但是一方面广大校园足球开展主体直属主管部门属于各级别的教育行政部门，直至教育部，中国足协在开展校园足球方面受制于跨部门行政权限制约，同时家长和孩子们受困于学业、升学率及安全等问题，绝大多数校长对于足球运动不重视，甚至很排斥，难于更有效开展；另一方面，国家体育总局每年下拨几千万开展校园足球活动的经费，对于规模较大的全国校园足球活动体系而言，无疑是杯水车薪，难以起到更有力的支持作用，这些原因制约了校园足球活动的进一步开展。同时，教育部门认为校园足球开展重点应该放在校内普及上，要实实在在的足球人口，过去几年，校园足球在体育主管部门组织管理下，以发现和选拔足球人才为最主要任务。而校园足球的定位应该体现其对青少年素质的全面发展提高的意义，促进学生体质健康、提高学生足球运动技能、塑造体育精神与健全人格等。

二、教育部主导下的升级版校园足球

国务院领导牵头的中国足球领导小组，经过 4 年的大规模调研，并与教育部等多部委会商后，决定将校园足球的主导权回归教育部。2014 年 11 月 26 日，中央政治局委员、国务院副总理刘延东在全国校园足球工作电视电话会议上，对大力发展校园足球做出了重要指示：2015 年教育部将主导校园足球活动，全面推动校园足球升级发展。刘延东强调，要认真贯彻习近平总书记、李克强总理关于抓好青少年足球、加强学校体育工作重要指示精神，坚持体教结合，锐意改革创新，推进校园足球普及，促进青少年强身健体、全面发展，夯实国家足球事业人才基础。

和以往相比，教育部主导的校园足球将通过政策杠杆进行大力发展。和国家体育总局主导时有着较大的不同，教育部可以通过红头文件的方式，让校园足球成为体育的必修课，这是体育部门无法做到的。同时，教育部在自己的资源领域内，可以通过行政文件的形式，选取全国所有学校的 5% 作为足球特色学校。全国学校的 5% 大约为 2 万所，也就是当时教育部提出的 2017 年的目标。过去外界一直呼吁效仿日本，把足球纳入教学大纲，教育部把足球纳入到体育教学必修课，实际上相当于纳入了教学大纲。在上升到国家层面后，在国务院支持下，教育部发展校园足球资金也得到更多支持。过去国家体育总局每年为校园足球提供的资金是 5 600 万，可谓杯水车薪。教育部主导后，国家财政将给予强大支持，教育部及所在系统的地方政府、教育部门都会有相应的配套资金，校园足球发展资金得到了极大改善。同时，教育部可根据相关情况，调整招生政策，让足球特长生有更大的发展空间，高中毕业后可有更多机会升入到大学踢球、深造，这样可解决踢球孩子的基本出路和家长的后顾之忧等问题。此外，在教育部出台校园足球新发展规划措施时，也向中国足协正式征求了意见，同时也希望中国足协能够继续在校园足球活动中发挥重要专业的人才和技术支持。

2015 年 3 月 8 日《中国足球改革发展总体方案》（以下简称《方案》）正式公布，从国家战略发展层面明确了足球战略意义，这是中国足球史上一个里程碑式的事件。《方案》将足球改革作为体育改革的突破口和试验田，对体育改革具有引领示范作用，方案中提到“要让校园足球、新型足球学校、职业俱乐部、社会足球等各种培养途径衔接贯通”，使得校园足球发展上升到了国家战略高度，为中国校园足球未来发展指明了方向，奠定了政策根基与制度保障。

图 8－2　教育部体卫艺司王登峰司长到校园足球学校现场调研

第二节　青少年校园足球活动开展目标、基本任务

一、校园足球活动开展目标

校园足球活动要实现的目标有四个方面：一是提高学生体质健康水平。二是要在校园足球工作推进过程中，让校园足球特色学校的每一位同学都能够掌握足球运动技能，服务于终身体育技能养成及开展打好基础。三是通过足球活动、训练和比赛，培养学生协同合作、交际沟通、顽强拼搏意志品质等健全人格、促进全面发展。这三个方面是面向每个人的，是每一位同学都要参与的。四是为竞技人才成长提供的一种新路径，为中国足球的腾飞奠定人才基础，这也是学校体育改革的一个重要目标。但校园足球工作首先关注的是普及，以普及为根，因为没有普及为前提，那么足球运动的提高就是无源之水。

校园足球作为教育系统全面“立德树人”的育人工程，是中国足球改革、学校体育改革、教育改革发展的一项基础性工程。王登峰在 2017 年两会访谈时强调，推动校园足球是落实立德树人的教育使命所在，要切实达成培养学生运动兴趣、提升学生体质健康、健全学生人格、锤炼学生意志品质四位一体的目标。

图 8 – 3　青少年校园足球比赛现场

二、校园足球开展的基本任务

校园足球开展主要致力于围绕四个方面的建设任务：一是教学体系建设。如何根据学生年龄特点，如何根据教育规律，如何根据青少年身心发展的阶段性特点，去科学部署、科学安排校园足球的教学内容、教学方式、训练内容、训练方式、竞赛形式和竞赛组织，这是教

学体系建设首先要明确的基本问题。二是课余训练体系建设。随着学校体育教学改革，学生的课余训练体系也要加强。在校园足球里面，除了体育课以外，也要组织课余训练，使有天赋的学生在足球领域得到更好发展。三是竞赛体系。如何让绝大多数青少年参与到足球竞赛中去，同时又能够最大可能地把在校园足球竞赛中表现优异的同学选拔出来，对他们进行更专业化训练，也就是为优秀足球人才成长提供良好的环境和上升通道，这是竞赛体系的建设意义。四是要做好前面的教学训练和竞赛，就必须做好保障体系建设。保障体系包括场地建设、师资队伍培养培训、选拔使用，包括安全风险防控、意外伤害保险，包括社会相关领域、相关组织、相关部门如何形成合力，科学推进校园足球发展等。

第三节　校园足球开展基本理念

每一个校园足球主体在不同的发展时期都需要确立基本理念。我国的校园足球缺乏思想建设和理论建设，存在着一些认识上的偏差，发展思路一直不够稳定，难于形成前后贯通的战略设计，其原因就是一直没有形成稳定的适合我国国情的基本理念。校园足球基本理念是指校园足球最根本和核心的理念，是经过实践和理性思考而确立的相对恒久的校园足球发展的基本准则。

校园足球理念涉及校园足球的方方面面，而且随着校园足球发展条件变化，必然促成人们认识的改变和校园足球理念的调整。但基本理念是经过了大量实践和对校园足球实质性的认知过程，一旦形成就要相对稳定，鉴于此，本节从三个层面对校园足球开展基本理念问题进行解读，以有效引领校园足球实践基本准则认知及发展。

一、校园足球宏观理念

我国校园足球在宏观上把其统一于校园文化建设和全面教育的设计，把足球作为教育内容和素质教育手段。即校园足球要配合学校教育和家庭教育，与智育和德育达成同步；要利用足球项目的特点及其教育元素，促进学生身心和品行的全面发展及强健体魄的形成；提倡在普及基础上发现有足球天赋的孩子，重视足球普及和专业人才的培养。以上宏观理念的要点包括：校园足球从属于校园文化和全面教育；足球作为教育内容是辅助于智育和德育的教育；足球项目利于教育，也利于孩子身心的发展；足球普及与专业人才培养都是校园足球的任务。此外，要借鉴国外先进的足球理念和思想成果，保证各种宏观要素与微观要素协调一致。宏观理念的内涵丰富、寓意深刻，是校园足球战略设计和可持续发展的方向指引，无论是国家层面或地方层面，还是具体的城市或学校，都需要有一个宏观层面基本理念的统一正确认知。

我国校园足球实践缺乏理念支撑，普遍存在一些错误认识，如认为理念是无关实际的等，造成了校园足球实践出现了一系列问题。如青少年在比赛礼仪环节表现随意或当作儿戏，比赛中不尊重对手等，这些问题理应从素质教育和德育角度采取教育手段，而现实中教练或教师却基本上对之视而不见。宏观层面基本理念是校园足球发展基本方针，不仅要宣传和使之深入人心，更重要的是贯彻和执行，青少年校园足球有待正确认识、处理好校园足球与全面教育关系，与智育、德育关系。

二、校园足球开展核心理念

任何主体有关校园足球规划、宣传和组织实施，都要反映和体现以“足球游戏和比赛”为核心和主要内容，即一切校园足球工作不能偏离“足球运动游戏和比赛”的本质属性。归根结底，校园足球游戏、竞赛运动本质属性符合孩子需要，符合学校教育需要。

当前，校园足球实践仍有违背核心理念现象，例如“足球操”或“足球舞”“球性练习”等，都是背离核心理念的做法。这些练习不利于孩子了解、体验足球运动本质，会造成孩子对足球认识的偏差，不利于校园足球的健康发展。

三、校园足球执行理念

校园足球的执行理念是校园足球具体实践执行要遵循的基本准则，包括以体验、培养兴趣为根基，以享受足球快乐、情感及全面健康发展为前提，以游戏形式、内容组织活动为引领，以争取足球竞赛取胜为荣誉四个方面。校园足球要把体验足球运动、培养足球兴趣作为基本任务前提，吸引孩子走到足球场参与足球运动，逐渐形成足球兴趣和更深层次足球情感；如何形成足球兴趣，很重要的一点是让青少年在足球运动中体验、享受足球运动所带来的快乐及自我情感发展，因此足球运动要保证足球运动参与者快乐是其基本情感。如何培养青少年兴趣，使其在享受足球运动中得到快乐与全面成长，从组织形式内容而言，就要以足球游戏、竞赛活动为主导，开展形式、内容等丰富多彩的足球活动，不断强化青少年足球参与快乐、情感体验及自我的全面发展。此外，以足球比赛争胜为荣誉，是利用青少年勇于争胜的自我与团队进取心理，提升个人足球技能，培养勇于拼搏的顽强意志和团队精神和凝聚力、责任感。

第四节　校园足球发展形势与展望

一、校园足球发展形势现状、问题

目前校园足球普及已经形成了校园足球特色校、高校高水平足球队、校园足球试点区县、校园足球试验区、“满天星”训练营等在内的“五位一体”格局，其中校园足球特色校截至 2018 年底已达到了 24 126 所，计划 2020 年达到 50 000 所，目前已经覆盖了 2 000 万人次以上的小学、中学、大学足球人口，已经有 153 所高校组建了高水平足球队，设立试点区县 135 个，改革试验区 12 个，满天星训练营 47 期。为了完成上述工作，中央财政已经累计拨付 9 亿元专项资金，带动了地方财政 270 亿元人民币的资金投入，目前已有 1 400 万人次参与到各级别的校园足球竞赛中来，2. 3 万人参与了足球冬、夏令营活动，还组织了形式多样的“走出去、请进来”交流活动等。具体取得成绩主要体现在以下方面：第一个方面就是校园足球发展水平，可以用“六个多”来概括，一是踢球的人多了，会踢球的人也多了。这得益于校园足球发展的最核心的举措，就是在全国遴选认定 2 万多所校园足球特色学校，校园足球特色学校的一个最典型的特征就是这些学校里面每周的体育课要有一节用来教足球。二是踢的好的人多了，整体上踢球的水平也提高了很多。从

2015 年开始选拔全国各个年龄组的最佳阵容，大家可看到最佳阵容的选择是在班级联赛的基础上组建校队，开展校际的联赛。在这个基础上选拔省区市最佳阵容，再经过全国的比赛，在此基础上再评选出全国最佳阵容。2015、2016、2017、2018 年连续四年全国最佳阵容都进行了国际友谊比赛。三是教足球的人多了，教得好的人也多了。校园足球的师资队伍建设经过教育部 3 年的努力，国家级校园足球教师培训达到了 2 万多人，教练员培训达到了 5 千多人，省市级校园足球管理人员和教师培训达到了 20 万人。从国外直接聘请了 360 多名校园足球教师直接到校园足球特色学校任教，教学水平这三年稳步提升。四是场地建设取得了非常明显的进展。过去 3 年新增 5 万片足球场，这也是非常了不起的事。五是校园足球人才培养体系逐渐建立多起来。2018 年新一届校园足球专家委员会宣布成立，成立大会上通过了一个非常重要的文件，就是足球学院建设标准。将来有更多的足球学院出现，这些足球学院将要培养优秀的足球运动员、优秀的足球教师、优秀的足球教练和优秀的足球行业从业人员。六是校园足球激励机制多已完善。针对学生来讲，从 2018 年夏令营开始，全国夏令营评选出的全国最佳阵容初中和高中学生将会获得国家一级运动员的称号，入选小学全国最佳阵容的运动员将获得国家二级运动员的称号。各省区市的小学的最佳阵容将获得国家三级运动员称号，各个省区市的初中和高中的学生运动员将获得国家二级运动员的称号。校园足球工作已经纳入整个教育改革发展体系，将引领整个学校体育教学改革。

全国青少年校园足球专家委员会科研组副组长蔡向阳组织了针对校园足球的调研工作，通过对全国 11 个省区市的实地走访，对我国校园足球现状，尤其是存在的问题进行了梳理。存在的主要问题包括：首先，对于校园足球的认识，各方还有普遍的欠缺，未上升到促进青少年身心健康、立德树人、全民推进学校体育综合改革的高度上来。其次，区域发展不平衡，东部明显好于中西部，而在一些省市的内部，也存在发展不平衡的问题。最后，校园足球的师资、场地、经费等基础保障条件还存在较大的缺口，仅以师资为例，被调研的 50 000 多名中小学体育教师中，持有中国足协教练员等级证书的人数只有 8 000 人，比例只有 16%，平均每所学校不及 0.5 人，很难保证教学质量和水平；同时后勤保障措施也有待完善。

二、校园足球下一步深化发展展望

校园足球通过 3 年多发展，用教育部陈宝生部长的话来讲，“四梁八柱”基本搭建完成，现在要进入“内部装修和全面施工”的阶段，要查缺补漏，在提质增效上下功夫，要把每一项工作都真正落到实处，做得更加扎实，更加精致，这就是校园足球发展的整体思路。具体来讲，下一步要构建八大体系。

第一个体系就是要科学布局、夯实校园足球的推广体系。落实校园足球特色学校、试点县区、改革试验区、高校高水平足球运动队“四位一体”的推广普及格局。为了做好这项工作，按照《中国足球改革发展总体方案》要求，已经提前三年完成了 2020 年的目标，也就是 2 万所校园足球特色学校建设。到 2025 年，校园足球特色学校要达到 5 万所。2018 年初教育部发文，要求各省区市从 2018 年开始制定 2018 至 2025 年校园足球特色学校的创建规划。从 2018 年开始到 2025 年，每个省区市都要制定出每年再创建多少所校园足球特色学校的规划，按照规划认真落实。

图 8－4 教育部体卫艺司王登峰司长等为校园足球比赛开球场景

第二个体系就是精准发力，健全校园足球教学体系。教育部牵头编辑出版了《全国青少年校园足球教学指南》和《全国青少年校园足球示范课教案》。第一步，按照该教学指南和示范课教案的指导方案，从一年级到九年级，每个学期要开足 20 堂足球课，9 个年级共 360 堂足球课。请有经验的教师把 360 堂课上下来、拍摄下来，免费发放到各个特色学校，为完善教学体系提供直接帮助。下一步，为了搭建教学体系，教师培训也将会更加精准。教师培训将会分年级进行，并且线上线下结合。要因地制宜，完善兼职足球教师聘任工作，动员社会各方面力量做好校园足球工作。

第三个体系是严格管理，做强校园足球竞赛体系。首先，要班级联赛，做到落实班班有球队，周周有比赛，这是对每一个特色学校的要求。在校内联赛基础上，完善小学、初中、高中和大学联赛，在联赛的基础上，进一步完善选拔性竞赛和夏令营。其次，选拔性竞赛要形成完整体系。不仅要有全国最佳阵容，而且从 2018 年开始每个年龄组都要选拔出每个省（区、市）的最佳阵容。同时，每个地（市、区）的最佳阵容、县市区的最佳阵容包括乡镇、学区的最佳阵容也要形成一个完整体系。这对于不断地发现优秀苗子，为他们提供更加优质的培训服务是非常重要的。此外，严格赛风赛纪，实现校园足球立德树人的根本任务和使命，进一步严格规范校园足球竞赛活动有序开展，不能冲击和干扰校园足球发展的总体布局。

第四个体系就是通过示范引领，打造校园足球的样板体系。2018 年计划在原来的 4 个“满天星”训练营试点的基础上再增加 40 个校园足球“满天星”训练营。通过选聘高水平的教练作为这个区域的校园足球最高专家，由其来带动区域内所有的校园足球教师和教练员组建校园足球技术体系，负责制定本区域内校园足球教学、训练和竞赛规划，严格组织实施。“满天星”训练营要达到的目标就是“四高”——高质量的教学、高水平的训练、高品质的竞赛、高层次的保障。校园足球怎么做？做得好是什么样子？大家就可以到校园足球“满天星”训练营来看，“满天星”训练营都是建在县域范围内。

第五个体系就是激励创新，构建校园足球荣誉体系。进一步落实学生运动技能等级，按照全国最佳阵容、夏令营分营最佳阵容、省（区、市）最佳阵容、地（市、区）最佳阵容以及县域和区域最佳阵容，还有加入到校队，加入到班级队，以及根据每一个学生参与足球教学、训练和竞赛的时间和他们的实际技术水平，完善校园足球学生运动技能等级标准。校园足球全国最佳阵容、各省（区、市）最佳阵容分别授予相应运动员等级称号。同时跟学生荣誉体系相关，要建立区域、地市、省（区、市）和全国相关校园足球工作行政部门和社会相关组织机构的荣誉体系。要构建体育教师和足球教练员荣誉体系，省（区、市）要搭建完整的荣誉体系，家长、校长、局长、县（市）长也要建立完善的荣誉体系。支持校园足球发展的企业和社会组织，也要进入到整个荣誉体系中来，这是为了最大限度地动员各方面的力量和各方面的积极性，共同推进校园足球各项工作的开展。

第六个体系就是精诚合作，合力形成校园足球推进体系。校园足球工作领导小组的七个部门要协同配合，在场地规划、师资培训、社会支持等方面形成合力。教育和体育在校园足球方面的资源要实现共享，教育和体育部门在校园足球工作中要实现“一体化设计，一体化推进，自成体系，相互支撑”的合作格局。要搭建全社会各相关组织机构和部门有序参与，通力合作，共同推进校园足球健康发展的格局。

第七个体系就是攻坚克难，搭建校园足球科研体系。明确体育价值，繁荣体育文化，校园足球工作发展到今天，最大的困难就是思想观念问题。孩子从小参与体育锻炼，掌握运动技能，经常参加体育竞赛，对他的全面发展包括智力发育、人际交往、文化课学习成绩，到底有什么积极的促进作用？每天锻炼一小时，每天有一场比赛会不会影响到他的学习成绩？体育对一个人的成长到底意味着什么？这是一个核心的问题，也是搭建校园足球科研体系首先要回答的问题。

第八个体系就是龙虫并雕，形成校园足球舆论和宣传体系。校园足球的健康发展，离不开健康的舆论环境。第二届全国青少年校园足球专家委员会设了六个组，专门有一个新闻媒体组，希望下一步在舆论宣传方面能够使大家有更多、更及时的沟通，能够共同形成校园足球宣传体系。特别是要做好典型宣传，要如实地报道校园足球工作中存在的问题，要在理念和价值方面对社会有更多的正面引领。

此外，2018 年 8 月 30 日教育部办公厅印发的《全国青少年校园足球改革试验区基本要求（试行）》《全国青少年校园足球试点县（区）基本要求（试行）》也明确了中国足球教育重心下移，校园足球教育将延伸至幼儿园阶段的指示，在 2018 年底之前完成全国 5 000 所幼儿园校园足球工作的布局。

第五节　青少年校园足球活动游戏介绍

一、运球接力游戏

游戏目的或准备：提高学生的运球技术及集体合作的能力。

游戏方法：在场地上画两条相距 20 米的平行线，分别为起、折点线。将学生分为人数相等的 2 ~ 4 队，各队间距 2 米，在起点线外与各自的折点对应站立。准备：各队排头脚下持球。开始：第一名队员用左右脚交替运球的方法前进，绕过折点小旗返回，在起点线上交第二名队员，第二名队员按此方法做，依次类推。先完成规定轮次的队为胜（见图8－5）。

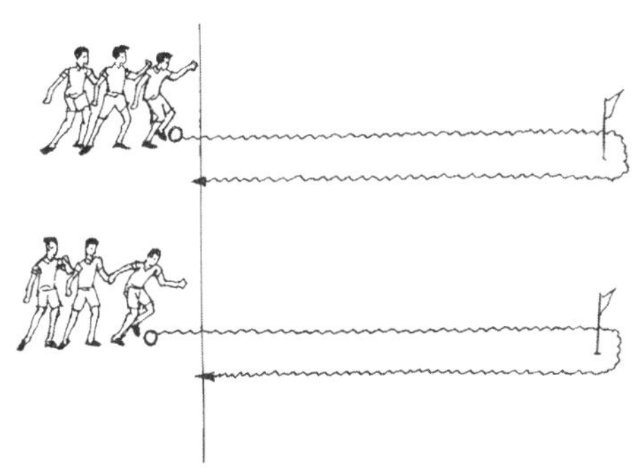

图8－5　运球接力游戏示意图

游戏规则：必须采用脚背外侧（或脚内侧、脚背内侧）运球技术运球，且每次运球均为左、右脚交替；必须绕过折点小旗，返回时在起点线外交球。

教法建议：本游戏适合小学生、中学生和大学生。

二、鱼塘抢球游戏

游戏目的或准备：需要在游戏开始前做较充分热身及有球运动。

游戏方法：队员8名，共分成4队，每次游戏开始时，有4名队员分别站立在各自的方块开始区域内，当教练员吹哨示意游戏开始时，4名队员要以最快的速度跑向场地中心放置3个足球的区域内用脚抢得一个属于自己的足球（用手不算），然后得球队员需要将足球带入到自己游戏开始时的区域内才算得分，其中一个没得球的队员需要在其他三人带球返回的途中进行拦截和干扰，如果断球并且能把球带入自己的游戏区域也算得分（见图8－6）。依此直到所有队员都参与完成游戏。

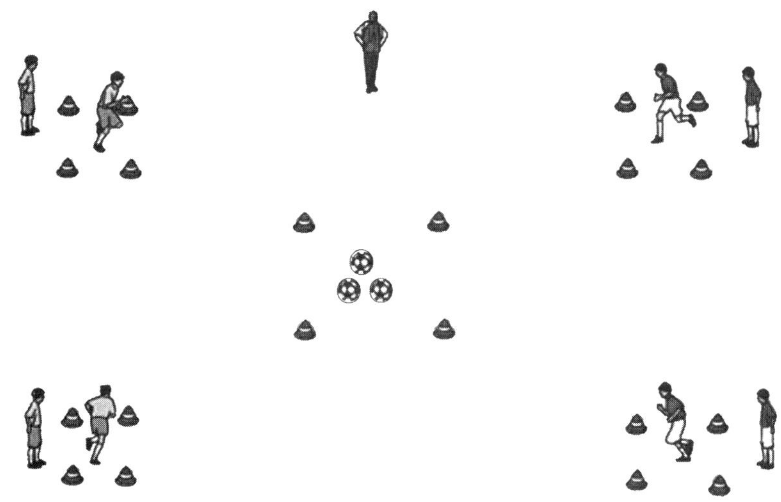

图8－6　鱼塘抢球游戏示意图

游戏规则：当游戏开始时，所有队员需要全速到达中央区域抢球，然后得球队员需要全速将球带入游戏起始区域内，而其中一个没得球队员需要在这个过程中对其他三人进行拦截干扰。

教法建议：可根据队员的体能水平使用不同距离练习。本游戏适合小学生、中学生和大学生。

三、踢射圈中人活动目标游戏

游戏目的或准备：锻炼学生踢球的准确性。

游戏方法：在场地上画一个直径为 15 米的圆圈。将学生分为人数相等的 2～3 组。准备：一组分散站在圈内，其他组在圆圈上等距面向内站立。开始：圆圈上学生用脚互相传球，寻机踢射圈内游戏者，被击中者出圈，在圈外做俯卧撑 10 次。用上述方法直至把圈内游戏者全部击中，然后与圆圈上另一组交换位置，全部轮流一遍后游戏结束（见图 8－7）。

图 8－7　踢射圈中人活动目标游戏示意图

游戏规则：踢球者不准踢射圈内游戏者胸部以上；圈内人不准阻截，只能快速躲闪移动。

教法建议：可根据队员的技术水平使用不同大小的圈和脚法。本游戏适合小学生、中学生和大学生。

四、迎面颠球接力游戏

游戏目的或准备：准备 2 个足球，相距 20 米画线或用标志桶摆放 2 条 10 米长的平行线，在 2 条平行线上相隔 5 米画 1 个对称的颠球接力的起止点，共画 2 组对称的起止点（见图 8－8）。

图 8－8 迎面颠球接力游戏示意图

游戏方法：将队员分成 8 名队员 1 队，共 2 个队，每个队平均分成甲、乙 2 个组，每组 4 名队员，相对站在 2 条平行线上的 2 个颠球起止点后，每队甲组的排头队员持球。教师鸣哨后，甲组的第 1 名持球队员颠球到对面本队乙组颠球的起止点前，将球交给乙组的第 1 名队员，自己排到乙组的队尾，乙组的第 1 名队员再颠球到对面甲组的颠球起止点前，将球交给对面甲组的第 2 名队员。如果途中颠球落地，可在球落地点捡起球来继续颠球。依此各队 2 组队员依次轮换颠球接力，直到每队 8 名队员全部做完 1 次颠球接力后，先到达终点的队获胜 1 次。反复进行颠球接力，直到游戏结束，最后按获胜次数的多少排出名次。

游戏规则：每个队员必须在 2 条平行线的起止点后接球，中途掉到地上后，必须回到掉球地点再颠球，否则算犯规无成绩；可用双脚或单脚脚背正面颠球。

教法建议：根据队员技术水平可不限制颠球走或跑，场地可适当增大或缩小；根据练习目地，可限制必须用双脚颠球接力。本游戏适合小学生、中学生和大学生。

五、中截者游戏

游戏目的或准备：将运动员分成 5 人一组并设置边长为 10 米的正方形场地。

游戏方法：4 名进攻者站在正方形外面，每个人带 1 个球。每名进攻者必须控球跑过正方形才可以得分。防守者在游戏过程中都站在正方形里。进攻者一个接一个地进攻直到所有人都完成两次进攻。当正方形里的防守者完成 8 次防守之后，运动员交换角色直到所有运动员都充当过防守者的角色为止（见图 8－9）。

游戏规则：成功阻止运过球次数最多的运动员获胜。教练必须教育进攻者在正方形边线耐心等待，同时观察防守者的位置。

图 8－9　中截者游戏示意图

教法建议：可根据队员技能水平，增加或减少防守队员。本游戏适合小学生、中学生和大学生。

六、射低球门游戏

游戏目的或准备：每名队员准备 1 个足球。在 2 球门立柱离地面 1.2 米处，系 1 根标志杆或标志绳与球门线平行。在罚球区内 12 米处，画线或用标志盘摆放 1 条与球门线平行，长 6 米的横线为射门线（见图 8－10）。

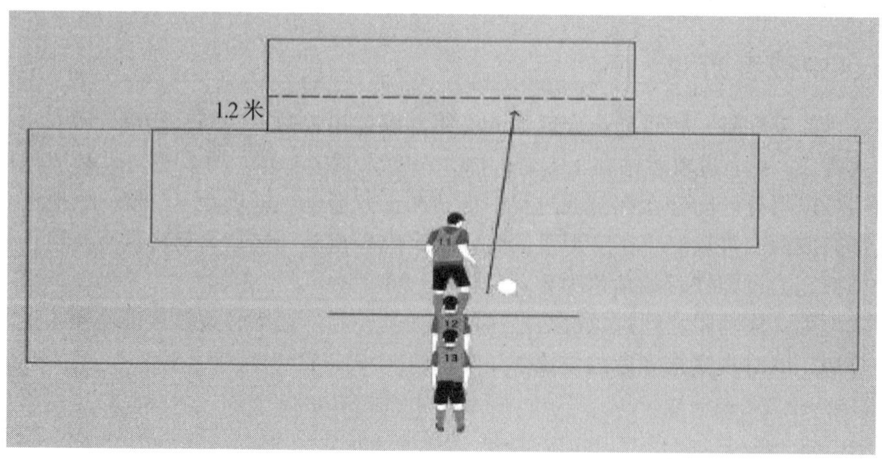

图 8－10　射低球门游戏示意图

游戏方法：队员面对球门持球，在射门线后排成一路纵队。教师发令后，队员在射门线后，按顺序用脚背内侧踢定位球射低球门，球直接从标志杆与球门线中间进入球门的得3分，从标志杆上进入球门的得1分，球出界0分。队员依次轮换射门得分，并且使每名队员射门的次数相等，直到游戏结束，按得分的多少排出名次，如果个别队员得分相等，可通过每人加射分出名次或并列名次。

游戏规则：必须用脚背内侧射门才能得分，其他技术动作射门或进入到射门线内射门的得0分。射门时球直接打到横杆和球门立柱，进入标志杆和球门线之间的得3分，进入标志杆上和球门横梁下的得1分，出界的0分。射地滚球和反弹球进门的不得分。

教法建议：可根据队员的技术水平，增加或减少射门的距离及低球门的高度。根据队员水平和游戏目地，可以允许队员用3种脚背技术中的任何1种射门。本游戏适合小学生、中学生和大学生。

第六节 当前校园足球主要研究热点议题介绍

在查阅文献和访谈足球界、教育界、学校体育专家基础上，结合校园足球发展现实及趋势，针对性地提出当前校园足球亟待思考的前沿议题，以引领、深化校园足球理论探究，推进校园足球理论、实践协同发展。具体研究热点议题包括以下一些方面。

（1）中国特色校园足球理论体系亟须构建，为系统深化认知共识、凝聚合力提供思想理论前提。

（2）强化顶层政策设计，全面、深入地实践、解读顶层政策设计研究支撑，提升决策科学化及执行效果。

（3）强化活动、竞赛典范样板研究，彰显校园足球普及与提高的体系化质量攻坚发展。

（4）探索校园足球发展绩效评估制度科学化落地研究。

（5）强化科教文化素养的校园足球师资及讲师队伍培养研究，推进校园足球更有效积淀、传承到文化传统及弘扬氛围的构建。

（6）亟待贯穿幼儿、中小学学生及师资培训校园足球高质量教材协同研发。

（7）强化“互联网+”背景下校园足球信息服务平台建设及大数据运用研究，提升校园足球“线上线下”协同和数据规模化资源水平。

（8）加强农村校园足球开展研究，拓展、优化校园足球根基。

（9）鉴于女子校园足球开展必要性、特殊性，有待推进平等、区别、协同参与研究。

（10）提倡以国际审视和跨学科视角，探索体现文化、教育国情的特色校园足球研究。

（11）校园足球其他待探究领域方向还有幼儿足球普及工程启动、推进亟须高度科研重视；亟须校园足球运动风险和足球暴力研究；足球教育文学、动漫、影视等文化产品研发有待协同启动、升级；加强时代媒体传播与舆论导向效应研究，优化校园足球文化传播体系、氛围；校园足球与社区、社会足球及高水平竞技足球无缝衔接、资源共享体系化未来格局构建探讨；校园足球研究方法论方面亟须推进科学理论与先进时代科技支撑研究等。

第九章 足球运动的科学研究

足球运动的科学研究工作就是用科学的方法探索足球运动的过去、现状及其变化和发展的客观规律。它是各级教师、教练员工作的重要组成部分。

教师、教练员从事足球运动的科学研究工作，有助于认识和掌握足球运动中的客观规律，并能运用这些客观规律，指导足球运动的实践，提高训练工作的科学性。因此，加强足球运动的科学研究，是推动和发展足球运动水平必不可少的重要环节。

进行足球运动的科研工作，要坚持实事求是的作风，要从实际出发，占有准确的数据和资料，从而得出正确的结论。

教师、教练员通过科学研究的实践活动，能不断总结自己的经验教训，丰富自己的想象力，提高自己的思维能力及足球专业理论水平。

第一节 足球运动科学研究的内容与形式

一、足球运动科学研究的内容

足球运动科学研究的内容是十分丰富的，大致可以分为下列几方面。

（1）竞技能力决定因素方面的研究。

足球运动竞技能力决定因素是由技术、战术、形态、机能、素质、心理和智力等方面组成。它们是足球运动科学研究的主要内容。一般包括下列具体内容：①早期选材。②文件制定。③不同年龄阶段训练特点。④不同性别训练特点。⑤运动负荷。⑥训练方法与手段。⑦比赛意识。⑧检查评定。⑨历史、现状和发展趋势。⑩赛前训练的内容安排等。

（2）情况信息的研究。

（3）运动营养的研究。

（4）运动后的消除疲劳与身体恢复的研究。

（5）规则、裁判法方面的研究。

（6）竞赛制度、编排的研究。

（7）运动仪器、辅助器材的研究。

（8）教练员的研究。

（9）足球运动队伍管理的研究。

二、足球运动科学研究的形式

足球运动科学研究的形式多种多样，常用的有文献综述、专题文章、经验总结、调研报告、论文等几种形式。

（一）文献综述

文献综述是指研究人员在阅读他人的足球专业书刊等大量文献资料后，就某一问题对他人的见解、观点进行归纳、整理、综合、分析，在此基础上提出个人的见解，使探讨的问题进一步深化，并以此撰写综述性文章。

文献综述的格式是前言、主体部分、总结和参考文献。

撰写文献综述是足球科研工作中一种简单易行的形式，也是进行专题研究的重要入门途径。在撰写过程中应注意的问题是：避免照抄照搬原文；应通过自己的思考、逻辑推理，形成自己对问题的独特见解。

（二）专题文章

它是针对足球运动中某一问题进行专门研究，深入分析，重点阐述。撰写这类文章应围绕专题，使观点正确，结构清楚，逻辑性强，具有较强的说服力。把问题讲深讲透，这样对足球运动的实践才有一定的参考价值。

这类文章没有固定的格式，但应抓住所选的专题进行深入研究和分析，做到说理性强，避免面面俱到、泛泛而谈。

（三）经验总结

经验总结是依据一个队的教学、训练、比赛、管理、选材等工作，在认真回顾和调查研究的基础上，撰写出反映实际工作的新问题、新经验，总结出规律性的东西。这种经验总结具有较强的针对性和指导性，可向大家推广，供有关方面参考。

（四）调研报告

调研报告是对当前足球训练工作和大型足球比赛中的主要问题，进行比较全面深入的调查研究，以揭示问题的实质和真相，以及探讨其发展规律为目的的一种常用文体的科研形式。

调研报告题材广泛、内容不限。通过大量事实的调查，经过科学的分析，探索其规律，可对指导足球训练和比赛实践提供参考依据。

（五）论文

论文是指对足球运动领域中的某些问题，进行专题分析研究和科学论证，从而指出这些问题的本质特征及其客观规律。它是足球科研工作的最高形式。

教练员和科研人员通过对足球运动的理论和实践中的某些问题进行深入而系统的专题研究，在研究过程中，采用相适的研究方法，取得可靠、准确的资料，并用辩证唯物主义观点和专业理论知识对此进行分析和论证，揭示所研究问题的本质及其规律，从而得出正确结论。以文字书写成研究论文，达到指导足球实践，提高足球运动技术水平的目的。论文应包括论点、论据和论证三部分。要求概括、准确和精炼。论文应做到层次分明，有严密的逻辑性和科学性。

论文格式大致可分为五部分，即：

（1）选题依据。

（2）研究对象与方法。

（3）研究结果与分析。

（4）结论与建议。

（5）主要参考文献。

第二节　足球运动科学研究的方法

足球运动科学研究方法是多种多样的。但不论选择、运用哪种研究方法，都必须符合本课题的研究目的、性质、对象、内容和所完成的具体任务来确定。

研究者可以综合运用各项研究方法来研究某一题目，也可只使用一种方法研究某一个专题。

目前，足球研究人员和教练员所采用的研究方法主要有：文献资料分析法、观察法、统计法、调查法、测试法、实验法、数理统计法等。

（一）文献资料分析法

文献资料分析法是对与研究题目有关的文献资料、电影、图片等进行收集和分类，对资料来源进行考证，并运用逻辑推理等方法进行归纳分析，最后得出自己的结论。文献资料分析法通常经历寻找所需资料的来源，再把符合研究内容的资料摘取出来，经整理分析达到研究预期目的的过程。

（二）观察法

观察法是通过在自然条件下对足球某个技术动作或战术配合等进行观察分析，最后得出研究结论的一种方法（所谓自然条件下是指在观察过程中，人们不事先去控制环境条件，而是任其处于本来自然的状态）。

研究者可根据研究目的，进行长时间的追踪观察或一次性观察。

（三）统计法

统计法是通过对足球训练、比赛中有关的问题，如训练密度、强度和技、战术运用等问题，进行现场统计记录，取得某些数据和典型战例等实际资料的一种常用的研究方法。统计法分为常规统计和专题统计。常规统计法是多年来在大型足球比赛中惯用的技术统计内容与方法，如射门、传球、抢截球和体力等（见表9－2、表9－3）。专题统计是研究者根据研究目的和要求解决的问题，有针对性地进行现场专题统计记录，如中、前场技术失误、紧逼与破紧逼运用能力，发动进攻的地点和场区等。

统计法可分为人工统计和计算机统计两种。人工统计应力求表格简便、科学，统计概念要清晰。我们在首届世界女子足球锦标赛中运用计算机进行足球比赛现场统计工作，效果很好，做到统计内容全面，又节省人力物力，统计结果迅速准确。

（四）调查法

调查法是通过口头或书面等方式，搜集足球某些问题所需要的材料的一种研究方法。口头调查有访问、座谈、开调查会等方法。书面调查有通过对书面材料做调查、问卷通信调查等方法。研究者运用这些调查方法与足球专家、教师、教练、运动员等进行接触、联系，从中获得研究课题的有关材料，然后进行分析、研究。

（五）测试法

测试法是在足球科学研究中，借助测试工具对足球运动员或研究对象的特征指标进行度量的一种收集资料的研究方法。

测试工作要达到测试指标的可靠性、有效性、客观性和分辨力的测量要求。准确客观的测试收集的数据是得出科学有效的结论的前提条件。

（六）实验法

实验法是研究者通过一定的手段，对各种因素在有控制的条件下进行变化，对其研究结果进行分析对比的一种科研方法。

研究者运用实验法时，常根据研究的目的，拟定实验内容、方法，选择实验对象，然后进行实验或对照实验，经过分析研究，从中得出结论。

（七）数理统计法

数理统计法是指将足球科学研究中所获得的观测数据运用数理统计学进行数学定量处理的一种研究方法。它能定量地研究或剖析足球实践中所遇到的具体随机现象的内部规律，从而对所关心的问题做出尽可能精确、可靠的定量性结论。

第三节 足球运动科学研究工作的程序

足球运动的科学研究工作大致可分为选题、制订研究工作计划、收集资料、整理和分析所得材料、论文撰写等几个程序。

一、选题

(一) 确定选项

进行足球运动的科研工作首先要选择和确定研究题目，即确定选题。选题的好坏直接影响着整个科研工作的成败，因此，确定选题时应注意：

(1) 题目应具体明确，能反映文章的研究内容，做到文题相符。

(2) 应从实际出发，充分考虑研究者的研究能力和客观条件，确保研究工作的可行性，不要贪大求全、好高骛远。

(3) 选题要考虑到题目的现实性和时间性等客观条件。

(4) 要考虑到科研成果的实用价值，要能指导和解决当前足球运动中的有关问题。

(二) 确定选题的途径

确定足球运动科学研究工作的选题有以下几个途径：

(1) 从学习阅读文献资料、书籍中发现问题，提出问题。

(2) 从足球运动实践中发现问题、提出问题。

(3) 虚心请教有经验的教师、教练员和科研人员，启发自己的思路，有所侧重地就足球运动的某个方面发现问题、提出问题。

二、制订研究工作计划

制订研究工作计划，既可以保证足球运动科研工作有条不紊地进行，又可以按计划检查工作进展情况。

科研工作计划一般可分五个阶段，各个阶段的工作内容等见表 9－1。

表 9－1 科研工作计划表

工作阶段	工作内容	起止时间	完成情况
定题阶段	1. 调查访问 2. 阅读资料 3. 确定研究题目		

续上表

工作阶段	工作内容	起止时间	完成情况
收集资料阶段	1. 阅读、收集资料 2. 调查访问 3. 现场统计 4. 实验、测试等		
整理、分析资料阶段	1. 整理、归纳资料 2. 分析、研究资料		
撰写阶段	1. 撰写论文提纲 2. 撰写论文		
报告、推广阶段	1. 报告论文 2. 修改定稿 3. 推广运用		

三、收集资料

收集和占有丰富的材料是足球运动科学研究的基础，是形成研究者理论观点的依据，因此，它是撰写论文的一项十分重要的准备工作。否则，足球运动科学研究便无从着手，理论观点便无法成立，也谈不上撰写有质量的论文。

收集和积累与本研究课题有关的材料，主要有几种方法。

（1）查阅文献资料、书籍。

（2）调查和访问。

（3）足球训练、比赛临场统计。

（4）实验和训练。

在收集和积累资料过程中，应做到材料准确、丰富、详细、全面。

四、整理和分析所得材料

对通过各种渠道收集的众多材料，要分门别类加以整理，有的可用文字形式表达，有的可经过数据统计处理，用图表形式表达，使材料系统化。在整理材料的过程中，经过对大量材料的鉴别、归类和分析，可以加深对问题的认识。

在整理和分析材料过程中，要通过分析、论证逐步形成自己的论点和论据，从而最后得出正确的结论。

五、论文撰写

在收集材料，并经过整理、分析和初步形成观点和论据后，就要进入论文的撰写阶段。撰写论文大体分为以下几个步骤。

（1）腹稿。下笔撰写论文之前，在脑子里应思考论文定什么题，论文怎么写，写成什么样，谓之打“腹稿”。就是说，论文要先在脑子里想好，然后再把它用文字写出来。

（2）撰写提纲。提纲就是安排和组织全文的结构，从全局出发，协调好各部分的关系，搭好论文架子，是防止论文成文返工或大改的关键。撰写提纲有三种形式，一是句子提纲，即每一部分都是完整的句子；二是标题提纲，即每一部分都是一个标题式的短语或词语；三是段落提纲，即每一部分都是一个段落内容。

（3）初稿。在拟好撰写提纲的基础上，进行整体组装，用适当的语言形式把论文的内容准确地表达出来，初步成文，这种半成品即为初稿。

（4）定稿。初稿完成后，应经过反复修改，征求意见逐步完善，直到最后定稿。

（5）润色。一篇好的论文，其文笔必须流畅，合乎语法，能用简洁的语句表达完整的意思，因此撰写论文的最后一道工序，就是要对论文加以修饰、润色，使其更加完美。

第四节　几项主要足球常规统计内容和方法

一、射门

射门情况如何，特别是射进对方球门数的多少，直接关系到比赛的胜负。通过对射门情况的统计，能说明一个队在比赛中射门的次数、方法和效果，为分析射门情况和改进射门训练、提高射门命中率提供依据。

临场统计射门时，主要记录射门进球得分情况，即记录射门机会是怎样创造的、是谁在何时何地用什么方法射进的；还要记录射门未进的情况，即记录是谁在何地用什么方法射门和球未射入的各种情况（射正、射高、射偏、被挡等）；还要记录是采用直接射门，还是间接射门（带球射门、接球后射门、过人射门）。

射门统计时，还要明确和掌握好一些主要概念和尺度，分清是射门还是传球。主是从射门队员的意图、与球门的距离和角度、方向、力量及效果等因素确定是射门还是要传球。其中远射是指禁区外的射门，近射是指禁区内的射门，误射是指守方队员失误而射入自己球门的球。

赛后，将临场记录的数据整理后，填写到射门情况统计表上（见表9－2）。

二、传球

在足球比赛中，传球是组织进攻时队员之间互相联系完成战术配合的主要手段。通过对传球情况的统计，可以反映出一个队在比赛中传球技术的运用情况和特点。

临场统计时，记录每次从组织进攻开始到进攻结束为止，按不同的传球类别统计次数和效果。传球通常分为长传球（30 米以上的传球）、中传球（15～30 米的传球）和短传球（15 米以内的传球）。另外，还要记录一般传球（指没有构成威胁对方球门的球）和威胁传球（指对对方球门造成威胁或直接创造射门机会的传球）。

表 9－2　________队射门情况统计表

时间：　　　　　　与赛队：　　　　　　地点：　　　　　　结果：

号　码						全 队 情 况								
姓　名						上半时			下半时			全场		
						区内	区外	合计	区内	区外	合计	区内	区外	合计
射　进														
命中率														
射　正														
射　偏														
被　挡														
合 计														
直接射	足射	进												
		正												
		偏												
		挡												
		合计												
	头射	进												
		正												
		偏												
		挡												
		合计												
	任意球	进												
		正												
		偏												
		挡												
		合计												
	点球	进												
		正												
		偏												
		挡												
		合计												

续上表

号码						全队情况								
姓名						上半时			下半时			全场		
						区内	区外	合计	区内	区外	合计	区内	区外	合计
间接射	带	进												
		正												
		偏												
		挡												
		合计												
	接射	进												
		正												
		偏												
		挡												
		合计												
	过射	进												
		正												
		偏												
		挡												
		合计												
误射	守门员													
	防守门员													

传球效果分为成功和失败两种。凡传到的球被同伴得到或仍由本方队员控制、利用均为成功；反之，则为失败。防守者犯规或踢出界外均算传球成功一次。而罚任意球、角球、掷界外球则重新计算次数。具有明显改变进攻方向的长传球为转移长传球，而该球同时又具有威胁性，则为威胁性长传球。

赛后，将临场记录的数据经过认真计算、整理、填写到传球统计表上（见表9－3）。

三、抢、断、争顶、铲球统计

在现代足球运动中防守技术越来越被人们所重视。通过对防守技术的统计可以了解、分析一个队防守的效果和特点，为研究防守技术运用的情况和进一步提高防守能力提供客观依据。

临场统计时，要分别记下守方队员在前、中、后三个场区的抢球、断球、争顶球和铲球的次数和效果。

凡防守队员有意识地做出抢、断、争顶、铲球防守动作，而使本队由守转攻或将球破坏掉为成功；否则为防守失败。若在防守时犯规则为失败一次。

表 9－3 ______队传球统计表

分类	时间	一般传			威胁传			转移传			合计		
		成功	失败	合计	成功	失败	合计	成功	失败	合计	成功	失败	合计
长	上半时												
	下半时												
	小计												
中	上半时												
	下半时												
	小计												
短	上半时												
	下半时												
	小计												
合计													

赛后，将临场统计的结果加以整理，再填写在抢、断、争顶和铲球的统计表上（见表9－4）。

四、体力

在足球运动不断发展的今天，足球比赛日趋激烈。因此，对运动员的速度、速度耐力等身体素质的要求越来越高。通过在比赛中对运动员的体力统计，能够反映出运动员奔跑能力和体力变化情况，为加强身体训练，进一步提高运动员奔跑能力做参考。

临场主要是记录运动员的快跑、冲刺次数和距离，慢跑和走动距离以及跑动总时间。所谓冲刺跑是指用100％的力量跑，而用80％以上力量跑为快跑，快跑与走之间的跑为慢跑。跑动总时间为慢跑、快跑和冲刺跑动时间的总和。

记录时按15分钟为一节，分别记录上述内容。赛后，按照体力统计表上的项目和要求，将数据整理好后加以填写（见表9－5）。

由于目前尚未有采用先进的仪器统计奔跑距离，只能采用目测法，而靠肉眼目测不能准确无误地反映运动员的客观情况，因此，统计所得材料与运动员的实际活动距离有一定的误差。但只要临场记录时精神集中，熟记各场区，点、线之间的距离（见图9－1），误差是可以减少的。这样，所得到的材料总的来看，大体上能反映出一个运动员或一个队的体力情况。

表 9－4 ______队抢、断、争顶、铲球统计表

时间	场区			队					队				
				抢	断	争顶	铲	总计	抢	断	争顶	铲	总计
上半时	次数												
	其中	成功											
		失败											
	前场	次数											
		其中	成功										
			失败										
	中场	次数											
		其中	成功										
			失败										
	后场	次数											
		其中	成功										
			失败										
下半时	次数												
	其中	成功											
		失败											
	前场	次数											
		其中	成功										
			失败										
	中场	次数											
		其中	成功										
			失败										
	后场	次数											
		其中	成功										
			失败										
全场	总次数												
	其中	成功											
		失败											
	前场	次数											
		其中	成功										
			失败										
	中场	次数											
		其中	成功										
			失败										
	后场	次数											
		其中	成功										
			失败										

表 9－5 体力统计表

年龄/岁	情况		队名 / 姓名					
			上半时	下半时	全场	上半时	下半时	全场
0～15	距离							
	冲、快	次						
		米						
	慢跑							
	走							
	跑动时间							
15～30	距离							
	冲、快	次						
		米						
	慢跑							
	走							
	跑动时间							
31～45	距离							
	冲、快	次						
		米						
	慢跑							
	走							
	跑动时间							
余计	距离							
	冲、快	次						
		米						
	慢跑							
	走							
	跑动时间							

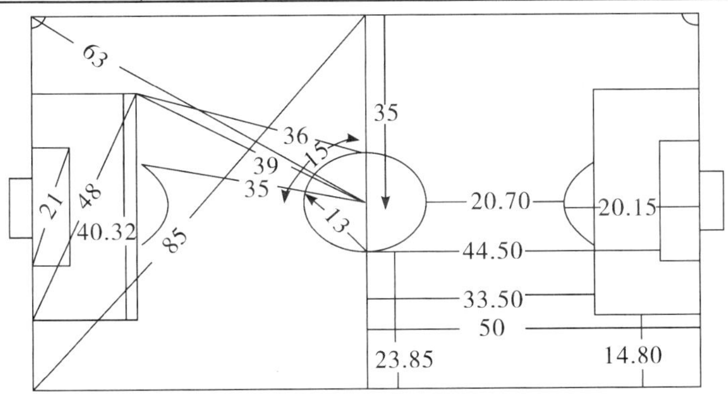

图 9－1 足球场距离图 （单位：米）

第五节　五人制足球

一、室内五人制足球的发展

（一）室内五人制足球的起源

FUTSAL是由西班牙及葡萄牙语中的词语“足球”（Futbol or Futebol）和法语与西班牙语的词语“室内”（Salon or Sala）的结合，意思就是在大房子里面的足球，也叫作室内足球。1989年，国际足联把FUTSAL一词统一为所有室内和五人制足球活动。FUTSAL一词是国际足联认定的唯一“室内足球”的官方用语，这也代表着国际足联在全世界推广和发展该项运动的决心。

早在1831年，在加拿大就有各种形式的室内足球的记载，当时由于严寒和风雨关系，人们被迫在室内从事足球活动。现代室内足球的起源可追溯至20世纪30年代的乌拉圭和巴西，在同一时代，分别在这两个国家创办了不同的五人制足球比赛，在蒙特维迪亚和圣保罗进行着两种不同的“小场足球”的比赛。在1930年，胡安・卡罗斯・切里安尼为基督教青年会的年轻人发明了五人制足球比赛。比赛在篮球场里进行，既可以在室内，又可以在室外，不需要周围的挡墙。1936年，一本巴西的体育教育杂志上首次发表了五人制足球的比赛规则，使这种比赛逐渐规范。由于这种“小场足球”对场地设施条件要求不高，不受天气状况及气候条件的限制，能被普通社会阶层的人接受并便于普及，因此，在巴西、乌拉圭、阿根廷等国家越来越流行起来。

五人制足球进入欧洲大陆的时间要晚得多。大家普遍认为，奥地利人首先在欧洲大陆开始踢五人制足球。1958年，奥地利国家足球队的一位官员阿夫斯特里・亚耶夫从瑞典引进这项运动。在瑞典举行的世界杯中，他观看到巴西国家队在室内进行的对抗性训练比赛。亚耶夫对推广五人制足球非常感兴趣，回国后，把国内较有规模的足球俱乐部联合在一起，在维也纳的什塔德哈尔体育馆组织了室内足球循环比赛。这次尝试性的比赛举办得非常成功，运动员、观众和组织者都很满意。此后，冬季室内五人制足球循环赛经常在奥地利举行，五人制足球比赛也逐步在欧洲其他国家流行起来。

（二）室内五人制足球的发展

在世界许多国家和地区，五人制足球拥有悠久的历史和良好的传统，并成为培养职业足球运动员和足球巨星的摇篮，如马拉多纳、克鲁伊夫、罗纳尔多、罗纳尔迪尼奥、罗马尼奥、罗比尼奥等世界级足球巨星都是从踢五人制足球比赛慢慢成长起来的，室内五人制足球比赛为他们走上职业足球的道路打下坚实的基础，也推动了足球运动的整体发展。由于五人制足球的自身特点和优势，国际上非常重视五人制足球的普及推广，许多国家已把室内五人制足球列为开展足球运动的必要内容和重要途径。

五人制足球比赛慢慢由职业足球队的一种练习方法演变成足球竞赛性游戏并被许多国家和球迷所接受，由于存在较多的竞赛方法和规则，为了使其能够成为一项世界性的比赛项目，制定统一的比赛规则，在国际五人制足球协会的运作下，举行了三次世界性的室内五人制足球锦标赛，第一届锦标赛于1982年在巴西圣保罗举行，巴西获得冠军。在西班牙举行的第二届锦标赛上巴西蝉联冠军，但在澳大利亚举行的第三届锦标赛上巴西输给了乌拉圭。

为了在世界范围内开展室内五人制足球工作，国际足联成立了专门的机构进行指导，并于1987年正式将这种运动命名为“室内五人制足球”，国际五人制足球协会也于1989年正式并入国际足联，其基本职能是完善比赛规则、筹备和举办世界锦标赛。正式的室内五人制足球世界锦标赛于1989年在荷兰举行，巴西获得了冠军。

室内五人制足球像其他新兴运动项目一样，总是处于变化和不断发展中。在国际足球联合会的不断推广和支持下，现今已经有100多个国家举办室内五人制足球比赛，在欧洲、美洲、大洋洲和亚洲的许多国家，室内五人制足球的组织机构正在不断完善。所以，目前世界上讨论把室内五人制足球纳入奥林匹克运动会比赛项目，是完全合理的。

表9－6 历届室内五人制足球世界杯成绩

年份	举办地	冠军	亚军	季军	第四名	参赛队/支
1989	荷兰	巴西	荷兰	美国	比利时	16
1992	中国香港	巴西	美国	西班牙	伊朗	16
1996	西班牙	巴西	西班牙	俄罗斯	乌克兰	16
2000	危地马拉	西班牙	巴西	葡萄牙	俄罗斯	16
2004	中国台北	西班牙	意大利	巴西	阿根廷	16
2008	巴西	巴西	西班牙	意大利	俄罗斯	20
2012	泰国	巴西	西班牙	意大利	哥伦比亚	24
2016	哥伦比亚	阿根廷	俄罗斯	伊朗	葡萄牙	24

表9－7 历届室内五人制足球亚洲杯成绩

届数	年份	举办地	冠军	亚军	季军	第四名
第一届	1999	马来西亚	伊朗	韩国	哈萨克斯坦	日本
第二届	2000	泰国	伊朗	哈萨克斯坦	泰国	日本
第三届	2001	伊朗	伊朗	乌兹别克斯坦	韩国	日本
第四届	2002	印度尼西亚	伊朗	日本	泰国	韩国
第五届	2003	伊朗	伊朗	日本	泰国	科威特
第六届	2004	中国澳门	伊朗	日本	泰国	乌兹别克斯坦
第七届	2005	越南	伊朗	日本	吉尔吉斯斯坦、乌兹别克斯坦并列第三	

续上表

届数	年份	举办地	冠军	亚军	季军	第四名
第八届	2006	乌兹别克斯坦	日本	乌兹别克斯坦	伊朗	吉尔吉斯斯坦
第九届	2007	日本	伊朗	日本	吉尔吉斯斯坦	乌兹别克斯坦
第十届	2008	泰国	伊朗	泰国	日本	中国
第十一届	2010	乌兹别克斯坦	伊朗	日本	乌兹别克斯坦	中国
第十二届	2012	阿联酋	日本	泰国	伊朗	澳大利亚
第十三届	2014	越南	日本	伊朗	乌兹别克斯坦	科威特
第十四届	2016	乌兹别克斯坦	伊朗	乌兹别克斯坦	泰国	越南
第十五届	2018	中国台北	伊朗	日本	乌兹别克斯坦	伊拉克

（三）中国的室内五人制足球

室内五人制足球作为一种新兴的体育项目，在我国的起步较晚，水平较低，但经过近十年来的迅速发展，受社会的关注程度越来越高，水平也在不断上升。

1984 年首次在广州举行了室内五人制足球邀请赛，此后在上海、武汉、北京、大连等地相继举行了类似的比赛。1989 年 10 月在上海举办了由上海、广州、大连三市的优秀队、业余队、少年队三种不同层次参加的“纸机杯”首届室内五人制足球邀请赛，这是我国逐步推广和发展此项运动的良好开端。1995 年中国足协举办了首届全国室内足球锦标赛，参赛的队伍有 20 支，都是参加十一人制足球甲级联赛的队伍，没有专业进行五人制足球训练的队伍，因此赛事的水平较低。

中国足协在 2002 年 12 月 3 日下发了《2003 年全国室内五人制足球比赛规程》，于 2003 年的足球代表大会上在足协增设五人制足球专业委员会，并决定从 2003 年开始举办全国室内五人制足球甲级联赛，运动员将与参加十一人制足球联赛的球员分开注册。2003 年底，首届中国足协室内五人制足球甲级联赛正式在大连开幕，当时的参赛队伍为成都莱美药业、大连实德、北京华亚飞鹰、广州果王、武汉地龙—湖北大学、上海九城等 6 支队伍。从 2008—2009 年度开始，参赛队伍增加到 8 支。2009—2010 赛季，比赛队伍又增加到了 10 支，并实行主客场赛制。2010 年，室内五人制足球成为第四届全国体育大会的正式比赛项目，这是室内五人制足球第一次被列为全国大型运动会的比赛项目。

我国的业余五人制足球的发展有着良好的基础。1999 年、2000 年广西桂林市和南宁市分别举行的五人制足球比赛中，参赛队伍都为 300 多支，并有不断扩大的趋势。每年举办的“茵宝杯”五人制业余联赛，参赛的队伍更达上千支，影响力非常巨大。而在高校内进行的“百事可乐杯”、“李宁杯”大学生五人制足球赛，直接参赛的高校学生就达上万，2009 年广州体育学院成功举办了首届“全国体育院校室内五人制足球赛”，体现出室内五人制足球正逐渐成为高校大学生们喜爱的运动项目。

表9-8 历届中国室内五人制足球甲级联赛成绩

年份	冠军	亚军	季军	第四名
2003—2004	广州果王	武汉地龙—湖北大学	成都莱美药业	上海九城
2005	武汉地龙—湖北大学	成都虎少	广州果王	上海九城置业
2006	武汉地龙—湖北大学	上海徐房	广州日之泉	北京华亚飞鹰
2007	武汉地龙—湖北大学	上海徐房	北京华亚飞鹰	成都电子科大
2008—2009	武汉地龙—湖北大学	上海徐房	广州体院爱奇	大连君悦体育
2009—2010	武汉地龙	广州体院爱奇	浙江黄龙	北京工业大学
2010—2011	武汉地龙—湖北大学	广州体院白云山和黄	浙江黄龙—三大	上海徐房
2011—2012	深圳南岭铁狼	浙江黄龙—三大	广州白云山	武汉地龙—湖北大学
2012—2013	深圳南岭铁狼	浙江黄龙—三大	青岛英出体育	武汉地龙—湖北大学
2013—2014	深圳南岭铁狼	大连安波	海珠名实—湖大	武汉地龙—三大
2014—2015	大连普湾安波	深圳南岭铁狼	武汉地龙—三大	珠海名实
2015—2016	深圳南岭铁狼	大连安波	武汉地龙—三大	珠海名实
2016—2017	深圳南岭铁狼	大连普区湖大	珠海名实	武汉三峡地龙
2017—2018	深圳南岭铁狼	大连普区湖大	珠海名实	武汉三峡地龙

注：中国足协“室内五人制足球甲级联赛”从2016—2017赛季开始改名为“室内五人制足球超级联赛”。

二、室内五人制足球的专项技术

室内五人制足球被世界足球界公认为是发展和提高青少年足球个人技术和技巧能力的重要手段，这是因为五人制足球的基本技术与十一人制足球大同小异。但由于其特点是场地小，人数少，比赛节奏快，要求运动员在控制球的能力上要非常突出，同时要求球员在传接球的速度上要非常快，还要求球员在战术配合方面要有创造性和迅速调整以及组织战术的能力。美国著名室内五人制足球教练 Klass de boer 在论述室内五人制足球技术时就这样说道：要成为一名优秀的室内足球运动员，就必须学会在高速中发挥各种技术动作的能力。室内五人制足球比赛中，运动员没有充裕的时间准备各步行动和在强对抗的情况下需做各种技术动作，也没有太多时间思考如何做下一步决定，高速的节奏要求在比赛中本能地做出决定，并是最有效果的行动。这就要求球员不得不在比赛中将技术和速度做最好的结合。

室内五人制足球项目的特点，决定了其项目技术具有较高的专项性。球员要从年纪较小时，在掌握一定的足球基本功后开始练习。在练习专项技术时可以多利用训练课的热身部分进行，让队员多看录像，对技术动作有较为直观的认识，训练时要有一定的趣味性和竞争性，让运动员保持较高的注意力和兴奋性，专项技术的训练也可以贯穿至战术训练和体能训练当中，在训练战术和体能的同时提高专项性技术。下面就介绍一些室内五人制足球中的攻防专项性技术。

（一）一对一突破

在五人制足球比赛中，会较多地出现一对一的情况，如果能够通过突破来摆脱防守队员，就能打破对方防守的平衡，特别是在面对最后一名防守队员时，突破后就能直接面对对方守门员，给对方球门更致命的威胁。因为五人制足球比赛的场地较小，所以在进行一对一突破时更注重突破的时机和瞬间的速度，要利用身体的假动作使防守队员失去重心，或突然通过变速来突破对手。在五人制比赛中，有时一对一进攻并不要求完全突破掉对手，利用突然的变向变速或是假动作骗出对方半个身位的空间后进行射门和传球，这对防守也是很大的威胁。在平时的训练中要进行各种情况下的一对一突破练习。

（二）脚尖捅射

脚尖捅射这一技术在室内五人制足球比赛中应用较多，也非常实用，尤其是在距对方球门较近且没有足够的时间摆腿射门时，此项技术的优越性就能体现出来。踢球时在触球刹那间脚尖绷紧稍稍翘起，接触球的正中部，因为摆腿的幅度极小，球的运行也没有规律，所以守门员常常因为缺少足够的反应时间而被攻破球门。

（三）脚底停球

五人制足球与十一人制足球在接球技术方面相比较，更多的是用脚底来接球。因为室内五人制足球的比赛用球直径短，弹性小，用前脚掌与地面形成一定的夹角去踩球时，来球不会弹出身体控制范围以外，并能够将较大力量的传球缓冲下来，而且用前脚掌将球停于身前，这样有利于下一个动作的衔接：向前推进、做假动作、为踢球做及时调整等，而不是将脚在停球后收回，重新调整身体的位置。脚底停球还能够很好地跟假动作衔接起来，在停球时做假动作摆脱，球不会离开控制范围，这样就能更好地迷惑对手，提高停球质量。

（四）脚掌运球

因为五人制的场地空间较小，带球队员随时都会面临对方严密的防守，所以用脚掌运球是对付这种局面的最积极稳妥的运球方式，既可以带球保持直线推进，又可以在对手紧逼围抢的情况下，随时改变行进方向，并沿弧线朝任何方向移动球。当带球队员被对手紧逼时，用脚掌运球就可以随时改变身体姿势和方向，将身体挡在对方球员和球之间，充分利用身体来掩护球。

（五）挑传

挑传可以认为是室内五人制足球比赛中标志性的技术动作之一。完成这个动作无须摆腿，踢球腿的膝关节要先弯曲，用脚尖从球的底部切入用脚背把球向上挑起，用小腿的摆动把球送到预定的方向。挑传可以解决防守者对地面球封堵的局面，充分利用空间，这种传球方式使防守队员措手不及，并很难做出防守动作，增加了防守难度。另外，在发角球和界外球时，使用挑传可以给队友创造凌空射门的机会，也成为一种重要的定位球战术。

（六）前锋背身护球

在阵地进攻时，对方的防守队形安排就绪，进攻空间就会被防守方压缩，进攻时不得不面对严密防守而在对方防守队员的紧逼下背身控球，特别是前锋队员更是防守队员贴身紧逼重点照顾的对象，这就需要前锋队员在对方紧逼干扰的防守下，合理地运用护球技术保护好球，伺机转身突破射门，在不能转身的情况下要等待队友的跑位接应和插上，将球做好给自己的同伴。这种前锋背身护球的技术类似于篮球中锋的技术。

（七）一对一防守

一对一的防守能力是评判一个球员是否全面掌握五人制足球基本技术的标准，它直接影响全队的整体防守效果。当进攻队员在无球跑动时，防守队员的注意力要尽量跟着进攻队员的运动方向而不是球。当进攻队员准备接球时，防守队员要迅速靠近对手给予其压力，不能给对手太多的考虑时间。当进攻队员已控好球后，靠近进攻队员时身体要保持很好的平衡，距离大概 1 米，重心降低，放在后脚上，可以用前脚用扫的动作去抢球，并要充分考虑到对手的优势脚，尽量将进攻队员向边线挤压，减小射门和带球突破的角度和机会。

（八）斜线跑

这种无球跑动技术多用于对方的防线已经布置好时，采用斜线跑就可以横向拉开对方的防线同时制造纵深。当队员将球传出后进行斜线跑时，防守队员必定进行盯防，此时进攻方可利用防守方换防时所制造的空当进行直传，撕破对手防线，对对方球门造成直接的威胁（见图 9－2）。

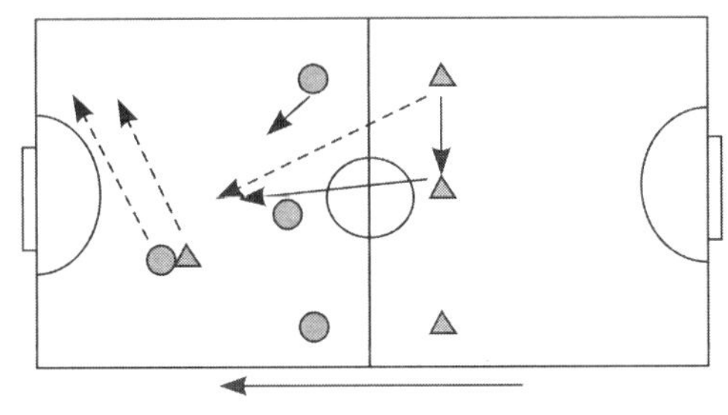

图 9－2 斜线跑

（九）鱼钩跑

在对抗比较激烈的比赛中，往往防守方都是贴身紧逼，要想在狭小的场地中赢得空间和时间，进行鱼钩跑是摆脱对手的一个重要战术。鱼钩跑，顾名思义，它的跑动路线就像一个鱼钩的形状，这样可以变向摆脱紧盯自己的防守队员。在近几年的国际比赛中，高水平的球队已经很熟练地掌握了鱼钩跑，使它成为一个常用有效的无球跑动技术。目前在国内比赛的球队中，运用鱼钩跑摆脱防守方的较少，因此，我们要在训练中多进行“鱼钩跑”技术的训练（见图 9－3）。

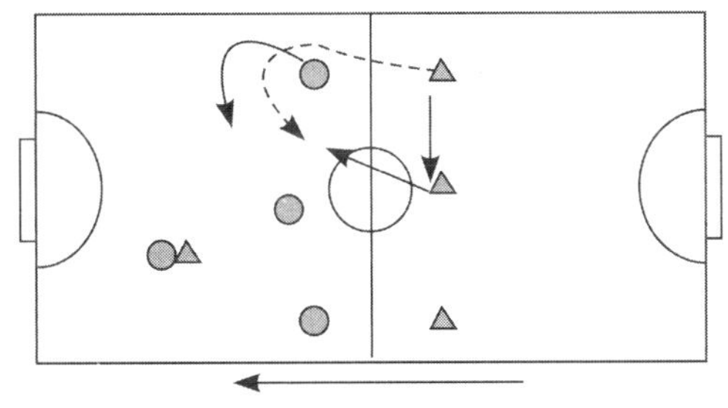

图 9－3 鱼钩跑

三、室内五人制足球的战术

室内五人制足球的战术指的是球员踢球时最合理的个人、小组和全队的行为，这种行为立足于踢球时的积极性与创造性，目的是使整个球队获得更好的成绩。理解和掌握五人制足球的战术是提高比赛能力的关键。前巴西五人制足球国家队教练弗雷迪（Ferretti）曾说过："并不仅仅具有天赋和技术就能踢好五人制足球，具有能够理解战术的能力才是最关键的。"他认为五人制足球的战术与十一人制足球的战术要求的区别，就是在于五人制足球比赛场地较小，地面不同，人数不同，所以对球员的要求就变得更加苛刻一点，在比赛中需要更多精细的观察、预判和更多良好的跑动接应，从而更好地掌握时间和空间。

战术训练指的是学习和掌握战术的理论基础并运用技能的过程。在进行战术训练时应该将战术训练的理论和实践相结合，首先要让球员了解和熟悉比赛的规则，随后才开始进行分解的战术训练，按照单个队员—小组—整体的步骤来进行，最后在比赛中检验训练的内容。在训练安排上要注意遵循下列程序：先用图解或录像的形式进行战术的叙述和展示阵型；在相应区域内与消极的对手的对抗中直接进行战术的学习；在相应区域内与对手进行高对抗的战术训练；最后在比赛中进行战术训练。

比赛的战术可以分为进攻和防守战术。在比赛中进攻和防守战术又是由个人、小组和全队的行动所决定的。我们在这里简单地介绍一些常见的进攻阵形和全队防守战术。

（一）进攻阵形

比赛阵形就是在场上的球员的基本站位。选择阵形的标准要和球员的实际情况结合起来。一个有效的比赛阵形必须是灵活多变的，甚至在比赛过程中，比赛阵形也可以随时变化。比赛阵形本身不能给球队带来胜利，不管采用什么样的阵形，最终导致胜利的因素是球员的身体状况和球员的技术能力和战术能力。在选择进攻阵形时一定要根据队员的特点和实际能力，最好做到实力平衡，另外，也要让球员明白每个阵形球员位置的任务和职责，但不能在比赛中给予球员太多的限制，给予球员即兴发挥的空间。

1. 3—1 阵形

此阵形是指 3 名后卫和 1 名前锋的配置。此阵形注意防守，因为一旦被断球，有 3 名防守队员可以进行防守，在对方罚球区前可以制造较大的空当，进攻时后卫插上助攻对方也较难防守，能给予控球前锋较大的支持。此阵形易于掌握，适合于训练时间较短的队伍使用，但需要有 1 名能够控球和传球的前锋，并对于后插队员的体能有一定的要求。

3—1 阵形发动进攻可以如图 9－4 所示，边路③号队员将球传给②号后进行斜线跑，②号可以将球传给插上的③号，由③号射门或传球到第二门柱给包抄的⑤号；或是将球传到前锋⑤号脚下，让前锋摆脱防守队员转身射门，或是②号传球后快速插上接前锋的回传球射门或传球到第二门柱给③号。

另一种常用的 3—1 阵形发动进攻的配合路线如图 9－5 所示，②号传球给③号后进行直斜线跑，这里要注意的是②号在进行直线跑时，速度不能太快，在进行反方向斜线跑时应快速摆脱防守对手，③号利用传直线追身球或挑过顶高球给②号，传球时要注意传球的路线与时机，②号接球直接射门或将球传到第二门柱给包抄的前锋⑤号。④号此时要适当靠近中路，防止对手的反击。

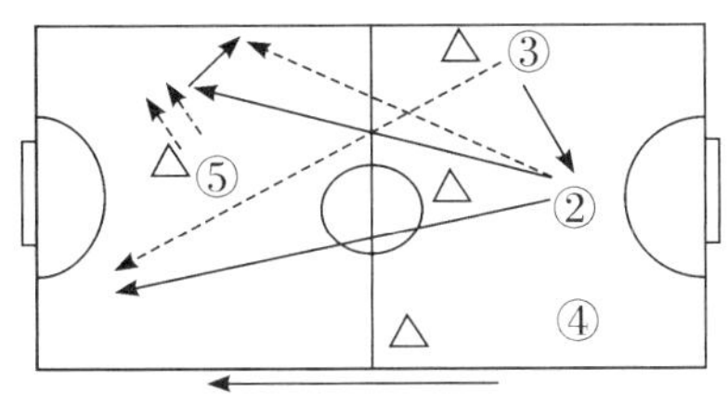

图 9－4　3—1 阵形配合示例 1

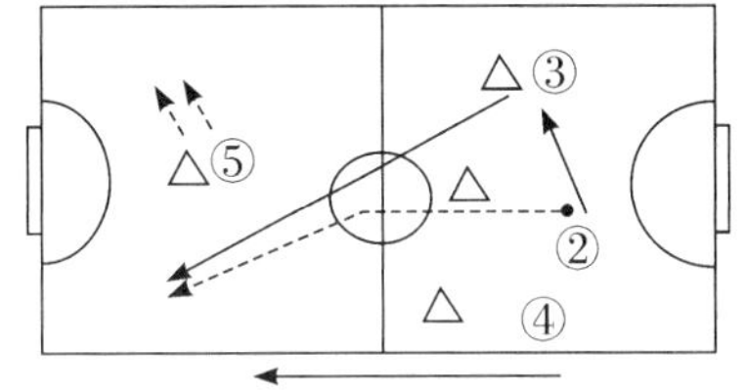

图 9－5　3—1 阵形配合示例 2

2. 2—2 阵形

2—2 阵形是指 2 名后卫和 2 名前锋，这种阵形是室内五人制足球最初始的一种阵形，它强调的是攻守平衡，因为在对方半场有 2 名前锋，对方防守较难关闭中场，向前传球的点也较多，2 名前锋可以通过穿插跑动换位和对角接应打乱对方的防守体系，为后面插上的队员制造射门得分的机会。在 2—2 阵形发动进攻时，人员的站位分布较为平均，所以在每个区域都有一对一的机会，可以通过个人突破来打开对手的防守体系。

2—2 阵形发动进攻时可以利用防守方中路空间相对较大的特点进行配合，前锋进行对角接应，如图 9－6 所示，②号摆脱防守回中路接应，③号将球传给②号后快速插上，②号向侧后方做球，③号拿球后直接射门或传给在第二门柱的⑤号。此时④号应向中路靠近保持攻守平衡；或者当③号将球传给②号后④号在边路快速插上，②号将球传到侧后方，④号接球后直接射门或传球给第二门柱包抄的⑤号。此时③号应向中路靠近保持攻守平衡。

当对手防守关闭中路做得较好时，配合线路也可以如图 9－7 所示，⑤号移动到边路，③号将球从边路传给⑤号，此时②号摆脱防守到中路接球，拿球后可以直接射门，也可以将球回做给⑤号，让⑤号迎上射门或传给快速后插上到第二门柱的④号。此时③号应向中路靠近保持攻守平衡。

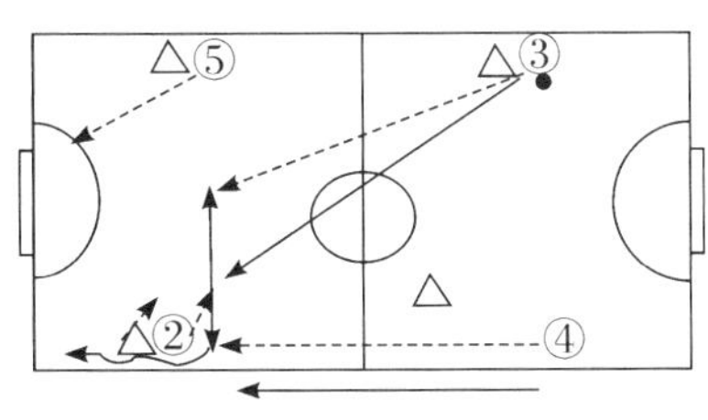

图 9－6　2—2 阵形配合示例 1

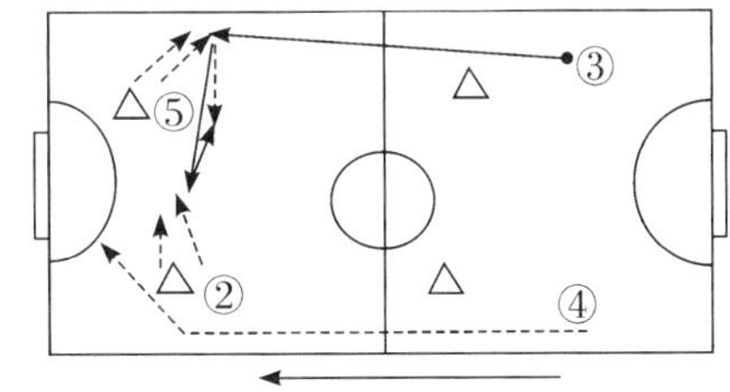

图 9－7　2—2 阵形配合示例 2

3. 2—1—1 阵形

2—1—1 阵形在中场增加 1 名队员，使得整个队伍的攻防层次更加清晰，中场的队员在进攻时能够接应后场队员的传球并给前锋传球，也可以在最短时间内插上接前锋的回传球，防守时又能在中场设立一道屏障。同时，当对手进行全场紧逼防守时，2—1—1 阵形也是一个破紧逼防守较好的阵形，前提是中场队员必须站在边路。

2—1—1 阵形发动进攻时，如图 9－8 所示，如果对手实施紧逼防守，前锋⑤号和中场②号有意将防守队员带到一侧，此时对方后场的另一侧就出现大片空当。同时③号队员拿球进行 1 对 1 的突破，④号在③号进行突破时要注意随时进行中路的保护。

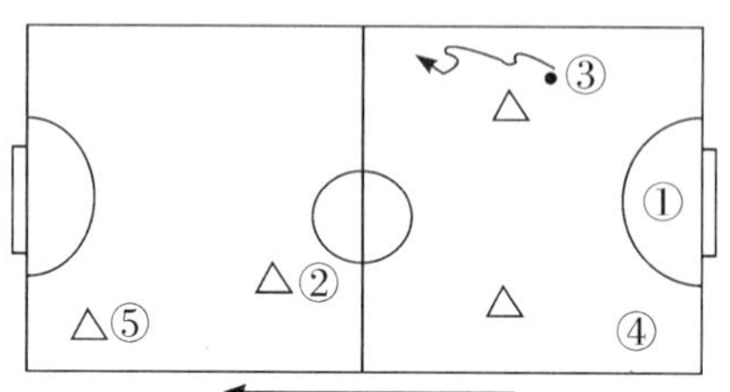

图 9－8　2—1—1 阵形配合示例 1

如图 9－9 所示，前锋⑤号和中场②号同时向边路移动接应④号，④号将球传给前锋⑤号，同时中场②号突然反方向起动摆脱防守队员，⑤号直接将球传给②号，②号拿球射门；或是④号在⑤号和②号移动的同时将球长传给快速插上的③号，突破对手的防线。

如图 9－10 所示，当发球门球时对方全场紧逼，守门员可以直接将球发给插上的③号或④号，也可以将球发给中场回接的②号，让②号将球传给边路插上的③号或④号，突破对手的防线。

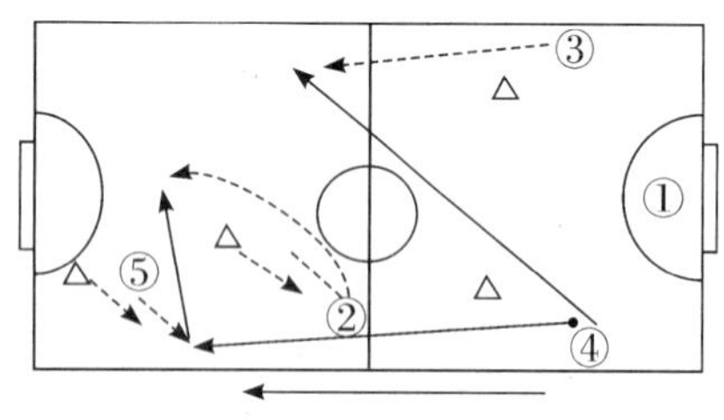

图 9－9　2—1—1 阵形配合示例 2

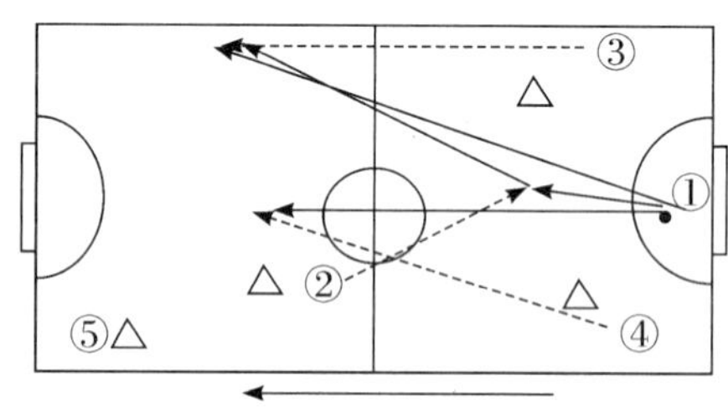

图 9－10　2—1—1 阵形配合示例 3

4．4—0 阵形

在过去，4—0 阵形是在前锋队员受伤时使用。4—0 阵形在欧洲比较流行，由于巴西人在防守时关闭中场的战术一度让欧洲球队不适应，故欧洲球队在 4—0 进攻体系上进行了认真的研究，其目的就是在关闭中场的球员身前或身后再增加一个进攻点，从而打破对方的保护防守，如果守方在防守时对进攻的每一个人进行紧逼防守，那防守方身后就会出现较大的空当。4—0 阵形需要球员不断的跑动和穿插来实现突破，也是一个破对方全场紧逼的理想阵形，现在西班牙队在运用 4—0 阵形时相当熟练。

如图 9－11 所示，②号传球给⑤号后向前插将防守队员带开，然后④号再斜插对方身后，⑤号将球传给④号，或如图 9－12 所示，⑤号和②号交叉跑，向对方身后插，④号将球传到防守队员身后。

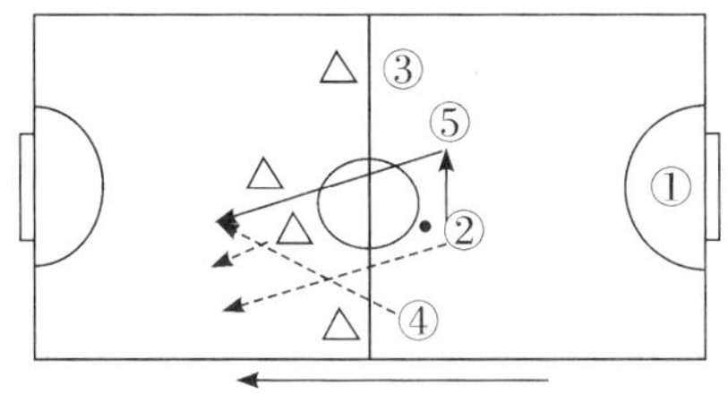

图 8－11　4—0 阵形配合示例 1

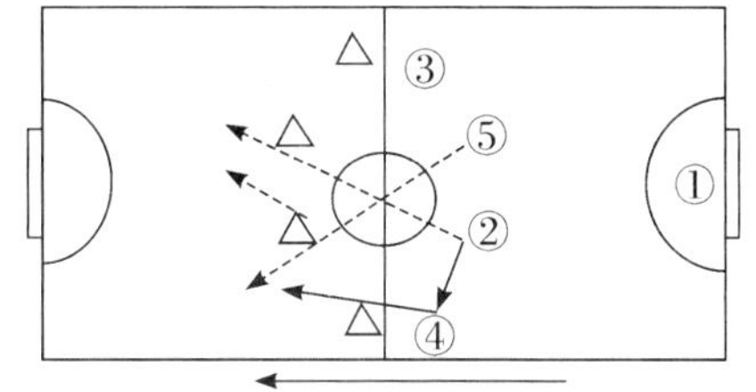

图 8－12　4—0 阵形配合示例 2

5．1—2—2 阵形（五打四）

五打四的情况一般出现在一方比分落后且比赛即将结束时，比分落后一方的守门员通常会在本队进攻时参与进攻（也可以准备一名进攻型球员换下守门员）形成以多打少的局面。这种打法是一种赌博式的打法，虽然在对方的半场形成了人多的局面，但是在本方的球门里已经没有守门员，一旦失误就会给对手射空门的机会。所以在进行五打四要配合熟练，而且不能轻易失误。五打四的站位可以如图 9－13、图 9－14 所示。

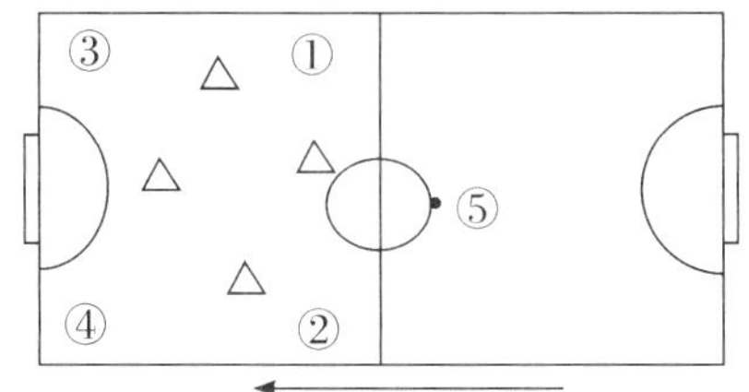

图 9－13　1—2—2 阵形配合示例 1

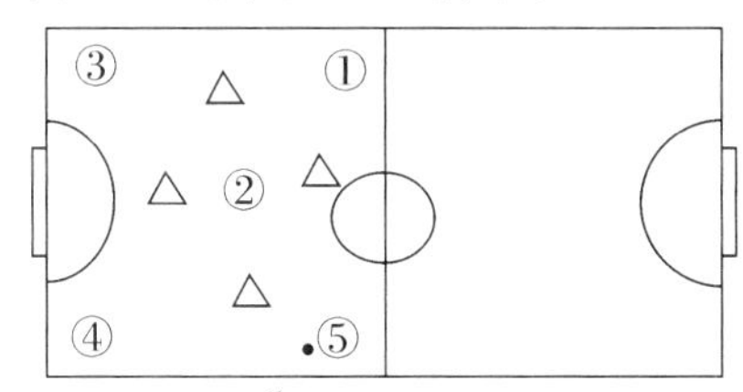

图 9－14　1—2—2 阵形配合示例 2

（二）全队防守战术

在室内五人制足球中的全队防守战术是由一定的比赛战术体系构建而成的。其内容包括人盯人防守、区域防守和混合防守。

人盯人防守是指防守方的每一名球员盯防对方球队的固定球员，这种防守方式令进攻队员很难做到突破、接球、传球和射门，因为他们每一个都在防守队员的盯防当中。目前世界上的一流强队几乎全部都是采用人盯人防守。在五人制足球比赛中，较小的场地和较少的上场队员使人盯人防守更易掌握，而且避免了区域防守中存在的问题，因此被广泛采用。人盯人防守在防守时责任较为明确，可以在不同的场区使用，但是需要每一名防守队员都要有较强的个人防守能力和清晰的头脑，在对方交叉时要提前判断对方的意图，而且要有充沛的体能做保证。室内五人制足球比赛中采用人盯人战术时可以有两种方案：第一种方案是赛前教练员事先决定每个球员盯防什么样的对手（最灵活的球员负责盯防最快的对手）；第二种方案是在比赛过程中防守球员自己选择防守离自己比较近的对手进行盯防。根据不同的战术需要，可以进行全场、2/3场区、半场等不同区域的人盯人防守，在不同区域进行人盯人防守又有不同的要求。

区域防守是每个防守球员负责防守一定的区域。位于某个区域的防守球员要对任何进入本区的对方球员进行盯防，离开这个区域，就不再追踪盯防，其基本注意力主要集中在球上，而不是在具体的对手上，同时在这个区域的防守球员应该根据球和队友的移动经常变换自己的位置。区域防守属于比较节省体能的一种防守战术，但经常会出现盯人不明确，在某个区域里进攻人多打人少的局面，所以在进行区域防守时要求每个球员的防守位置感很好，补防和协防的意识强，不会随意跟随对手的跑动而离开自己的防守区域，而且还能随时对队员的防守区域进行支援。区域防守一般是选择在人少防人多（四打五、三打四）和体能不足的情况下使用。

混合防守是球队在比赛中同时运用人盯人防守和区域防守的战术打法（见图 9－15）。混合防守体系趋于流行的打法是由一个或两个防守球员盯防对方球队中特别突出和有进攻威胁的球员，而对其他的进攻球员则采取区域防守。根据场上的实际情况，在不同的区域里，防守球员可以由人盯人防守转变为区域防守，或者相反。混合防守体系的主要优点是既可以限制对方球队主要队员，又可以使用较小的力量完成防守任务，而且让进攻方无法轻松掌握自己的防守体系，打乱对手的进攻体系。

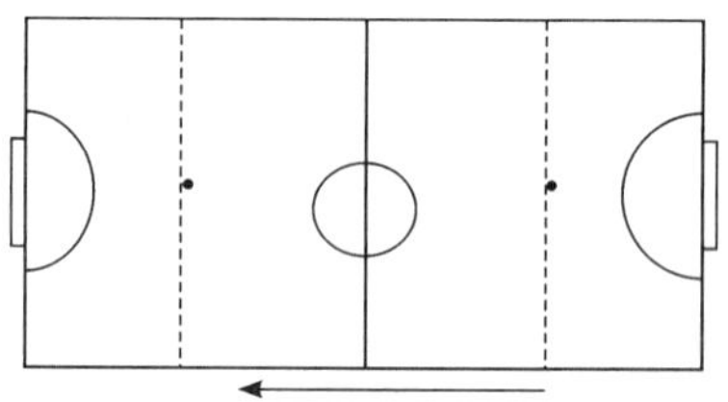

图 9－15　人盯人防守区域示意图

教学篇

第十章

体育学院术科教案（体育教育专业足球普修64学时）

本章是以体育学院体育教育专业足球普修 64 学时教学课为主，将教学内容以教案形式逐课编写，课与课之间的内容衔接较紧密，同时辅以足球技术教学的各种教学步骤，其中理论课教学 10 学时，实践课教学 54 学时。

第 1 次课　足球运动概述（理论讲授）

上课日期：　　　　年　月　日　　　　　授课教师：

<table>
<tr><td>班级</td><td colspan="2"></td><td>第 1 周</td><td rowspan="3">场地器材与媒体</td><td colspan="4" rowspan="3">场地：教室
器材：
媒体：电脑播放、板书</td></tr>
<tr><td rowspan="2">人数</td><td rowspan="2"></td><td>男</td><td rowspan="2">第 1 次课</td></tr>
<tr><td>女</td></tr>
<tr><td>教材内容</td><td colspan="3">理论课：足球运动概述（理论）</td><td>教学任务或教学目标</td><td colspan="4">1. 掌握足球运动的起源与发展
2. 了解中国的足球运动</td></tr>
<tr><td>重点难点</td><td colspan="8">重点在于足球运动的起源与发展；难点在于中国足球运动的起源</td></tr>
<tr><td rowspan="2">教学过程</td><td colspan="3" rowspan="2">教学内容和达成目标</td><td colspan="3">教学组织与方法</td><td colspan="2">练　习</td></tr>
<tr><td>教师教法</td><td colspan="2">学生学法</td><td>次数</td><td>时间/min</td></tr>
<tr><td>基本部分</td><td colspan="3">教学常规
一、足球运动的地位：世界第一运动
二、足球运动的特点
1. 整体性
2. 对抗性
3. 多变性
4. 艰辛性
5. 易行性
三、足球运动的作用
1. 有利于良好的心理品质及思想道德的形成
2. 有利于增强体质、促进健康
3. 有利于精神文明的建设
4. 有利于振奋民族精神
5. 有利于人际交往与国际交往
6. 有利于国家税收
四、中国的古代足球
五、旧中国的足球运动
1. 传入
2. 发展的几个阶段
（1）发展时期
（2）兴盛时期
（3）抗日战争时期
（4）解放战争时期</td><td>引入本节内容
使用电脑播放
1. 提问题，找同学进行回答并示范
（1）引导分析，进行总结评价
（2）黑板板书

2. 提出问题
（1）师生交流，对学生的讨论进行评价总结
（2）在学生回答的基础上对相关问题进行讲解</td><td colspan="2">1. 注意听讲

2. 积极思考并回答问题，注意听教师分析</td><td></td><td>80</td></tr>
</table>

续上表

<table>
<tr><th rowspan="2">教学过程</th><th rowspan="2">教学内容和达成目标</th><th colspan="2">教学组织与方法</th><th colspan="2">练 习</th></tr>
<tr><th>教师教法</th><th>学生学法</th><th>次数</th><th>时间/min</th></tr>
<tr><td>基本部分</td><td>六、中华人民共和国成立后的足球运动
1. 几个发展阶段简况
2. 中国足球协会
七、女子足球运动
1. 国际女子足球运动
（1）国际古代女子足球活动
（2）国际现代女子足球活动
①欧洲女子足球运动
②美洲女子足球运动
③亚洲、非洲、大洋洲女子足球运动
④世界女子足球特点
2. 中国女子足球运动
（1）中国古代女子足球活动
①汉、晋女子足球活动
②唐朝女子足球活动
③宋朝女子足球活动
④元朝女子足球活动
⑤明朝女子足球活动
⑥清朝女子足球活动
（2）旧中国女子足球活动
（3）新中国女子足球活动
八、世界重要足球比赛
九、世界足球运动的发展及趋势
1. 足球流派与特点
2. 足球运动发展趋势</td><td>引入本节内容
使用电脑播放
3. 提问题，找同学进行回答并示范
（1）引导分析，进行总结评价
（2）黑板板书
4. 提问题
（1）师生交流，对学生的讨论进行评价总结
（2）在学生回答的基础上对相关问题进行讲解</td><td>3. 注意听讲
4. 积极思考并回答问题，注意听教师分析</td><td></td><td></td></tr>
<tr><td>作业和参考文献推荐</td><td colspan="5">1. 足球运动的特点与作用是什么？
2. 足球运动发展的趋势是什么？</td></tr>
<tr><td>教学内容总结</td><td colspan="5">通过本节课的学习，学生要掌握足球运动的特点、作用及起源与发展，并通过学习了解中国足球在古代与现代发展的情况，特别是女足运动开展的情况，对足球运动的发展趋势也有一定的了解</td></tr>
<tr><td>课后小结</td><td colspan="5"></td></tr>
</table>

第2次课　脚背正面颠球与脚背外侧运球（练习方法介绍）

上课日期：　　　　年　月　日　　　　　授课教师：

班级			第1周	场地器材与媒体	场地：七人制足球场 器材：足球 媒体：
人数		男	第2次课		
		女			
教材内容	1. 熟悉球性的练习 2. 学习脚背正面颠球 3. 直线运球接力比赛			教学任务或教学目标	1. 熟悉和提高球性 2. 初步了解脚背正面颠球技术 3. 初步了解脚背外侧运球技术 4. 培养吃苦耐劳的精神
重点难点	重点是脚背正面颠球技术的练习；难点在于脚背外侧运球的掌握				

教学过程	教学内容和达成目标	教学组织与方法		练　习	
		教师教法	学生学法	次数	时间/min
准备部分	**一、检查人数，相互介绍，宣布本次课的主要内容** **二、慢跑** **三、徒手体操** （1）伸展运动　（2）腹背运动 （3）转体运动　（4）踢腿运动 （5）正压腿　（6）侧压腿	1. 实习生带队 2. 教师先做示范，后发出口令指挥学生练习	1. 学生成两列横队 2. 成两列纵队绕球场进行 3. 成两列横队体操队形散开，要求动作整齐、协调		5 10
基本部分	**一、熟悉球性的练习** （1）右拉左内推，左拉右内推 （2）右拉左外推，左拉右外推 （3）右外推内扣，左外推内扣 （4）右拉左拨左内推，左拉右拨右内推 （5）两脚交替拉：横拉、后拉 （6）脚底拉球、脚背正面挑球 目标：建立对球的初步感觉 **二、学习脚背正面颠球** 要求：上身放松，做好脚上挑动作 目标：学会脚背正面颠球技术	1. 教师先讲解脚的各部位的名称及球的各部位 （1）教师先示范，讲解后再开始练习 （2）示范时要采用分解动作，让学生先分解练习后整个动作连贯练习 2. 示范，讲解，再示范 （1）全面照顾，重点帮助差的同学 （2）在练习过程中找一两个掌握好的同学示范，提高同学学习的信心	1. 学生成两列横队按体操队形站立 （1）先看示范，然后进行练习 （2）动作要求协调、有节奏，每人一球进行练习 2. 无球的模仿性颠球动作练习 （1）一抛一颠或一抛两颠 （2）单脚连续颠几次后让球落地反弹后再颠		20

续上表

教学过程	教学内容和达成目标	教学组织与方法		练　习	
		教师教法	学生学法	次数	时间/min
基本部分	**三、直线运球接力比赛** 要求：步幅小，重心跟上，推时看球，推后抬头 目标：学会脚背外侧运球技术	3. 教师讲解比赛规则并在一旁做裁判 要求：遵守规则，相互鼓励	（3）两脚连续交替颠 3. 学生分两组进行比赛 规则：一定要绕过标志物后才能返回，交接不限方式，最后一人须将球运回出发点，比3次，胜2次队为胜者。输的一组做10个俯卧撑		20 15
结束部分	1. 放松运动 2. 教师小结	1. 在一旁进行指导 2. 就本次课的情况进行总结	由实习生带领，学生成两列横队		10
作业和参考文献推荐	脚背正面颠球的动作要领是什么？有哪些练习方法？				
病弱处理	在一旁见习、观摩并做好笔记，待身体状态恢复之后，可向掌握较好的学生或教师求学，自觉补上所缺内容。能够进行一般身体素质训练的学生自觉进行一些素质训练，保持身体状态				
课后小结					

【技术练习】

熟悉球性

1. 两脚内侧交替扣球。

2. 右内推右拉，左内推左拉：右内侧推球出去后，右脚掌拉球回来；左内侧推球出去后，左脚掌拉球回来。

3. 右外推右拉，左外推左拉：右外脚背推球出去，右脚掌拉球回来；左外脚背推球出去，左脚掌拉球回来。

4. 右拉左内推，左拉右内推：右脚掌拉球回来，换左脚掌内侧推出去；左脚掌拉球回来，换右脚内侧推出去。

5. 右拉左外推，左拉右外推：右脚掌拉球回来，换左脚外脚背推出去；左脚掌拉球回来，换右脚外脚背推出去。

6. 脚掌拉球，脚背正面上挑球。

7. 右外推，右内扣，左外推，左内扣：右脚脚背外侧推出去，右脚脚背内侧扣回来；左脚脚外侧推出去，左脚脚内侧扣回来。

8. 右拉左拨，左内推，左拉右拨，右内推：右脚掌拉球回来，右脚脚背内侧向左侧脚拨，换左脚内侧推出去；左脚掌拉球回来，左脚脚背内侧向右侧脚拨，换右脚脚内侧推出去。

9. 两脚内侧交替扣球，一脚横跨球转身180°，然后继续交替扣球（右跨左转，左跨右转）。

10. 两脚掌交替拉球（横拉球，向后拉）。

11. 右拉左拨左外推，左拉右拨右外推：右脚掌拉球回来，右脚背内侧向左侧脚拨，换左脚背外侧推球；左脚掌拉球回来，左脚背内侧向右侧脚拨，换右脚背外侧推球。

12. 右外推球，右外脚背外扣转身180°；左外推球，左外脚背外扣转身180°。

13. 右外推球，右脚背正面扣球转身180°；左外推球，左脚背正面扣球转身180°。

14. 右外推球，右脚背内侧扣球转身180°；左外推球，左脚背内侧扣球转身180°。

15. 右外推球，右脚掌踩停转身180°（右转身）；左外推球，左脚掌踩停转身180°（左转身）。

16. 右外推球，右脚掌拉球转身180°；左外推球，左脚掌拉球转身180°。

17. 两脚前后夹球，由后向前上方挑球。

18. 两脚夹球向前上方或向后上方挑球。

19. 右外推，右脚踩滑拨球；左外推，左脚踩滑拨球：右（左）脚背外侧推球后，右（左）脚掌踩球顶部向后拉，当滑至球的后部时再向前拨，与此同时，异侧脚向前跳。

20. 右外推，右脚向左侧脚方向横挑球；左外推，左脚向右侧脚方向横挑球。

第3次课　脚背外侧运球（练习方法介绍）

上课日期：　　　　年　月　日　　　　　授课教师：

<table>
<tr><td>班级</td><td colspan="2"></td><td>第2周</td><td rowspan="3">场地器材与媒体</td><td colspan="3" rowspan="3">场地：七人制足球场
器材：足球
媒体：</td></tr>
<tr><td rowspan="2">人数</td><td rowspan="2"></td><td>男</td><td rowspan="2">第3次课</td></tr>
<tr><td>女</td></tr>
<tr><td>教材内容</td><td colspan="3">1. 熟悉球性和复习脚背正面颠球
2. 学习脚背外侧运球
3. 直线运球接力比赛</td><td>教学任务或教学目标</td><td colspan="3">1. 熟悉和提高球性
2. 进一步掌握脚背正面颠球技术
3. 提高脚背外侧运球技术
4. 培养团结协作的集体主义精神</td></tr>
<tr><td>重点难点</td><td colspan="7">重点是学习脚背外侧运球技术；难点在于脚背外侧运球时身体重心的移动</td></tr>
<tr><td rowspan="2">教学过程</td><td colspan="3" rowspan="2">教学内容和达成目标</td><td colspan="2">教学组织与方法</td><td colspan="2">练　习</td></tr>
<tr><td>教师教法</td><td>学生学法</td><td>次数</td><td>时间/min</td></tr>
<tr><td>准备部分</td><td colspan="3">一、检查人数，宣布本课主要内容

二、准备活动（包括牵拉、协调操、游戏等）
目标：提高协调性，使学生充分热身，并提高学生的兴奋性和积极性</td><td>1. 由班长集队，讲解本次课的主要内容

2. 在准备活动过程中在一旁观看，并用简单的语言对一些不合理的地方进行提示，帮助实习生顺利完成整个准备活动
在整个准备活动完成之后对实习生的实习做一个简单的小结</td><td>学生成两列横队
1. 由实习学生带操，成两列纵队进行练习
2. 要求动作整齐、协调，有节奏感
3. 游戏由实习生独立组织学生完成，要解释清楚游戏内容与规则，并做好组织工作</td><td></td><td>5

10</td></tr>
<tr><td>基本部分</td><td colspan="3">一、熟悉球性的练习
（1）两脚内侧交替扣球
（2）右内推右拉，左内推左拉
（3）右外推右拉，左外推左拉
（4）右拉左内推，左拉右内推
（5）右拉左外推，左拉右外推
（6）两脚交替拉：横拉、后拉</td><td>1. 教师先示范，讲解后再开始练习。示范时要采用分解动作，让学生先分解练习后整个动作连贯练习</td><td>1. 学生成两列横队按体操队形站立
先看示范，然后进行练习，动作要求协调、有节奏</td><td></td><td>10</td></tr>
</table>

续上表

教学过程	教学内容和达成目标	教学组织与方法		练习	
		教师教法	学生学法	次数	时间/min
基本部分	**二、复习脚背正面颠球** 要求：上身放松，做好脚上挑动作 **三、学习脚背外侧运球** （1）直线运球 （2）圆圈运球 要求：步幅小，重心跟上，推时看球，推后抬头 **四、直线运球接力赛** 目标：提高运球技术与集体主义精神	2. 全面照顾，重点帮助差的同学 找一两个掌握好的同学示范，提高学生学习信心 3. 教师先示范，讲解后再开始练习 学生运球时教师应不断提示，注意降低重心和推后抬头 4. 教师讲解比赛规则并在一旁做裁判 要求：遵守规则，相互鼓励	2. 学生每人一球自由颠球，4 人一组，每人间距 1 米，一组运球后，另一组再运 （1）由单足运球过渡到两足交替运球、三步一推到一步一推 （2）圆圈运球顺时针方向用左足，反时针方向用右足 3. 掌握较好时让其自由运球 4. 学生分两组进行比赛 规则：一定要绕过标志物后才能返回，交接不限方式，最后一人须将球运回出发点，比 3 次，胜 2 次队为胜者。输的一组做 10 个俯卧撑		15 15 15
结束部分	**一、放松运动** **二、教师小结**	1. 让实习学生带操 2. 就本次课的情况进行总结，特别是比赛中的情况，对表现较好的同学给予表扬	1. 实习学生组织大家进行 2. 学生成两列横队认真听讲		10
作业和参考文献推荐	何为运球？试述脚背外侧运球动作要领？				
病弱处理	在一旁见习、观摩并做好笔记，待身体状态恢复之后，可向掌握较好的学生或教师求学，自觉补上所缺内容。能够进行一般身体素质训练的学生自觉进行一些素质训练，保持身体状态				
课后小结					

第4次课　脚背正面、脚外侧和内侧运球

上课日期：　　　　年　月　日　　　　授课教师：

班级			第2周	场地器材与媒体	场地：七人制足球场 器材：足球 媒体：
人数		男	第4次课		
		女			
教材内容	1. 复习脚背外侧运球 2. 学习脚背内侧运球 3. 介绍脚背正面、脚内侧运球 4. 运球绕杆接力比赛			教学任务或教学目标	1. 让学生掌握各种运球方法 2. 了解脚背正面、脚内侧运球技术 3. 培养团结协作的集体主义精神
重点难点	重点是学习脚背内侧运球；难点是脚背外侧、脚背内侧交替运球				

教学过程	教学内容和达成目标	教学组织与方法		练习	
		教师教法	学生学法	次数	时间
准备部分	**一、检查人数，宣布内容** **二、各种起动练习** （1）慢跑200米 （2）小步跑后起动 （3）高抬腿后起动 （4）后踢腿后起动 （5）跑动中听哨声急停转身跑 **三、复习颠球** 要求：动作正确放松，注意触球动作 目标：巩固脚背正面颠球技术	1. 由值日生集队，讲解本次课的主要内容 2. 教师给出哨声作为信号 应注意练习过程中出现的错误动作，及时给予提示并改正 3. 教师重点辅导基础差的同学	1. 学生成两列横队 2. 成两列纵队绕1/4球场进行 学生4人一组进行起动练习，每一种起动跑均跑出20米，每种跑两次。要求全力作起动，步幅要小，频率要快 3. 每人一球进行练习，自由颠，力求打破本人的最高次数		2 8 5
基本部分	**一、复习脚背外侧运球** （1）直线运球 （2）圆圈运球 要求：步幅小，重心跟上，推时看球，推后抬头 **二、介绍脚背正面、脚内侧运球技术** 目标：了解脚背正面、脚内侧运球技术	1. 学生运球时教师应不断提示，注意降低重心和推后抬头 2. 教师讲解示范。教师先示范，讲解后再开始练习	1. 学生每人一球，4人一组，每人间距1米，一组运球后，另一组再运 （1）由单足运球过渡到两足交替运球，三步一推到一步一推 （2）圆圈运球顺时针方向用左足，反时针方向用右足 2. 掌握较好时让其自由运球		15 20

续上表

教学过程	教学内容和达成目标	教学组织与方法		练习	
		教师教法	学生学法	次数	时间/min
基本部分	**三、学习脚背内侧运球** 目标：提高运球技术与集体主义精神 要求：支撑脚踏准，步幅小，推后抬头 **四、运球绕杆接力赛**	3. 教师讲解比赛规则并在一旁做裁判 4. 要求：遵守规则，相互鼓励	3. 学生每人一球，4 人一组，每人间距 1 米，一组运球后，另一组再运。主要是让学生对这两种技术有所了解，不做太多要求 4. 每人一球，分 4 人一组进行练习： （1）斜线走运 30 米 ×6 次（1 次右脚，1 次左脚） （2）由慢跑运球到快速运球，方法同上 （3）绕障碍运球（标杆距离 3 米）分三组，每组 4 支杆，如下图： （4）学生分两组进行比赛。规则：不能漏杆，交接不限方式，最后一人须将球运回出发点，比 3 次，胜 2 次队为胜者。输的一组做 10 个俯卧撑		20
结束部分	**一、放松运动** **二、教师小结**	1. 让实习学生带操 2. 就本次课的情况进行总结，特别是比赛中的情况，对表现较好的同学给予表扬	1. 实习学生组织大家进行 2. 学生成两列横队认真听讲		10
作业和参考文献推荐	脚背内侧运球的动作要领是什么？与脚背外侧运球的主要区别是什么？				
病弱处理	在一旁见习、观摩并做好笔记，待身体状态恢复之后，可向掌握较好的学生或教师求学，自觉补上所缺内容。能够进行一般身体素质训练的学生自觉进行一些素质训练，保持身体状态				
课后小结					

【技术练习】

运球的方法

1. 走和慢跑中用单脚与两脚交替运球。由三步一触球，过渡到一步一触球。

2. 直线运球。队员分成两组成一列纵队，相距20米面对站立。每人一球运球到对面，交给对方。应互相观察，也可互相提醒，改正错误动作。

3. 斜线运球。在场地上布置不同角度的障碍物（见图10－1）。队员每人一球，成纵队站于线后，逐个运球绕过障碍物后，从旁直线运球返回。

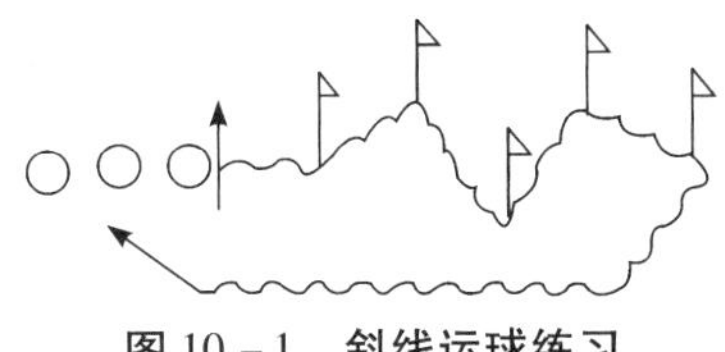

图10－1 斜线运球练习

4. 沿中圈运球。队员每人一球，站于圈外，成纵队按同一方向沿着中圈运球。运球时，可规定用一种脚法运，如：顺时针方向时，用左脚的脚背外侧或左脚的脚背内侧运，也可在练习过程中，根据哨声或教师的手势进行扣球或拉球转身运球。

5. 中圈内变向与闪躲运球。队员分成两组，一组每人一球，一组分散站在圈内或自由走动，运球人运球时，要闪开站立或走动的人。亦可每人一球，在圈内运球进行变向与闪躲的运球。

6. “8”字运球。每人一球（或两人一球，一人运球一人观察，定时交换），自己选择场地做“8”字运球。

7. 跟踪运球。两人一组，一人在前做变向与变速跑运，一人运球跟踪（也可一人一球）。

8. 绕障碍运球。学生站成纵队，一人一球，逐个运球绕过障碍物后，直线运球返回。（障碍物排成直线，每一障碍物之间的距离，可由4米逐步缩小至2米，可设5个或8个障碍）

9. 根据学生人数的多少，在1/2或1/4场地内，按教师的手势或信号进行变向或变速运球。

10. 个人在练习运球中因没有对手抢球，可做拨、拉、扣的运球练习。

11. 学生每人一球，成两路纵队，一路在标杆前，一路在教师前，进行运球过杆（过人）的练习，也可结合过杆（过人）后射门或传球，然后交换位置练习。

12. 两人一组做一过一练习。运球人设法超过防守者。防守者开始可消极防守，逐步过渡到积极抢球。

13. 学生每人一球，于中圈内外听教师哨声做集中与分散运球练习。

第5次课　脚内侧接、踢地滚球（练习方法介绍）

上课日期：　　　　年　月　日　　　　　授课教师：

班级			第3周	场地器材与媒体	场地：七人制足球场 器材：足球 媒体：
人数		男	第5次课		
		女			
教材内容	1. 复习脚背内、外侧运球 2. 学习脚内侧接、踢地滚球			教学任务或教学目标	1. 让学生掌握各种运球方法 2. 让学生初步掌握脚内侧踢地滚球技术 3. 培养学生吃苦耐劳的精神
重点难点	重点是脚内侧接、踢地滚球的练习；难点是脚内侧踢地滚球时的支撑脚站立				

教学过程	教学内容和达成目标	教学组织与方法		练习	
		教师教法	学生学法	次数	时间/min
准备部分	**一、检查人数，宣布本课主要内容** **二、准备活动（包括牵拉、协调操、游戏等）** 目标：提高协调性，使学生充分热身，并提高学生的兴奋性和积极性	1. 由值日生集队，讲解本次课的主要内容 2. 在准备活动过程中在一旁观看，并用简单的语言对一些不合理的地方进行提示，帮助实习生顺利完成整个准备活动 在整个准备活动完成之后对实习生的实习做一个简单的小结。学生成两列横队	1. 学生成两列横队 2. 由实习学生带操，成两列纵队进行练习。要求动作整齐、协调，有节奏感 游戏由实习生独立组织学生完成，要解释清楚游戏内容与规则，并组织好学生进行		5 10
基本部分	**一、复习颠球** 目标：巩固脚背正面颠球技术 **二、复习脚背内、外侧运球**	1. 教师重点辅导基础差的同学 要求：颠球时动作正确放松，注意触球的用力部位与动作 2. 学生运球时教师应不断提示，注意降低重心和推后抬头	1. 每人一球进行练习，自由颠，力求打破本人的最高次数 2. 学生每人一球，4人一组，每人间距1米，一组运球后，另一组再运 （1）圆圈运球顺时针方向用左足，反时针方向用右足 （2）掌握较好时让其自由运球		10 10

续上表

教学过程	教学内容和达成目标	教学组织与方法		练习	
		教师教法	学生学法	次数	时间/min
基本部分	**三、学习脚内侧接地滚球** 目标：初步掌握脚内侧接地滚球的技术 **四、学习脚内侧踢地滚球** 目标：初步掌握脚内侧踢地滚球技术	3. 首先介绍接球意义、作用和要领，教师在两列队伍之间进行示范讲解 要求：动作正确放松，做好前迎后撤动作 4. 教师在两列队伍之间进行示范讲解，包括讲解踢球的意义，踢球的5个环节、动作要领与作用 要求：支撑脚踏位准确，踢球的脚型正确，动作协调	3. 原地与上前一步做前迎后撤的模仿练习 （1）两人一组一球练习，相距5米，一人正面以手滚球，一人练习接球，互相练习 （2）同上练习，向两侧滚球 4. 原地与上前一步模仿练习 （1）一人踩球，一人做原地与上一步的触球练习（互换） （2）两人一组，相距8米，进行传接练习 5. 6人或8人一组做传球后反跑与前跑的练习，如图： × × × ——→ × × × × × × ——→ × × ×		20 20
结束部分	**一、放松运动** **二、教师小结**	1. 让实习学生带操 2. 就本次课的情况进行总结，特别是比赛中的情况，对表现较好的同学给予表扬	1. 实习学生组织大家进行 2. 学生成两列横队认真听讲		5
作业和参考文献推荐	1. 何为踢球？踢球动作主要由哪几个环节组成？ 2. 试述脚内侧踢球的动作要领				
病弱处理	在一旁见习、观摩并做好笔记，待身体状态恢复之后，可向掌握较好的学生或教师求学，自觉补上所缺内容。能够进行一般身体素质训练的学生自觉进行一些素质训练，保持身体状态				
课后小结					

第6次课　脚内侧踢、接反弹球、空中球（练习方法介绍）

上课日期：　　　　年　月　日　　　　　授课教师：

<table>
<tr><td>班级</td><td colspan="2"></td><td>第3周</td><td rowspan="3">场地器材与媒体</td><td rowspan="3">场地：七人制足球场
器材：足球
媒体：</td></tr>
<tr><td rowspan="2">人数</td><td rowspan="2"></td><td>男</td><td rowspan="2">第6次课</td></tr>
<tr><td>女</td></tr>
<tr><td>教材内容</td><td colspan="3">1. 复习脚内侧接、踢地滚球
2. 学习脚内侧踢、接反弹球、空中球
3. 一对三抢截球</td><td>教学任务或教学目标</td><td>1. 让学生进一步掌握脚内侧踢地滚球技术
2. 初步掌握脚内侧踢、接反弹球、空中球技术
3. 提高传接球技术运用能力
4. 培养团结协作的集体主义精神</td></tr>
<tr><td>重点难点</td><td colspan="5">重点是脚内侧踢、接反弹球、空中球；难点是判断好球的落点与掌握好踢球时机</td></tr>
</table>

<table>
<tr><td rowspan="2">教学过程</td><td rowspan="2">教学内容和达成目标</td><td colspan="2">教学组织与方法</td><td colspan="2">练　习</td></tr>
<tr><td>教师教法</td><td>学生学法</td><td>次数</td><td>时间/min</td></tr>
<tr><td>准备部分</td><td>一、检查人数，宣布内容
二、用两脚进行各种推、拉、扣的练习
三、复习运球
（1）直线与曲线
（2）变向与变速
目标：巩固运球技术
四、复习颠球
目标：巩固脚背正面颠球技术。</td><td>1. 应注意练习过程中出现的错误动作，及时提示并改正

2. 由教师以哨声指挥练习
3. 教师不断提示抬头观察

4. 教师重点辅导基础差的同学
要求：动作正确放松，注意触球动作</td><td>1. 学生成两列横队

2. 两列横队成体操队形散开，每人一球进行练习

3. 一人一球进行练习
要求：控制好自己的球，运球时抬头观察

4. 每人一球进行练习，自由颠，力求打破本人的最高次数</td><td></td><td>2

10

8</td></tr>
</table>

续上表

教学过程	教学内容和达成目标	教学组织与方法		练　习	
		教师教法	学生学法	次数	时间/min
基本部分	**一、复习脚内侧传、接地滚球** 目标：提高和巩固脚内侧传、接地滚球技术 **二、学习脚内侧踢、接反弹球与空中球** 目标：初步掌握脚内侧踢、接反弹球与空中球的技术 **三、一对三抢截球** 目标：提高运用传接球技术的能力与团结协作的精神	1. 教师讲解示范，应注意练习过程中出现的错误动作，及时给予提示并督促改正 要求：接球与传球衔接好，传准，力量恰当 2. 成两列横队面对距离8米，两人一组传、接球： （1）教师在两列队伍之间进行示范讲解 （2）用语言指导学生，对表现好的学生进行表扬，增强学生的自信心 3. 这一练习关键在于判断球的落点，强调踢接球的时机，并注意正确的脚形 （1）教师在旁进行指导，对表现好的学生进行表扬，错误的进行纠正 （2）传球人大胆控球、传准；抢球人应积极进行封抢	1. 成两列横队面对距离8米，两人一组传、接球： （1）先练接球后传球 （2）直接传球 （3）两人直跑斜传球 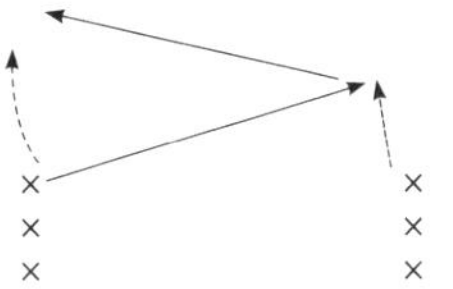 2. 原地做模仿练习（先练接反弹球后练接空中球） （1）自抛自接反弹球 （2）两人一组，一人抛球，一人练接球（先练习接反弹球后练习接空中球） （3）两人一组一球，相距8米，先练习自抛自踢反弹球与空中球，后练一抛一踢 3. 4人一组，场地约为10×10米，一人抢球，传球人不固定位置，不限接触次数，抢球人触球后即与失误人交换位置，传球人能连续传球10次，则抢球人要做5个俯卧撑		15 20 15
结束部分	**一、放松运动** **二、教师小结**	1. 让实习学生带操 2. 就本次课的情况进行总结，特别是比赛中的情况，对表现较好的同学给予表扬	1. 实习学生组织大家进行 2. 学生成两列横队认真听讲		10
作业和参考文献推荐	何为接球？要接好球应注意哪几个环节？				
病弱处理	在一旁见习、观摩并做好笔记，待身体状态恢复之后，可向掌握较好的学生或教师求学，自觉补上所缺内容。能够进行一般身体素质训练的学生自觉进行一些素质训练，保持身体状态				
课后小结					

【技术练习】

各种踢球的练习方法与步骤

在踢球技术教学和训练过程中，要明确踢球技术是传球和射门的技术基础，在比赛中它主要是用于传球和射门。因此在开始学习各种踢球动作时，就应结合传球、射门的各种练习形式进行。但对初学者或球员在改进某个动作的过程中，也可根据具体情况，有时采用一些分解的或与传球、射门方式无直接关系的练习方式。

1. 原地做模仿踢球练习前跨一步的模仿踢球练习；做助跑的模仿踢球练习。

2. 一人踩球，另一人做原地、跨一步与助跑踢球练习。主要体会支撑脚的踏位、摆腿与触球的动作。

3. 练习原地和边走边踢手提网袋里的球。

4. 练习对足球挡墙踢球。开始距离短些，力量小些。然后逐渐加长距离和加大力量。

5. 两人一球，相距 5 ~ 8 米（距离可根据需要与学生水平而定）练习定位对传。在学生有一定的基础后，中间可设栏架来进行对传练习。

6. 两人一球，相距 8 ~ 10 米，一人传球，一人接球。传球者可向接球者的前、后、左、右传球，接球者将球回传给传球者。

7. 两人一球，相距 5 ~ 8 米，原地或跑动中一人抛出地滚球、空中球，一人踢地滚、反弹与空中球。

8. 两人一球，由北向南（或由西向东），两人相距 8 ~ 10 米做短传练习。由南向北（或由东向西），两人相距 20 ~ 25 米做长传练习。

9. 两人一球，面对站立相距 5 ~ 8 米。一人向后运球 3 ~ 5 米，做转身传球，然后返回原地接球，接球者做与传球人同样的练习（见图 10 - 2）。

10. 两人一组，做跑动中的传球练习。

（1）直跑、斜传：距离与触球次数可根据学生水平与需要而定（见图 10 - 3）。

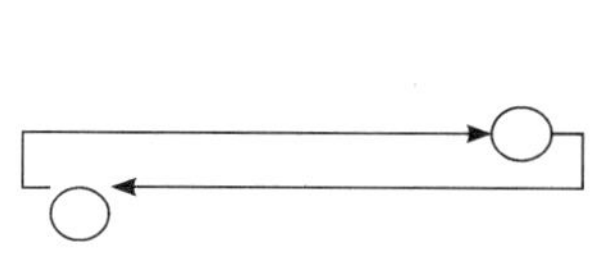

图 10 - 2　两人传、接球

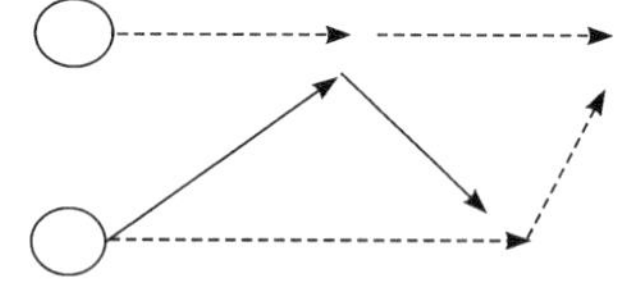

图 10 - 3　直跑、斜传

（2）横、直传球（见图 10 - 4）。

（3）斜传、横传（见图 10 - 5）。

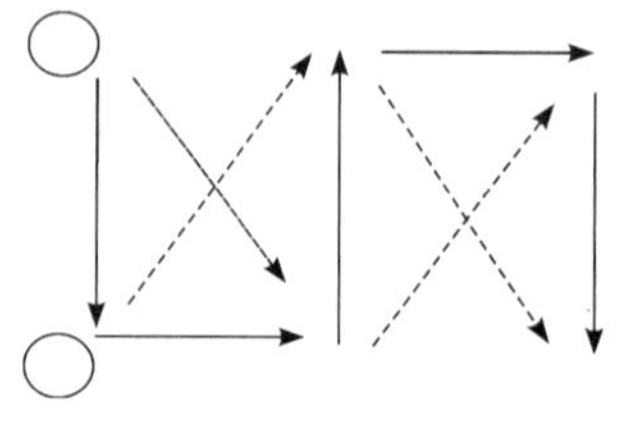

图 10 - 4　横、直传球

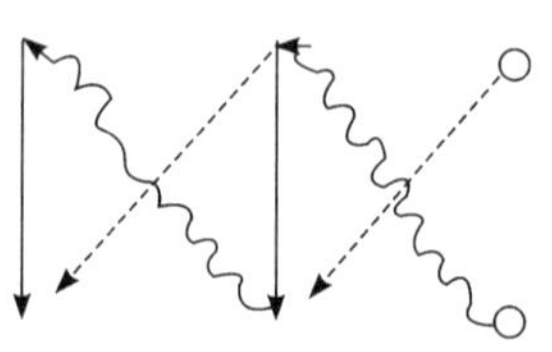

图 10 - 5　斜传、横传

11. 三人三球传球练习。

（1）三人成等边三角形站立，原地或移动中进行传球练习。距离与触球次数可根据学生水平与需要而定。

（2）三人跑动换位传球（见图10－6）：①传给③后，快速跑至③位置，③接球后传给②，即跑至②位置，②得球后传给①，如此反复练习。

（3）三人直跑斜传练习（见图10－7）。

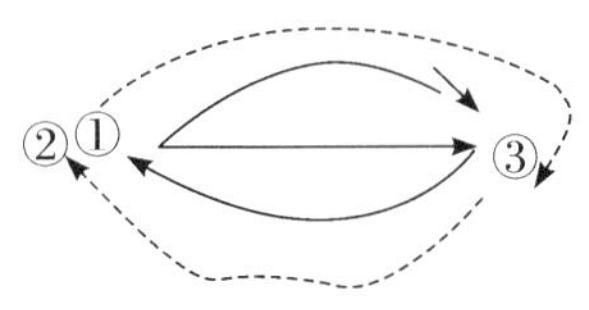

图10－6 三人跑动换位传球

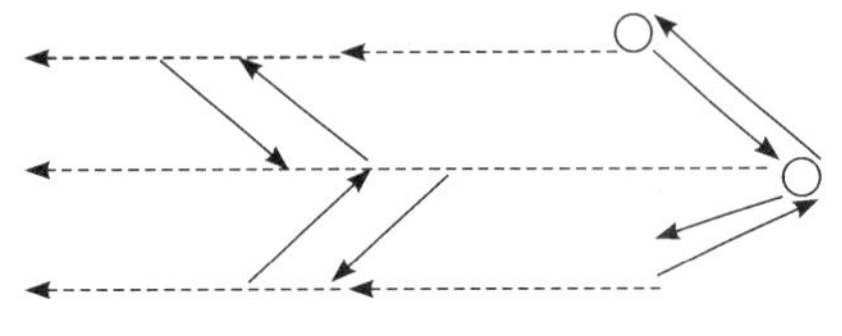

图10－7 三人直跑斜传

（4）三人交叉换位传球（见图10－8）。

12. 四角传球练习（见图10－9）。用两个球同时进行。四组各有一球同时进行。

可根据学生水平与需要规定触球次数，或规定长传要传出空中球，接传者可用头顶回传，或接球后回传。

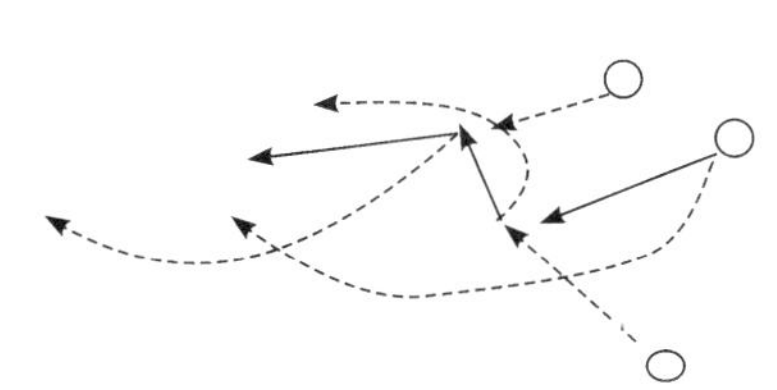

图10－8 三人交叉换位传球

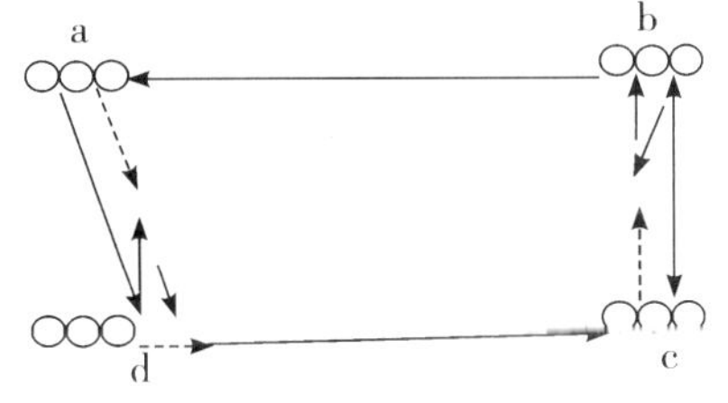

图10－9 四角传球

第7次课 运球突破，正、侧面抢截球

上课日期： 年 月 日 授课教师：

<table>
<tr><td>班级</td><td colspan="2"></td><td>第4周</td><td rowspan="3">场地器材与媒体</td><td rowspan="3">场地：七人制足球场
器材：足球
媒体：</td></tr>
<tr><td rowspan="2">人数</td><td rowspan="2"></td><td>男</td><td rowspan="2">第7次课</td></tr>
<tr><td>女</td></tr>
<tr><td>教材内容</td><td colspan="3">1. 复习脚内侧踢、接球技术
2. 学习运球突破技术
3. 学习正面抢截球
4. 小场地比赛</td><td>教学任务或教学目标</td><td>1. 掌握脚内侧踢、接球技术
2. 了解和学习运球突破技术
3. 了解和掌握抢截球的技术
4. 培养顽强的比赛作风与团结协作的集体主义精神</td></tr>
<tr><td>重点
难点</td><td colspan="5">重点是运球突破技术的练习；难点是正面抢截球的练习</td></tr>
</table>

续上表

教学过程	教学内容和达成目标	教学组织与方法		练习	
		教师教法	学生学法	次数	时间/min
准备部分	**一、检查人数，宣布内容** **二、运球200米** **三、圆圈绕8字运球** **四、复习颠球** 要求：动作正确放松，注意触球动作，两脚交替 目标：巩固脚背正面颠球技术	1. 教师给出哨声作为信号 2. 应注意练习过程中出现的错误动作，及时给予提示并改正 3. 教师注意重点辅导基础差的同学	1. 学生成两列横队 2. 学生成一路纵队，每人一球进行练习 3. 成两路纵队，绕1/4球场进行练习 4. 自定场地，自己计算次数		5
基本部分	**一、复习脚内侧传、接地滚球** 目标：提高脚内侧传、接地滚球 **二、学习运球突破（左晃右拨与右晃左拨）** 作用与要领，并介绍假动作的意义与作用 目标：让学生掌握假动作突破的技术 **三、学习正面抢截球技术** 作用与要领 目标：掌握正面抢截球技术 **四、三人制小场地比赛** 目标：培养在实际比赛中运用已学技术的能力	1. 应注意练习过程中出现的错误动作，及时给予提示并改正 要求：接球与传球衔接好，传准，力量恰当 2. 教师在队伍中间示范、讲解 （1）用哨声指挥学生练习，对练习中出现的错误给予及时的提示 （2）要求：控好球，大胆做动作，体会动作距离与时机，保护好球，重心要低 3. 教师在旁边进行观察指导，对出现的问题进行指点改正，并对表现好的学生进行鼓励 要求：大胆运用已学过的技术，不设守门员，不得用手触球 4. 教师在队伍中间示范、讲解 （1）要求：重心及时移到抢球脚上，踝关节紧张、用力，掌握好抢截时机，抢截后支持脚应迅速跟上 （2）练习前先解决学生思想顾虑，使其大胆进行练习 （3）做完练习后可安排一两个做得好的学生示范，以鼓励其他学生 （4）注意提示碰脚后推拨球的方法	1. 成两列横队面对距离8米，两人一组传、接球： （1）先练接球后传球 （2）直接传球 （3）两人直跑斜传球 2. 听哨声在球前做分解模仿动作，然后做连贯练习 （1）两人一组一球轮换练习（消极防守） （2）一人一球进行练习，如图： 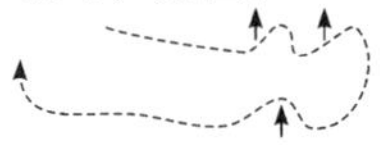 （3）两人一球进行练习 3. 两人一组中间放球，每人距球一步，听教师哨声一起上步练习抢球动作 （1）同上，距离加至6～8米 （2）两人相距10米，一人向前直线运球，另一个人做正面抢截球练习 全班分成四队，用两个1/4场地进行。球门用标志筒代替，球门宽1.5米		20 20 25

续上表

教学过程	教学内容和达成目标	教学组织与方法		练习	
		教师教法	学生学法	次数	时间/min
结束部分	**一、放松运动** **二、教师小结**	1. 让实习学生带操 2. 就本次课的情况进行总结，特别是比赛中的情况，对表现较好的同学给予表扬	1. 实习学生组织大家进行 2. 学生成两列横队认真听讲		10
作业和参考文献推荐	1. 运球突破需要注意哪几个因素？ 2. 对抢截球技术有什么要求？				
病弱处理	在一旁见习、观摩并做好笔记，待身体状态恢复之后，可向掌握较好的学生或教师求学，自觉补上所缺内容。能够进行一般身体素质训练的学生自觉进行一些素质训练，保持身体状态				
课后小结					

【技术练习】

运球突破方法

1. 跑动中向左、右晃体。
2. 向左（右）侧虚晃，突然向右（左）侧跑。
3. 突然改变速度、改变方向地跑。
4. 拨、拉、扣球等动作练习。
5. 在跑动中运球做假动作练习。
6. 做虚向左（右）而实向右（左）突然加速运球的动作。
7. 运球中做假停动作。
8. 两人一组做一对一练习（防守者由消极过渡到积极）。
9. 两人一组，由教练抛球后争抢，夺到球者进攻，另一方做防守，突破后射门（抢到球者，也可射门）。

第8次课　足球运动的规则与裁判法一（理论讲授）

上课日期：　　　　年　月　日　　　　　授课教师：

班级			第4周	场地器材与媒体	场地：教室 器材： 媒体：电脑、投影仪
人数		男	第8次课		
		女			
教材内容	理论课：规则与裁判法（理论）			教学任务或教学目标	了解与掌握足球运动的规则
重点难点	重点是足球运动的规则；难点是越位的判罚				

续上表

教学过程	教学内容和达成目标	教学组织与方法		练　习	
		教师教法	学生学法	次数	时间/min
基本部分	**一、学习足球规则的意义及基本精神** 1. 学习足球规则的意义 2. 足球规则的基本精神 **二、主要规则分析** 1. 场地各线、区、点、圈、弧的作用 （1）三线：边线、中场线、球门线（含两球门立柱间门线） （2）三区：球门区、罚球区、角球区 （3）两点：中点、罚球点 （4）一弧：罚球弧 （5）一圈：中圈 2. 队员 3. 比赛时间 4. 比赛进行及死球 5. 胜球计分 6. 越位 越位的概念：凡队员较球更接近于对方端线者，即为处于越位位置，但下列情况除外： ①该队员在他的本方半场内 ②至少有对方队员两人较其更接近于对方的球门线（包括与倒数第二名防守队员平行） 7. 犯规与不正当行为 （1）直接任意球 （2）间接任意球 （3）警告（黄牌） （4）罚令出场取消比赛资格（红牌） 8. 点球 队员在本方罚球区内被判罚“直接任意球”时均罚“点球” 9. 掷界外球	引入本节内容，使用电脑播放 1. 提问题，找学生回答并示范 2. 引出例题，让学生进行现场分析 3. 多举几个事例，让学生能够理论联系实际地学习本课内容	注意听讲 1. 积极思考并回答问题，注意听教师分析 2. 认真听讲，做好笔记 3. 回答问题，积极思考		80

续上表

作业和参考文献推荐	1. 什么是越位？怎样判罚越位？ 2. 如何进行黄牌警告？
教学内容总结	通过本节课的学习，学生了解和掌握了足球比赛的规则，了解规则的基本精神，掌握作为一名足球裁判员在比赛中如何对比赛中的各种情况进行判罚
课后小结	

第9次课　足球运动的规则与裁判法二（理论讲授）

上课日期：　　　年　月　日　　　　授课教师：

班级			第5周	场地器材与媒体		场地：教室 器材： 媒体：电脑、投影仪
人数		男	第9次课			
		女				
教材内容	理论课：规则与裁判法（理论）			教学任务或教学目标		了解与掌握足球运动的规则
重点难点	重点是足球运动的裁判法；难点是裁判员如何组织一场足球比赛					

教学过程	教学内容和达成目标	教学组织与方法		练　习	
		教师教法	学生学法	次数	时间/min
基本部分	教学常规 **一、裁判法** 1. 裁判员的职责与分工 （1）裁判员共有12点要求 （2）助理裁判员 （3）第四官员 2. 裁判员与助理裁判员的活动路线、范围与配合 3. 裁判员的哨声手势和助理裁判员的旗示 **二、裁判员如何组织一场足球比赛** **三、场地与其他规则介绍** 1. 十一人制场地 2. 七人制小型足球规则简介 （1）七人制小型足球场地设施 （2）七人制小型足球规则要点	引入本节内容，使用电脑播放 1. 提问题，找学生进行回答并示范 2. 引出例题，让学生进行现场分析	注意听讲 1. 积极思考问题并回答，注意听教师分析 2. 认真听讲，做好课堂笔记		80

续上表

教学过程	教学内容和达成目标	教学组织与方法		练习	
		教师教法	学生学法	次数	时间/min
基本部分	①比赛场地 ②比赛时间 ③比赛人数 ④比赛用球 ⑤点球决胜负方法 3. 五人制小型足球规则简介 (1) 五人制小型足球球场设施 (2) 五人制小型足球规则要点	(1) 提问题，让学生积极思考后回答 (2) 对学生的回答进行总结 3. 直接介绍，然后让学生对不同的规则进行比较讨论 师生交流，对学生的讨论进行评价总结	3. 师生交流		

作业和参考文献推荐	1. 什么是越位？怎样判罚越位？ 2. 足球裁判员应如何组织一场足球比赛？
教学内容总结	通过本节课的学习，学生了解和掌握了足球的裁判法，掌握了作为一名足球裁判应该如何组织一场足球比赛以及裁判员和助理裁判员在比赛中如何配合，同时也对其他小型足球比赛的规则有了一定的了解
课后小结	

第 10 次课　脚背内侧踢定位球（练习方法介绍）

上课日期：　　　年　月　日　　　　授课教师：

班级			第 5 周	场地器材与媒体	场地：七人制足球场 器材：足球 媒体：
人数		男	第 10 次课		
		女			
教材内容	1. 复习运球突破技术 2. 学习脚背内侧踢定位球 3. 二抢五练习			教学任务或教学目标	1. 掌握运球突破技术 2. 了解和掌握脚背内侧踢定位球技术 3. 提高传接球技术的运用能力 4. 培养吃苦耐劳和团结协作的精神
重点难点	重点是脚背内侧踢定位球技术的练习；难点是脚背内侧踢定位球时脚形				

续上表

教学过程	教学内容和达成目标	教学组织与方法		练　习	
		教师教法	学生学法	次数	时间/min
准备部分	**一、检查人数，宣布内容** **二、运球200米** **三、圆圈绕8字运球** **四、三人原地成三角形传球练习**	1. 教师示范讲解 2. 应注意练习过程中出现的错误动作，及时给予提示并督促改正 3. 教师注意重点辅导基础差的同学 4. 要求：传球准确，脚形正确	1. 学生成两列横队 2. 学生成一路纵队进行练习 3. 每人一球分散练习，两脚交替运球 4. 如图练习： （1）先练习一停一传 （2）然后练习连续传球 10米		10
基本部分	**一、复习运球突破与抢截球技术** 目标：掌握和提高运球突破和抢截球技术 **二、学习脚背内侧踢定位球技术** 讲解作用和要领 目标：掌握脚背内侧踢球技术 **三、二抢五练习** 目标：提高传接球的能力	1. 教师用语言指挥练习应注意练习过程中出现的错误动作，及时给予提示并督促改正，对表现好的学生给予鼓励 要求：面对面进行，看准时机全力以赴 2. 教师讲解、示范、再讲解，再示范 应注意练习过程中出现的错误动作，及时给予提示并督促改正，对表现好的学生给予鼓励 要求：做踢踩球练习时，强调体会动作，控制力量避免受伤。示范讲解前，可提问学生，让学生集中注意力看示范，听讲解 3. 用语言指导学生，应注意练习过程中出现的错误动作，及时给予提示并督促改正，对表现好的学生给予鼓励 要求：传球者传好球，接应者积极跑动接应，抢球者大胆抢截	1. 两人一组进行练习，突破成功得2分，抢球成功得1分，轮换进行，每人做5次突破，5次防守，看谁得分较多 两人一球从中场开始，一人运突，一人防守，防守者抢到球后变成进攻者，失球者立即防守，看谁最后射门结束。强调过人之后才能射门 2. 模仿练习：学生成两列横队，做向前跨一步踢球模仿练习 （1）踢踩球练习：一人踩球，另一人做踢球练习，两人交换进行 （2）踢地滚球练习：两人一球，距离10~12米进行 （3）踢过顶球练习：两人相距20~25米进行练习 3. 学生7人一组，分成若干组，每组用一球，由5人做传控球、2人做抢球练习，场地为10×10平方米连续传接10脚以上抢球者要做10个俯卧撑		15 25 20

续上表

教学过程	教学内容和达成目标	教学组织与方法		练习	
		教师教法	学生学法	次数	时间/min
结束部分	**一、放松运动** **二、教师小结**	1. 让实习学生带操 2. 就本次课的情况进行总结，特别是比赛中的情况，对表现较好的同学给予表扬	1. 实习学生组织大家进行 2. 学生成两列横队认真听讲		10
作业和参考文献推荐					
病弱处理	在一旁见习、观摩并做好笔记，待身体状态恢复之后，可向掌握较好的学生或教师求学，自觉补上所缺内容。能够进行一般身体素质训练的学生自觉进行一些素质训练，保持身体状态				
课后小结					

【技术练习】

各种踢球技术示例

1. 踢准练习：

（1）向画有标志的足球墙踢准。

（2）两人一球对传球，相距15～20米，要求准确传到对方脚下。

2. 踢远练习：两人一球对踢，加长距离大力将球传给对方。

3. 踢过顶球练习：两人一球，相距15米左右，中间插一旗杆为障碍（相当于人的高度），要求踢出的球从杆顶越过传给对方。

4. 踢弧线球练习：

（1）两人一球，面对进行踢球练习。距离可适当调整，主要领会摆腿方向、击球点和摆腿力量三者之间的关系。

（2）同样两人一球对踢练习，但中间设一标杆或站一队员，要求球成弧线运行，绕过中间的标杆或队员。

（3）踢弧线球绕过障碍物射门。在射门处与球门之间设立障碍物。射门时，使球绕过障碍射进球门。根据需要，可适当调整射门的距离和障碍的位置，以便加大或缩小球运行的弧度。

5. 转身踢球练习：

（1）踢球的模仿练习，主要领会动作要领，要求特别注意支撑脚的选位、落地动作以及转身、摆腿动作的协调性。

（2）对墙踢球。一人一球，距离10米左右，练习助跑转身定位球，先练习转身45°，再练习转身90°、180°。

第11次课　原地及跳起前额正面头顶球（练习方法介绍）

上课日期：　　　　年　月　日　　　　　授课教师：

<table>
<tr><td>班级</td><td colspan="2"></td><td>第6周</td><td rowspan="3">场地器材与媒体</td><td rowspan="3">场地：七人制足球场
器材：足球
媒体：</td></tr>
<tr><td rowspan="2">人数</td><td rowspan="2"></td><td>男</td><td rowspan="2">第11次课</td></tr>
<tr><td>女</td></tr>
<tr><td>教材内容</td><td colspan="3">1. 复习脚背内侧踢定位球
2. 学习前额正面头顶球
3. 介绍跳起前额正面头顶球
4. 小场地比赛</td><td>教学任务或教学目标</td><td>1. 进一步掌握脚背内侧踢定位球技术
2. 初步掌握前额正面头顶球技术
3. 了解跳起前额正面头顶球技术
4. 培养良好比赛作风与能力</td></tr>
<tr><td>重点难点</td><td colspan="5">重点是前额正面头顶球技术的练习；难点是跳起前额正面头顶球技术</td></tr>
</table>

<table>
<tr><td rowspan="2">教学过程</td><td rowspan="2">教学内容和达成目标</td><td colspan="2">教学组织与方法</td><td colspan="2">练　习</td></tr>
<tr><td>教师教法</td><td>学生学法</td><td>次数</td><td>时间/min</td></tr>
<tr><td>准备部分</td><td>一、检查人数，宣布内容
二、运球200米
三、圆圈绕8字运球
四、三人原地成三角形传球练习</td><td>1. 教师示范讲解
2. 应注意练习过程中出现的错误动作，及时给予提示并督促改正
3. 教师注意重点辅导基础差的学生
4. 要求：传球准确，脚形正确</td><td>1. 学生成两列横队
2. 学生成一路纵队进行练习
3. 每人一球分散练习，两脚交替运球
4. 如图练习：
（1）先练习一停一传
（2）然后练习连续传球
10米</td><td></td><td>15</td></tr>
<tr><td>基本部分</td><td>一、复习脚背内侧踢定位球
目标：掌握脚背内侧踢定位球的技术</td><td>1. 教师用语言指挥练习
（1）应注意练习过程中出现的错误动作，及时给予提示并督促改正，对表现好的学生给予鼓励
（2）传球动作要协调，脚法正确</td><td>1. 两人一组相距20～25米对传
（1）同上，接球后斜拨一步再传给对方
（2）同1、2练习，但中间插一支1.5米高旗杆，踢过杆顶球</td><td></td><td>10</td></tr>
</table>

续上表

教学过程	教学内容和达成目标	教学组织与方法		练习	
		教师教法	学生学法	次数	时间/min
基本部分	**二、学习原地前额正面头顶球** 作用和要领 目标：掌握前额头顶球技术 **三、介绍前额正面跳起头顶球技术** 讲解动作要领 目标：了解和基本掌握前额正面跳起头顶球技术 **四、五人制小场地比赛** 目标：培养在实际比赛中运用已学技术的能力	2. 教师讲解、示范、再讲解、再示范 （1）应注意练习过程中出现的错误动作，及时给予提示并督促改正，对表现好的学生给予鼓励 （2）要求：判断好球的落点，选择顶球的位置和时间，顶球时颈部紧张，不要闭眼睛，蹬地收腹甩头等动作要协调 3. 教师讲解、示范再讲解、再示范。 （1）应注意练习过程中出现的错误动作，及时给予提示并督促改正，对表现好的学生给予鼓励 （2）要求：消除恐惧心理，判断好落点，掌握好时机，在空中身体保持平衡，在空中最高点顶球后落地屈膝缓冲 4. 教师在旁边进行观察指导，对出现的问题进行指点改正，并对表现好的学生进行鼓励 要求：大胆运用已学过的技术，不设守门员，不得用手触球	2. 保持两列横队队形，学生跟教师做无球模仿练习 （1）两列队伍距离拉近至 1 米，一排学生每人双手持球至适当高度，另一排学生做顶球模仿练习，体会接触部位和击球点 （2）互抛顶球练习：两人相距 5 米，一人上抛球，一人顶球，轮换进行 3. 两人一组做原地跳起模仿练习 （1）两人相距 8 ~ 10 米互抛顶球五次后交换进行 （2）学生成一路纵队离球门 10 米处，跳起顶教师抛的头顶球给守门员 4. 全班分成四队，用两个 1/4 场地进行。球门用标志筒代替，球门宽 1.5 米		20 15 15
结束部分	**一、放松运动** **二、教师小结**	1. 让实习学生带操 2. 就本次课特别是比赛中的情况进行总结，对表现较好的同学给予表扬	1. 实习学生组织大家进行 2. 学生成两列横队认真听讲		5

作业和参考文献推荐	原地前额正面头顶球的动作要领是什么？
病弱处理	在一旁见习、观摩并做好笔记，待身体状态恢复之后，可向掌握较好的学生或教师求学，自觉补上所缺内容。能够进行一般身体素质训练的学生自觉进行一些素质训练，保持身体状态
课后小结	

【技术练习】

原地前额头顶球方法示例

1. 做顶球的模仿练习。

2. 一人双手持球至适当高度，另一人进行顶球练习，领会顶球时接触部位和击球点，然后逐渐加大顶球力量。一方面消除惧怕心理，另一方面养成注视来球和顶球前不闭眼的习惯。

3. 顶吊在吊球架上或吊在球门横木上的球。每次顶后，将球停稳再顶，逐渐练习连续顶球，以提高接触部位和击球点的准确性。

4. 自抛和互抛顶球。自己向空中或对墙抛球，待球下落或弹回时练习对墙顶球，两人一组，一人抛球，一人顶球。

5. 连续顶球。两人一球距离5～8米对顶。练习时，尽量使球不落地，这种练习是为了 熟悉球性。

6. 顶球射门练习。练习队员站在罚球点附近，接由教师或同伴从球门柱外端线处抛出的球并射门。

7. 顶准练习。规定顶球的距离进行练习。

跳起头顶球方法示例

1. 做跳起顶球模仿动作的练习。

2. 做原地（或助跑）跳起顶吊球练习。

3. 两人一组，相对站立。一人抛球，另一人原地跳起顶球（也可做上步或退步跳起顶球）。

4. 踢高球顶球练习。两人一组，一人踢高球，一人做跳起顶球练习。

5. 边线传中，中间跑动插上做原地或跳起头顶球练习。

第12次课　胸部接球技术

上课日期：　　　　年　月　日　　　　　授课教师：

<table>
<tr><td>班级</td><td colspan="2"></td><td>第6周</td><td rowspan="3">场地器材与媒体</td><td rowspan="3">场地：七人制足球场
器材：足球
媒体：</td></tr>
<tr><td rowspan="2">人数</td><td rowspan="2"></td><td>男</td><td rowspan="2">第12次课</td></tr>
<tr><td>女</td></tr>
<tr><td>教材内容</td><td colspan="3">1. 复习原地、跳起前额头顶球
2. 学习胸部接球技术
3. 介绍大腿停空中球、脚底停反弹球
4. 五人制比赛</td><td>教学任务或教学目标</td><td>1. 初步掌握胸部接球技术
2. 了解大腿停空中球、脚底停反弹球技术
3. 提高技术运用的能力
4. 培养吃苦耐劳的精神和团结协作的作风</td></tr>
<tr><td>重点难点</td><td colspan="5">重点是胸部接球技术的练习；难点是掌握好脚底停反弹球的时机</td></tr>
</table>

续上表

教学过程	教学内容和达成目标	教学组织与方法		练　习	
		教师教法	学生学法	次数	时间/min
准备部分	**一、检查人数，宣布内容** **二、颠球练习** （1）原地颠球 （2）两人对颠 （3）头颠球练习 **三、三人跑动中传接球** 目标：熟练脚内侧传球技术	1. 用语言指点学生，应注意练习过程中出现的错误动作，及时给予提示并督促改正 2. 教师注意重点辅导基础差的学生 3. 讲解示范后开始练习 要求：接球与传球要连贯，传球要传到接球人身前	学生成两列横队 1. 一人一球分散练习 2. 两人一组相距2～3米对颠 能直接对颠的直接对颠，或颠几次再给对方 3. 三人一组成三角形站立，按顺时针方向跑动，用脚内侧传地滚球 练法：先慢、熟练后可加快速度，最后可直接传球		2 8 10
基本部分	**一、复习头顶球技术** 目标：掌握和提高头顶球技术 **二、学习挺胸式胸部接球技术** （1）讲解作用和要领 （2）目标：掌握挺胸式胸部接球技术 **三、介绍大腿停空中球、脚底停反弹球技术** 目标：了解和初步掌握大腿停空中球、脚底停反弹球技术	1. 教师用语言指挥练习 （1）应注意练习过程中出现的错误动作，及时给予提示并督促改正，对表现好的学生给予鼓励 （2）要求：全身原地顶，主动迎球 2. 教师先讲解、示范，再讲解，再示范 （1）应注意练习过程中出现的错误动作，及时给予提示并督促改正，对表现好的学生给予鼓励 （2）要求：大胆做动作，注意挺胸和触球部位，接球后与下一个动作的衔接要协调 3. 教师先讲解、示范，再讲解，再示范 （1）应注意练习过程中出现的错误动作，及时给予提示并督促改正，对表现好的学生给予鼓励	1. 两人一组，距8～10米，互相抛顶 （1）两人一组，距8～10米，连续互顶 （2）先做原地顶，再做跳起顶 2. 每人一球，自抛自停 两人相距5～8米，互抛轮换练习。如图： ×←——→× 3. 每人一球，自抛自停 两人相距5～8米，互抛轮换练习。如图： ×←——→×		10 15 15

续上表

教学过程	教学内容和达成目标	教学组织与方法		练习	
		教师教法	学生学法	次数	时间/min
基本部分	**四、五人制小场地比赛** 目标：培养在实际比赛中运用已学技术的能力	（2）要求：判断好球的落点，停球后快速衔接下一动作 4. 教师在旁边进行观察指导，对出现的问题进行指点改正，并对表现后的学生进行鼓励 要求：大胆运用已学过的技术，不设守门员，不得用手触球	4. 全班分成四队，用两个1/4场地进行。球门用标志筒代替，球门宽1.5米		15
结束部分	**一、放松运动** **二、教师小结**	1. 让实习学生带操 2. 就本次课特别是比赛中的情况进行总结，对表现较好的同学给予表扬	1. 实习学生组织大家进行 2. 学生成两列横队认真听讲		5
作业和参考文献推荐	1. 胸部接球的动作要领是什么？ 2. 参阅本书P27～P28。				
病弱处理	在一旁见习、观摩并做好笔记，待身体状态恢复之后，可向掌握较好的学生或教师求学，自觉补上所缺内容。能够进行一般身体素质训练的学生自觉进行一些素质训练，保持身体状态				
课后小结					

第13次课　脚背外侧踢、停定位球

上课日期：　　　　年　月　日　　　　　授课教师：

班级			第7周	场地器材与媒体	场地：七人制足球场 器材：足球 媒体：
人数		男	第13次课		
		女			
教材内容	1. 复习胸部接球技术 2. 学习脚背外侧踢、停定位球 3. 介绍掷界外球技术 4. 五人制比赛			教学任务或教学目标	1. 掌握胸部接球技术 2. 初步掌握脚背外侧踢、停定位球技术 3. 了解掷界外球技术 4. 培养顽强的比赛作风与能力
重点难点	重点是脚背外侧踢定位球技术的练习；难点是跑动掷界外球技术				

续上表

教学过程	教学内容和达成目标	教学组织与方法		练　习	
		教师教法	学生学法	次数	时间/min
准备部分	**一、检查人数，宣布内容** **二、慢跑 400 米** **三、进行操** **四、颠球练习** （1）原地颠球 （2）两人对颠 （3）头颠球练习	1. 先做示范后开始练习 2. 教师操后讲评 3. 用语言指点学生，应注意练习过程中出现的错误动作，及时给予提示并督促改正 4. 教师注意重点辅导基础差的同学	1. 学生成两列横队 2. 学生成两列纵队进行 3. 一人一球分散练习两人一组相距 2 ~ 3 米对颠 4. 能直接对颠的直接对颠，或颠几次再给对方		2 5 8
基本部分	**一、复习胸部接球技术** 目标：掌握胸部接球技术 **二、学习脚背外侧踢、接球技术** 讲解动作要领 目标：了解和基本掌握脚背外侧踢、接球的技术 **三、介绍掷界外球技术** 作用和要领 目标：正确掌握掷界外球技术 **四、五人制小场地比赛** 目标：培养在实际比赛中运用已学技术的能力	1. 教师用语言指挥练习 （1）应注意练习过程中出现的错误动作，及时给予提示并督促改正，对表现好的学生给予鼓励 （2）要求：大胆做动作，注意挺胸和触球部位，接球后与下一个动作的衔接要协调 2. 教师先讲解再示范 （1）应注意练习过程中出现的错误动作，及时给予提示并督促改正，对表现好的学生给予鼓励 （2）要求：踢球时注意膝盖，脚踝内转；互踢时以中小力量为主，体会动作，射门要用力，控制高度 3. 教师先讲解再示范 （1）应注意练习过程中出现的错误动作，及时给予提示并督促改正，对表现好的学生给予鼓励 （2）要求：全身协调用力，注意动作规范，不要违反规则规定 4. 教师在旁边进行观察指导，对出现的问题进行指点改正，并对表现好的学生进行鼓励 要求：大胆运用已学过的技术，不设守门员，不得用手触球	1. 每人一球，自抛自停 2. 两人相距 5 ~ 8 米，互抛轮换练习。如图： ×←5 ~ 8→× （1）两人一球，一人踩球，一人做完整动作 （2）两人一组，互踢定位球 （3）两人一组，互踢滚动球，结合接球 （4）接老师传出的球后射门 3. 两人一球，相距 8 ~ 10 米，互相掷球。两人一球相距 15 米，助跑后掷球 4. 全班分成四队，用两个 1/4 场地进行。球门用标志筒代替，球门宽 1.5 米		15 20 20

续上表

教学过程	教学内容和达成目标	教学组织与方法		练习	
		教师教法	学生学法	次数	时间/min
结束部分	**一、放松运动** **二、教师小结**	1. 让实习学生带操 2. 就本次课特别是比赛中的情况进行总结，对表现较好的同学给予表扬	1. 实习学生组织大家进行 2. 学生成两列横队认真听讲		10
作业和参考文献推荐	1. 脚背外侧踢定位球的动作要领是什么？ 2. 如何判定队员掷界外球犯规？				
病弱处理	在一旁见习、观摩并做好笔记，待身体状态恢复之后，可向掌握较好的学生或教师求学，自觉补上所缺内容。能够进行一般身体素质训练的学生自觉进行一些素质训练，保持身体状态				
课后小结					

第14次课　脚背正面踢定位球

上课日期：　　　　年　月　日　　　　　授课教师：

班级			第7周	场地器材与媒体	场地：七人制足球场 器材：足球 媒体：
人数		男	第14次课		
		女			
教材内容	1. 复习脚背外侧踢定位球 2. 学习脚背正面踢定位球 3. 七人制比赛与裁判实习			教学任务或教学目标	1. 进一步掌握脚背外侧踢、停定位球技术 2. 初步掌握脚背正面踢定位球技术 3. 培养良好的比赛作风和裁判能力 4. 培养团结协作和吃苦耐劳的精神
重点难点	重点是脚背正面踢定位球技术的练习；难点是脚背正面踢定位球时的摆腿动作				

教学过程	教学内容和达成目标	教学组织与方法		练习	
		教师教法	学生学法	次数	时间/min
准备部分	**一、检查人数，宣布内容** **二、徒手操** **三、颠球练习** （1）原地颠球 （2）两人对颠 （3）头颠球练习 目标：熟练掌握颠球技术，提高球性	1. 教师在操后进行讲评 2. 用语言指点学生，应注意练习过程中出现的错误动作，及时给予提示并改正 3. 教师注意重点辅导基础差的同学	1. 学生成两列横队，由一名学生带操 2. 一人一球分散练习 3. 两人一组相距2～3米对颠 能直接对颠的直接对颠，或颠几次再给对方		2 5 8

续上表

教学过程	教学内容和达成目标	教学组织与方法		练习	
		教师教法	学生学法	次数	时间/min
基本部分	**一、复习脚背外侧踢球技术** 目标：掌握和提高脚背外侧踢球技术 **二、学习脚背正面踢地滚球** 讲解作用与要领 目标：掌握脚背正面踢球技术 **三、七人制比赛与裁判实习** 目标：提高学生在实战中灵活运用各种技术的能力及裁判能力	1. 教师用语言指挥练习 （1）应注意练习过程中出现的错误动作，及时给予提示并督促改正，对表现好的学生给予鼓励 （2）要求：动作协调、规范，传接球用中、小力量进行，运球射门时注意动作的衔接，射门平直有力 2. 教师先讲解、示范再讲解，再示范 （1）应注意练习过程中出现的错误动作，及时给予提示并督促改正，对表现好的学生给予鼓励 （2）要求：明确动作要领，如是向前摆腿，不要向下摆腿，触球时学生脚背绷直，脚跟提起，使脚背击中球的部位 3. 教师于场边用语言进行指导，对出现的错误动作及跑位及时给予提示并要求其改正	1. 每人一球，距挡墙10～15米，踢地滚球 （1）两人一球，相距10～15米，互踢互停 （2）运球绕杆射门。如图： 2. 做踢球的模仿动作 （1）两人一球，一人踩球，一人做完整的踢球动作 （2）两人一组，互踢定位球 （3）两人一组，结合接球，互踢滚动球 3. 全班分成两队进行比赛，指定三人为裁判 要求：裁判员多跑动，判罚果断；比赛队员要服从裁判；在比赛中注意转移球、多射门		20 20 20
结束部分	**一、放松运动** **二、教师小结**	1. 让实习学生带操 2. 就本次课的情况进行总结，特别是比赛中的情况，对表现较好的同学给予表扬	1. 实习学生组织大家进行 2. 学生成两列横队认真听讲		5

作业和参考文献推荐	脚背正面踢地滚球的动作要领是什么？
病弱处理	在一旁见习、观摩并做好笔记，待身体状态恢复之后，可向掌握较好的学生或教师求学，自觉补上所缺内容。能够进行一般身体素质训练的学生自觉进行一些素质训练，保持身体状态
课后小结	

【技术练习】

掷界外球的训练方法和程序

1. 无球的练习

练习原地、助跑掷界外球的模仿动作。

2. 有球的练习

（1）两人一组，面对站立，在原地掷球给对方，要求掷高、平、低球。

（2）要求同“1. 无球的练习”，但掷球时是在走步中进行。

（3）要求同“1. 无球的练习”，但掷球时是在助跑中进行。

3. 竞赛游戏

（1）分成人数相等的几个组，在规定的地点开始掷球，甲组掷出的球的落点，就是乙组掷球的起点。

每人各掷一次，最后看哪一组的落点超过对方的起点即获胜。

（2）在固定的地方，每人掷球一次，看谁掷得远。

（3）把球准确地掷到预定的范围内（每人掷一次或数次）。

脚背正面踢球的练习方法

1. 两人一组，一人把球抛起后（球不着地）将球踢给对方。要求逐步踢出低、平、高球。

2. 两人一组，相距10～15米，轮流进行原地练习、助跑练习和踢定位球，要求逐步踢出低、平、高球。

3. 原地助跑踢正面来的地滚球，两人一组，相距10～15米，一人抛出地滚球，另一人立即或助跑后不停球而将球踢给对方，要求逐步踢出低、平、高球。

4. 每人一球，相距挡墙、网4～5米，先做原地练习，后做连续踢球练习。要求踢出地球滚。

5. 每人一球，相距挡墙、网10米做原地踢球练习，适当加大力量踢出低、平、高球。

6. 两人相距25米做踢球练习，要求踢出低、平、高球。

第15次课　脚背外侧踢、接球

上课日期：　　　　　年　月　日　　　　　授课教师：

<table>
<tr><td>班级</td><td colspan="2"></td><td>第8周</td><td rowspan="3">场地器材与媒体</td><td colspan="3" rowspan="3">场地：七人制足球场
器材：足球
媒体：</td></tr>
<tr><td rowspan="2">人数</td><td rowspan="2"></td><td>男</td><td rowspan="2">第15次课</td></tr>
<tr><td>女</td></tr>
<tr><td>教材内容</td><td colspan="2">1. 学习脚背正面踢凌空球射门
2. 介绍侧面脚背正面踢凌空球射门技术
3. 七人制比赛与裁判实习</td><td colspan="2">教学任务或教学目标</td><td colspan="3">1. 初步掌握脚背正面踢凌空球技术
2. 了解侧面脚背正面踢凌空球技术
3. 培养良好比赛作风与能力和裁判能力
4. 培养团结协作的集体主义精神</td></tr>
<tr><td>重点难点</td><td colspan="7">重点是脚背正面踢凌空球技术的练习；难点是侧面脚背正面踢凌空球技术</td></tr>
<tr><td rowspan="2">教学过程</td><td rowspan="2" colspan="2">教学内容和达成目标</td><td colspan="3">教学组织与方法</td><td colspan="2">练　习</td></tr>
<tr><td colspan="2">教师教法</td><td>学生学法</td><td>次数</td><td>时间/min</td></tr>
<tr><td>准备部分</td><td colspan="2">一、检查人数，宣布内容
二、徒手操
三、颠球练习
（1）原地颠球
（2）两人对颠
（3）头颠球练习
目标：熟练掌握颠球技术，提高球性</td><td colspan="2">1. 教师在操后进行讲评
2. 用语言指点学生，应注意练习过程中出现的错误动作，及时给予提示并督促改正
3. 教师注意重点辅导基础差的学生</td><td>1. 学生成两列横队
2. 由实习学生带操
一人一球分散练习
两人一组相距2～3米对颠
3. 能直接对颠的直接对颠，或颠几次再给对方</td><td></td><td>2
8
5</td></tr>
<tr><td>基本部分</td><td colspan="2">一、复习脚背正面踢定位球技术
目标：掌握和提高脚背正面踢定位球技术</td><td colspan="2">1. 教师用语言指挥练习
（1）应注意练习过程中出现的错误动作，及时给予提示并督促改正，对表现好的学生给予鼓励
（2）要求：动作协调、规范，脚背绷紧，脚跟提起，踝关节紧张，用中小力量练习</td><td>1. 每人一球，距挡墙10～15米踢地滚球
（1）两人一球，相距10～15米，互踢互停
（2）做踢球的模仿动作</td><td></td><td>20</td></tr>
</table>

续上表

教学过程	教学内容和达成目标	教学组织与方法		练　习	
		教师教法	学生学法	次数	时间/min
基本部分	**二、学习脚背正面和侧面踢凌空球** 讲解作用与要领 目标：掌握脚背正面和侧面踢凌空球技术	2. 教师先讲解、示范，再讲解，再示范 (1) 应注意练习过程中出现的错误动作，及时给予提示要求并改正，对表现好的同学给予鼓励 (2) 要求：明确动作要领是向前摆腿，不要向下摆腿，触球时脚背绷直，脚跟提起，使脚背击中球的部位	2. 两人一球，一人把球抛起后（球不着地）将球踢给对方 (1) 两人一球，一人将球抛给对方，另一人做踢球练习 (2) 在球门前，由教师抛球给学生进行射门练习		20
	三、七人制比赛与裁判实习 目标：提高学生在实战中灵活运用各种技术的能力及裁判能力	3. 教师于场边用语言进行指导，对出现的错误动作及跑位及时给予提示并要求其改正	3. 全班分成两队进行比赛，指定三人为裁判 要求：裁判员多跑动，判罚果断；比赛队员要服从裁判；在比赛中注意转移球、多射门		20
结束部分	**一、放松运动** **二、教师小结**	1. 让实习学生带操 2. 就本次课的情况进行总结，特别是比赛中的情况，对表现较好的同学给予表扬	1. 实习学生组织大家进行 2. 学生成两列横队认真听讲		5
作业和参考文献推荐	脚背正面踢凌空球的动作要领是什么?				
病弱处理	在一旁见习、观摩并做好笔记，待身体状态恢复之后，可向掌握较好的学生或教师求学，自觉补上所缺内容。能够进行一般身体素质训练的学生自觉进行一些素质训练，保持身体状态				
课后小结					

第 16 次课　守门员技术

上课日期：　　　　年　月　日　　　　　授课教师：

<table>
<tr><td>班级</td><td colspan="2"></td><td>第 8 周</td><td rowspan="3">场地器材与媒体</td><td rowspan="3">场地：七人制足球场
器材：足球
媒体：</td></tr>
<tr><td rowspan="2">人数</td><td rowspan="2"></td><td>男</td><td rowspan="2">第 16 次课</td></tr>
<tr><td>女</td></tr>
</table>

教材内容	1. 综合技术的练习 2. 学习守门员技术 3. 七人制比赛与裁判实习	教学任务或教学目标	1. 熟练掌握已学的各种技术 2. 了解和掌握守门员的技术 3. 培养比赛作风与能力及裁判能力 4. 培养团结协作的集体主义精神
重点难点	重点是综合技术的练习；难点是守门员技术的练习		

<table>
<tr><td rowspan="2">教学过程</td><td rowspan="2">教学内容和达成目标</td><td colspan="2">教学组织与方法</td><td colspan="2">练　习</td></tr>
<tr><td>教师教法</td><td>学生学法</td><td>次数</td><td>时间/min</td></tr>
<tr><td>准备部分</td><td>一、检查人数，宣布内容

二、颠球练习

三、跑传球练习
目标：掌握各种脚法的传接球技术</td><td>1. 教师注意重点辅导基础差的学生
要求：争取全班每人都能达到连续 8 次以上
2. 讲解并示范
3. 练习中教师加强提示
要求：脚触球正确，传球到位，力量恰当</td><td>1. 学生成两列横队
2. 学生一人一球进行练习
3. 两人一组，从小型球场一端至另一端。如图：
8~10米</td><td></td><td>2

5

18</td></tr>
</table>

续上表

教学过程	教学内容和达成目标	教学组织与方法		练习	
		教师教法	学生学法	次数	时间/min
基本部分	**一、运球绕杆射门** 目标：灵活掌握各种运球方法 **二、学习守门员技术** (1) 准备姿势 (2) 移动 (3) 接滚地球 ①单腿跪撑 ②直立式 (4) 接平直球 (5) 接高球 目标：了解和基本掌握守门员技术 **三、七人制比赛与裁判实习** 目标：培养在实际比赛中运用已学技术的能力及比赛作风和裁判能力	1. 教师讲解示范 (1) 应注意练习过程中出现的错误动作，及时给予提示并要求改正，对表现好的学生给予鼓励 (2) 要求：运球队员控运好球，射门前抬头观察 2. 教师先讲解、示范，再讲解，再示范 (1) 应注意练习过程中出现的错误动作，及时给予提示并督促改正，对表现好的学生给予鼓励 (2) 要求：准备姿势要充分；移动快速协调，手形正确，接球准稳 3. 教师在旁边进行观察指导，对出现的问题进行指点改正，并对表现好的学生进行鼓励 要求：大胆运用已学过的技术多传多跑；裁判员积极跑动、大胆判罚	1. 每人一球，如下图做绕杆射门练习。要求：用各种运球方法进行练习，从而找到一种最快的运球方法 × × × 2. 学生成两列横队、成体操队形散开，根据教师手势向左右移动。如图： × × × × × × × × × × (1) 两人一组，相距8～10米，一人抛球，一人分别做接滚地球、平直球、高球的动作，做每个接球时都互相交换 (2) 两人一组，相距8～10米，一人踢球，一人接各种球 3. 全班分成两队进行比赛，指定三人为裁判 要求：裁判员多跑动，判罚果断；比赛队员要服从裁判；在比赛中注意转移球、多射门		15 20 15
结束部分	**一、放松运动** **二、教师小结**	1. 让实习学生带操 2. 就本次课特别是比赛中的情况进行总结，对表现较好的同学给予表扬	1. 实习学生组织大家进行 2. 学生成两列横队认真听讲		5

续上表

作业和参考文献推荐	1. 守门员技术共分为几种？ 2. 参阅本书 P32 ~ P34
病弱处理	在一旁见习、观摩并做好笔记，待身体状态恢复之后，可向掌握较好的学生或教师求学，自觉补上所缺内容。能够进行一般身体素质训练的学生自觉进行一些素质训练，保持身体状态
课后小结	

第 17 次课　综合技术

上课日期：　　　　年　月　日　　　　授课教师：

<table>
<tr><td>班级</td><td colspan="2"></td><td>第 9 周</td><td rowspan="3">场地器材与媒体</td><td rowspan="3">场地：七人制足球场
器材：足球
媒体：</td></tr>
<tr><td rowspan="2">人数</td><td rowspan="2"></td><td>男</td><td rowspan="2">第 17 次课</td></tr>
<tr><td>女</td></tr>
</table>

教材内容	1. 综合技术练习 2. 七人制教学比赛与裁判实习	教学任务或教学目标	1. 巩固和熟练掌握所学的技战术 2. 培养比赛作风与能力及裁判能力 3. 培养团结协作的集体主义精神
重点难点	重点是跑动中传接球的练习；难点是踢准练习		

<table>
<tr><td rowspan="2">教学过程</td><td rowspan="2">教学内容和达成目标</td><td colspan="2">教学组织与方法</td><td colspan="2">练　习</td></tr>
<tr><td>教师教法</td><td>学生学法</td><td>次数</td><td>时间/min</td></tr>
<tr><td>准备部分</td><td>一、检查人数，宣布内容
二、颠球练习
三、踢准练习
四、运球绕杆射门</td><td>1. 按照考试要求进行
2. 教师注意重点辅导基础差的同学
3. 要求：用脚背内侧踢球，控制好力量和落点
4. 用语言加以提示</td><td>1. 学生成两列横队
2. 一人一球进行练习
3. 分两组，如图同时进行练习：
×——→○←——×
4. 按照达标要求进行练习</td><td></td><td>5
5
10</td></tr>
</table>

续上表

教学过程	教学内容和达成目标	教学组织与方法		练习	
		教师教法	学生学法	次数	时间/min
基本部分	**一、跑动传球** 各种脚法的跑动传球 目标：巩固和提高所学的各种脚法 **二、二抢五练习** 目标：提高灵活运用技术的能力 **三、七人制比赛与裁判实习** 目标：培养在实际比赛中运用已学技术的能力和比赛作风和裁判能力	1. 应注意练习过程中出现的错误动作，及时给予提示并督促改正，对表现好的学生给予鼓励 （1）强调脚型的重要性 （2）要求：脚触球正确，传球到位，力量恰当 2. 应注意练习过程中出现的错误动作，及时给予提示并督促改正，对表现好的学生给予鼓励 3. 教师在旁边进行观察指导，对出现的问题进行指点改正，并对表现好的学生进行鼓励 要求：在比赛中多用“二过一”配合，有目的地跑动接球、传球；裁判员积极跑动、大胆判罚	1. 两人一组，从球场一侧传到球场的另一侧 （1）三人一组一球，从球场一侧传到球场的另一侧 （2）由慢到快，每种脚法的传球做2～3组，先滚地球再到高球 （3）强调传接球的速度，接球后立刻出球 2. 学生以七人一组，分成若干组，每组用一球，由五人做传控球，二人做抢球练习，场地为10米×10米 3. 全班分成三队，进球后负队下场，另一队上场，指定三个人做裁判		20 15 20
结束部分	**一、放松运动** **二、教师小结**	1. 让实习学生带操 2. 就本次课特别是比赛中的情况的情况进行总结，对表现较好的同学给予表扬	1. 实习学生组织大家进行 2. 学生成两列横队认真听讲		5
作业和参考文献推荐					
病弱处理	在一旁见习、观摩并做好笔记，待身体状态恢复之后，可向掌握较好的学生或教师求学，自觉补上所缺内容。能够进行一般身体素质训练的学生自觉进行一些素质训练，保持身体状态				
课后小结					

第18次课　足球战术（理论讲授）

上课日期：　　　年　月　日　　　　授课教师：

<table>
<tr><td>班级</td><td colspan="2"></td><td>第9周</td><td rowspan="3">场地器材与媒体</td><td rowspan="3">场地：教室
器材：
媒体：电脑、投影仪</td></tr>
<tr><td rowspan="2">人数</td><td rowspan="2"></td><td>男</td><td rowspan="2">第18次课</td></tr>
<tr><td>女</td></tr>
</table>

<table>
<tr><td>教材内容</td><td>理论课：足球战术分析（理论）</td><td>教学任务或教学目标</td><td colspan="3">了解与掌握足球运动的各种战术</td></tr>
<tr><td>重点难点</td><td colspan="5">重点是足球攻守战术的分析；难点是对各种攻守战术的运用</td></tr>
<tr><td rowspan="2">教学过程</td><td rowspan="2">教学内容和达成目标</td><td colspan="2">教学组织与方法</td><td colspan="2">练　习</td></tr>
<tr><td>教师教法</td><td>学生学法</td><td>次数</td><td>时间/min</td></tr>
<tr><td>基本部分</td><td>一、足球运动的四大要素
1. 技术技能
2. 战术
3. 身体素质
4. 心理品质
二、足球战术的分类
1. 足球战术的概念
2. 足球战术的分类
3. 个人战术、局部战术与全队战术三者之间的关系
4. 足球战术的分类列表
三、攻守战术分析
1. 进攻战术
（1）个人进攻战术
（2）局部进攻战术
（3）全队进攻战术</td><td>1. 引入本节内容

使用电脑播放

提问题，找学生进行回答并示范
2. 引导分析，进行总结评价
让学生对一些战术进行分析，然后进行总结
3. 提出问题师生交流，对学生的讨论进行评价总结</td><td>1. 注意听讲

2. 积极思考并回答问题，注意听教师分析</td><td></td><td>80</td></tr>
</table>

续上表

<table>
<tr><td rowspan="2">教学过程</td><td rowspan="2">教学内容和达成目标</td><td colspan="2">教学组织与方法</td><td colspan="2">练　习</td></tr>
<tr><td>教师教法</td><td>学生学法</td><td>次数</td><td>时间/min</td></tr>
<tr><td>基本部分</td><td>2. 防守战术分析
（1）个人防守战术
（2）局部防守战术
（3）全队防守战术
3. 定位球战术
（1）中圈开球
（2）球门球战术
（3）掷界外球
（4）任意球
（5）角球</td><td>在学生回答的基础上对相关问题进行讲解</td><td>3. 回答问题，积极思考
注意听讲</td><td></td><td></td></tr>
<tr><td>作业和参考文献推荐</td><td colspan="5">1. 足球战术如何分类？进攻战术主要有哪几种？
2. 足球比赛中的定位球战术有几种？</td></tr>
<tr><td>教学内容总结</td><td colspan="5">通过本节课的学习，学生了解和掌握了足球战术的分类及各种攻守战术，并对足球比赛阵形的演变和发展有了一定的理解，对如何制定足球比赛阵形有了初步的认识，并且掌握了足球战术的比赛原则</td></tr>
<tr><td>课后小结</td><td colspan="5"></td></tr>
</table>

第19次课　足球攻守战术

上课日期：　　　　年　月　日　　　　授课教师：

<table>
<tr><td>班级</td><td colspan="2"></td><td>第10周</td><td rowspan="3">场地器材与媒体</td><td rowspan="3">场地：教室
器材：
媒体：电脑、投影仪</td></tr>
<tr><td rowspan="2">人数</td><td rowspan="2"></td><td>男</td><td rowspan="2">第19次课</td></tr>
<tr><td>女</td></tr>
<tr><td>教材内容</td><td colspan="3">理论课：足球战术分析（理论）</td><td>教学任务或教学目标</td><td>了解与掌握足球运动的各种战术</td></tr>
<tr><td>重点难点</td><td colspan="5">重点是足球攻守战术的分析；难点是对各种攻守战术的运用</td></tr>
</table>

续上表

教学过程	教学内容和达成目标	教学组织与方法		练　习	
		教师教法	学生学法	次数	时间/min
基本部分	**一、比赛阵形** 1. 阵形演变的简史：现代足球的比赛阵形是伴随着足球运动的发展而发展的。阵形的演变可归纳为以下几个阶段。 （1）第一阶段（1863—1930 年） （2）第二阶段（1930—1970 年） （3）第三阶段（1970－现在） 2. 4—4—2、3—5—2、3—4—3、4—5—1 阵形特点 3. 制定阵形的主要依据及运用时的注意事项 （1）制定阵形的主要依据 （2）运用时的注意事项 （3）各位置的职责及打法 **二、根据外界条件选择战术** **三、战术的教学与训练** 比赛原则 （1）进攻原则： a. 制造宽度；　b. 加大深度； c. 机动灵活；　d. 应变能力 （2）防守原则： a. 延缓进攻；　b. 保持平衡； c. 收缩保护；　d. 紧盯控制 **四、现代足球战术的发展趋势**	1. 引入本节内容 使用电脑播放提问题，找学生进行回答并示范 2. 引导分析。进行总结评价 3. 让学生对一些战术进行分析，然后进行总结 4. 提出问题，师生交流，对学生的讨论进行评价总结 在学生回答的基础上对相关问题进行讲解	注意听讲 积极思考并回答问题，注意听教师分析 回答问题，积极思考		80
作业和参考文献推荐	1. 如何根据实际情况制定战术？ 2. 足球比赛中的进攻和防守的比赛原则是什么？				
教学内容总结	通过本节课的学习，学生了解和掌握了足球战术的分类及各种攻守战术，并对足球比赛阵形的演变和发展有了一定的理解，对如何制定足球比赛阵形有了初步的认识，并且掌握了足球战术的比赛原则				
课后小结					

第20次课 个人战术

上课日期：　　　年　月　日　　　　授课教师：

班级			第10周	场地器材与媒体	场地：七人制足球场 器材：足球 媒体：
人数		男	第20次课		
		女			

教材内容	1. 绕杆射门练习 2. 学习个人攻防战术 3. 七人制比赛与裁判实习	教学任务或教学目标	1. 提高运控球能力 2. 初步掌握个人攻防战术 3. 培养比赛作风与能力及裁判能力 4. 培养团结协作的精神
重点难点	重点是个人攻防战术的练习；难点是如何进行合理的跑位		

教学过程	教学内容和达成目标	教学组织与方法		练习	
		教师教法	学生学法	次数	时间/min
准备部分	**一、检查人数，宣布内容**				2
	二、颠球练习	1. 教师注意重点辅导基础差的同学 2. 要求：争取全班每人都能达到连续8次以上	1. 学生成两列横队 2. 学生一人一球进行练习		10
	三、踢准练习	3. 教师注意重点辅导基础差的同学 要求：用脚背内侧踢球，控制好力量和落点	3. 分两组，如图同时进行练习： ×——→○←——×		13

续上表

教学过程	教学内容和达成目标	教学组织与方法		练习	
		教师教法	学生学法	次数	时间/min
基本部分	**一、运球绕杆射门** 目标：灵活掌握各种运球方法 **二、学习个人战术（进攻与防守）** （1）摆脱 ①突然变速与突然变向 ②利用假动作 （2）跑位 ①跑身前 ②跑身后 目标：掌握和了解个人进攻与防守战术 **三、七人制比赛与裁判实习** 目标：培养在实际比赛中运用已学技术的能力及比赛作风和裁判能力	1. 教师讲解示范 （1）应注意练习过程中出现的错误动作，及时给予提示并督促改正，对表现好的学生给予鼓励 （2）要求：运球队员控运好球，射门前抬头观察 2. 教师讲解示范 （1）应注意练习过程中出现的错误动作，及时给予提示并督促改正，对表现好的学生给予鼓励 （2）先练进攻，后练防守，练进攻时防守消极，练防守时进攻积极 （3）重点提示学生注意“突然”两个字 （4）传球者与接应者要默契，做到“人到球到” （5）教师要全面照顾，重点照顾较差的组 3. 教师在旁边观察指导，对出现的问题进行指点改正，并对表现好的学生进行鼓励 要求：大胆运用已学过的技术多传多跑；裁判员积极跑动、大胆判罚	1. 每人一球，如下图做绕杆射门练习。要求：用各种运球方法进行练习，从而找到一种最快的运球方法 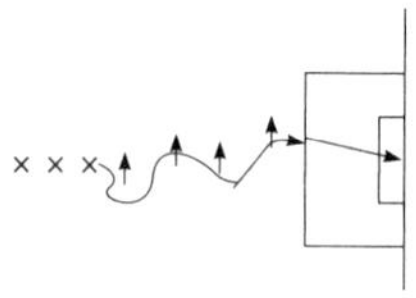 2. 三人一组一球，一人组织进行传球，一人练习摆脱跑位，一人做防守，以完成射门为目的。以假动作摆脱跑位为例： 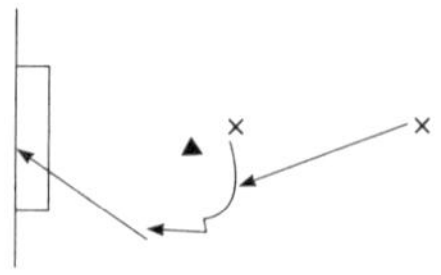 每人练4次后组内轮换 3. 全班分成两队进行比赛，制定三人为裁判。要求：裁判员多跑动，判罚果断；比赛队员要服从裁判；在比赛中注意转移球、多射门		10 25 15
结束部分	**一、放松运动** **二、教师小结**	1. 让实习学生带操 2. 就本次课特别是比赛中的情况进行总结，对表现较好的学生给予表扬	1. 实习学生组织大家进行 2. 学生成两列横队认真听讲		5
作业和参考文献推荐	1. 什么叫个人攻守战术？如何运用个人进攻战术？ 2. 参阅本书 P43 ~ P44				

续上表

病弱处理	在一旁见习、观摩并做好笔记，待身体状态恢复之后，可向掌握较好的学生或教师求学，自觉补上所缺内容。能够进行一般身体素质训练的学生自觉进行一些素质训练，保持身体状态
课后小结	

第21次课 “斜传直插二过一”战术

上课日期： 年 月 日 授课教师：

班级			第11周	场地器材与媒体	场地：七人制足球场 器材：足球 媒体：
人数		男	第21次课		
		女			

教材内容	1. 复习个人攻防战术 2. 学习“斜传直插二过一” 3. 七人制比赛与裁判实习	教学任务或教学目标	1. 掌握个人攻防战术 2. 初步了解和学习“二过一”战术配合 3. 培养比赛作风与能力及裁判能力 4 培养团结协作的集体主义精神
重点难点	重点是进行“斜传直插二过一”的练习；难点是掌握进行配合的时机		

教学过程	教学内容和达成目标	教学组织与方法		练习	
		教师教法	学生学法	次数	时间/min
准备部分	**一、检查人数，宣布内容** **二、颠球练习** **三、运球绕杆射门** 目标：灵活掌握各种运球方法	1. 教师注意重点辅导基础差的同学 2. 要求：争取全班每人都能达到连续8次以上 （1）教师讲解示范 （2）应注意练习过程中出现的错误动作，及时给予提示并督促改正，对表现好的学生给予鼓励 3. 要求：运球队员控运好球，射门前抬头观察	1. 学生成两列横队 2. 学生一人一球进行练习 3. 每人一球，如图做绕杆射门练习		2 10 13

续上表

教学过程	教学内容和达成目标	教学组织与方法		练　习	
		教师教法	学生学法	次数	时间/min
基本部分	**一、复习个人战术** 1. 摆脱 (1) 突然变速与突然变向 (2) 利用假动作 2. 跑位 (1) 跑身前 (2) 跑身后 目标：掌握和了解个人进攻与防守战术	1. 教师讲解示范 (1) 应注意练习过程中出现的错误动作，及时给予提示并督促改正，对表现好的学生给予鼓励 (2) 先练进攻，后练防守，练进攻时防守消极，练防守时进攻积极 (3) 重点提示学生注意“突然”两个字 (4) 传球者与接应者要默契，做到“人到球到” (5) 教师要全面照顾，重点照顾较差的组	1. 三人一组一球，一人组织进行传球，一人练习摆脱跑位，一人做防守，以完成射门为目的。以假动作摆脱跑位为例： 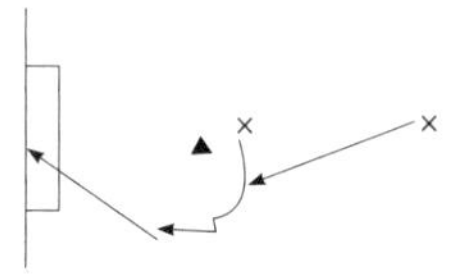 每人练 4 次后组内轮换 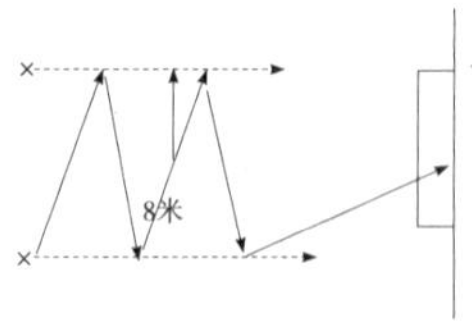		15
	二、学习“斜传直插二过一”配合 目标：掌握基本的“二过一”战术	2. 教师先讲解、示范，再讲解，再示范 (1) 应注意练习过程中出现的错误动作，及时给予提示并督促改正，对表现好的学生给予鼓励 (2) 要求：时刻提醒学生应与防守者距离多少时进行传球；在适当时候选掌握较好的学生示范；人数多可分为两组，两球门同时进行	2. 两人一组，在慢跑中做传、接练习。如图： 8米 (1) 待学生熟练之后，由教师做防守者，学生运用“二过一”突破后射门 (2) 传球的方向和力量要掌握好，传球后要快速直接接应		20
	三、七人制比赛与裁判实习 目标：培养在实际比赛中运用已学技术的能力及比赛作风和裁判能力	3. 教师在旁边观察指导，对出现的问题进行指点改正，并对表现好的学生进行鼓励 要求：大胆运用已学过的技术多传多跑；裁判员积极跑动、大胆判罚	3. 全班分成两队进行比赛，指定三人为裁判 要求：裁判员多跑动，判罚果断；比赛队员要服从裁判；在比赛中注意转移球、多射门		15

续上表

教学过程	教学内容和达成目标	教学组织与方法		练习	
		教师教法	学生学法	次数	时间/min
结束部分	**一、放松运动** **二、教师小结**	1. 让实习学生带操 2. 就本次课特别是比赛中的情况进行总结，对表现较好的学生给予表扬	1. 实习学生组织大家进行 2. 学生成两列横队认真听讲		5
作业和参考文献推荐	1. 什么叫“二过一”战术？运用“二过一”战术时应注意些什么？ 2. 参阅本书P44～P45				
病弱处理	在一旁见习、观摩并做好笔记，待身体状态恢复之后，可向掌握较好的学生或教师求学，自觉补上所缺内容。能够进行一般身体素质训练的学生自觉进行一些素质训练，保持身体状态				
课后小结					

第22次课　“横传斜插二过一”战术

上课日期：　　　　年　月　日　　　　　授课教师：

班级			第11周	场地器材与媒体	场地：七人制足球场 器材：足球 媒体：
人数		男	第22次课		
		女			

教材内容	1. 复习“斜传直插二过一” 2. 学习“横传斜插二过一” 3. 七人制教学比赛与裁判实习	教学任务或教学目标	1. 基本掌握二过一战术配合 2. 培养比赛作风与能力及裁判能力 3. 培养团结协作的集体主义精神
重点难点	重点是进行“横传斜插二过一”的练习；难点是如何掌握配合的时机		

教学过程	教学内容和达成目标	教学组织与方法		练习	
		教师教法	学生学法	次数	时间/min
准备部分	**一、检查人数，宣布内容** **二、复习个人攻防练习** **三、半场区域内“一对一”** **四、运球绕杆射门**	1. 教师注意重点辅导基础差的学生 2. 要求：防守者后退移步做消极防守 3. 讲解并示范 （1）练习中教师加强提示 （2）要求：在移动中，积极运球突破和抢截防守 4. 用语言加以提示	1. 学生成两列横队 2. 两人一组，一人运球做突破练习，另一人做后退防守 3. 两人一组，持球者突破，另一人做防守，抢到球后互换角色。中间以颠球放松过渡 4. 按照达标要求进行练习		2 5 8

续上表

教学过程	教学内容和达成目标	教学组织与方法		练习	
		教师教法	学生学法	次数	时间/min
基本部分	**一、复习“斜传直插二过一”(结合射门)** 目标：熟练掌握二过一战术配合 **二、学习“横传斜插二过一”配合** 目标：掌握和了解“二过一”战术 **三、七人制比赛与裁判实习** 目标：培养在实际比赛中运用已学技术的能力及比赛作风和裁判能力	1. 应注意练习过程中出现的错误动作，及时给予提示并督促改正，对表现好的学生给予鼓励 要求：运球者必须把球传到接应者脚下；传球后快速插入接球射门 2. 教师讲解示范 (1) 应注意练习过程中出现的错误动作，及时给予提示并督促改正，对表现好的学生给予鼓励 (2) 对传球及跑动路线概念模糊的学生增加辅导 (3) 由慢至快，逐步提高 (4) 横传与直传的方向必须准确到位，并且两人配合要好，球到人到 3. 教师在旁边观察指导，对出现的问题进行指点改正，并对表现好的学生进行鼓励 要求：在比赛中多用“二过一”配合，有目的地跑动接球、传球；裁判员积极跑动、大胆判罚	1. 全班分成二大组，每组用一个球门。设一个防守者和一个接应者，轮换进行 × × × × 2. 两人一组一球，如图进行练习 8米 待学生熟练之后，由教师做防守者，学生运用“二过一”突破后射门 3. 全班分成两队进行比赛，指定三人为裁判 要求：裁判员多跑动，判罚果断；比赛队员要服从裁判；在比赛中注意转移球、多射门		15 25 20
结束部分	**一、放松运动** **二、教师小结**	1. 让实习学生带操 2. 就本次课特别是比赛中的情况进行总结，对表现较好的同学给予表扬	1. 实习学生组织大家进行 2. 学生成两列横队认真听讲		5

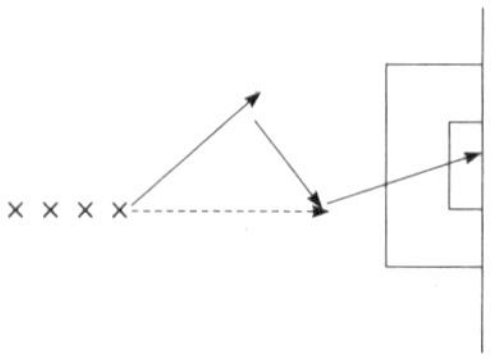

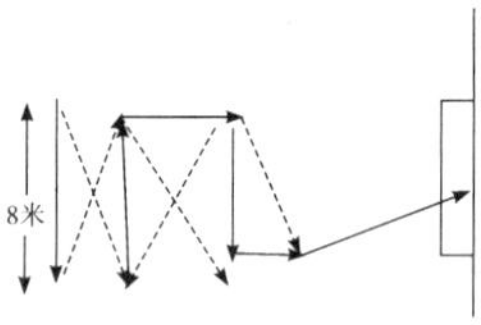

作业和参考文献推荐	1. “二过一”战术有哪些？ 2. 参阅本书 P44 ~ P45

续上表

病弱处理	在一旁见习、观摩并做好笔记，待身体状态恢复之后，可向掌握较好的学生或教师求学，自觉补上所缺内容。能够进行一般身体素质训练的学生自觉进行一些素质训练，保持身体状态
课后小结	

第23次课 “三攻二”“二防三”战术

上课日期： 年 月 日 授课教师：

班级			第12周	场地器材与媒体	场地：七人制足球场 器材：足球 媒体：
人数		男	第23次课		
		女			

教材内容	1. 复习“横传斜插二过一” 2. 学习“三攻二”等战术 3. 介绍定位球攻守战术 4. 七人制教学比赛与裁判实习	教学任务或教学目标	1. 了解和学习“二过一”等战术配合 2. 了解局部进攻和防守战术 3. 了解定位球攻守战术 4. 培养比赛作风与能力及裁判能力和团结协作的精神
重点难点	重点是进行“横传斜插二过一”的练习；难点是如何进行“二防三”		

教学过程	教学内容和达成目标	教学组织与方法		练习	
		教师教法	学生学法	次数	时间/min
准备部分	**一、检查人数，宣布内容** **二、复习个人攻防练习** **三、半场区域内“一对一”**	1. 教师注意重点辅导基础差的同学 2. 要求：防守者后退移步做消极防守 （1）讲解并示范 （2）练习中教师加强提示 3. 要求：在移动中，积极运球突破和抢截防守	1. 学生成两列横队 2. 两人一组，一人运球做突破练习，另一人做后退防守 3. 两人一组，持球者突破，另一人防守，抢到球后互换角色。中间以颠球放松过渡		5 5 5

续上表

教学过程	教学内容和达成目标	教学组织与方法		练习	
		教师教法	学生学法	次数	时间/min
基本部分	**一、复习“横传斜插二过一”配合** 目标：掌握和了解“二过一”战术	1. 应注意练习过程中出现的错误动作，及时给予提示并督促改正，对表现好的学生给予鼓励 （1）对传球及跑动路线概念模糊的学生增加辅导 （2）由慢至快，逐步提高 （3）横传与直传的方向必须准确到位，并且两人配合要好，球到人到	1. 两人一组一球，如图进行练习： 待学生熟练之后，由教师做防守者，学生运用“二过一”突破后射门		10
	二、学习“三攻二”和“二防三”战术 （1）“三攻二”战术 （2）“二防三”战术 目标：掌握和了解“三攻二”与“二防三”的战术配合	2. 教师先讲解示范，再讲解，再示范 （1）应注意练习过程中出现的错误动作，及时给予提示并督促改正，对表现好的学生给予鼓励 （2）教师要全面照顾，提醒进攻队员要根据防守情况而判断进攻哪一侧 （3）经常提醒防守队员的站位与补位意识，发现站位错误马上进行纠正	2. 五人一组，全班分若干组，用一个球门 （1）三人进攻，二人防守 （2）练习五次后进行组内轮换攻防 要求：中间者要用运球吸引对方一名队员上前抢，及时再分边；如边上突破不了，可回传给中间，由中间再及时转到另一边；注意不要越位		20
	三、介绍定位球战术 目标：了解定位球的攻守战术	3. 用语言讲解角球进攻形式与防守角球注意的问题， 重点介绍罚球区前的任意球攻守	3. 练习方法同上 要求：以延误对方进攻为主，不要贸然上前，被突破后回追要快		15
	四、七人制比赛与裁判实习 目标：培养在实际比赛中运用已学技术的能力及比赛作风和裁判能力	4. 教师在旁边观察指导，对出现的问题进行指点改正，并对表现好的学生进行鼓励 要求：在比赛中多用“二过一”配合，有目的地跑动接球、传球；裁判员积极跑动、大胆判罚	4. 全班分成两队进行比赛，指定三人为裁判 要求：裁判员多跑动，判罚果断；比赛队员要服从裁判；在比赛中注意转移球、多射门		15

续上表

教学过程	教学内容和达成目标	教学组织与方法		练　习	
		教师教法	学生学法	次数	时间/min
结束部分	**一、放松运动** **二、教师小结**	就本次课特别是比赛情况进行总结，表扬学得较好的同学	成两列横队、成体操队形做抖腿放松		5
作业和参考文献推荐	战术的进攻原则是什么？防守原则是什么？				
病弱处理	在一旁见习、观摩并做好笔记，待身体状态恢复之后，可向掌握较好的学生或教师求学，自觉补上所缺内容。能够进行一般身体素质训练的学生自觉进行一些素质训练，保持身体状态				
课后小结					

第24次课　综合技术练习一

上课日期：　　　　年　月　日　　　　　授课教师：

班级			第12周	场地器材与媒体	场地：七人制足球场 器材．足球 媒体：
人数		男	第24次课		
		女			
教材内容	1. 综合技术练习 2. 十一人制教学比赛与裁判实习			教学任务或教学目标	1. 巩固所学的技战术 2. 培养比赛作风与能力及裁判能力和团结协作的精神
重点难点	重点是跑动中传接球的练习；难点是脚背外侧传球技术				

教学过程	教学内容和达成目标	教学组织与方法		练　习	
		教师教法	学生学法	次数	时间/min
准备部分	**一、检查人数，宣布内容** **二、颠球练习** **三、复习个人攻防练习** **四、运球绕杆射门**	1. 按照考试要求进行 2. 教师注意重点辅导基础差的同学 3. 要求：防守者后退移步做消极防守 4. 用语言加以提示	1. 学生成两列横队 2. 一人一球进行练习 3. 两人一组，一人运球做突破练习，另一人做后退防守 4. 按照达标要求进行练习		5

续上表

<table>
<tr><td rowspan="2">教学过程</td><td rowspan="2">教学内容和达成目标</td><td colspan="2">教学组织与方法</td><td colspan="2">练　习</td></tr>
<tr><td>教师教法</td><td>学生学法</td><td>次数</td><td>时间/min</td></tr>
<tr><td>基本部分</td><td>一、跑动传球
各种脚法的跑动传球
目标：巩固和提高所学的各种脚法
二、十一人制比赛与裁判实习
目标：培养在实际比赛中运用已学技术的能力及比赛作风和裁判能力</td><td>1. 讲解示范
（1）应注意练习过程中出现的错误动作，及时给予提示并督促改正，对表现好的同学给予鼓励
（2）强调脚型的重要性
（3）要求：脚触球正确，传球到位，力量恰当
2. 教师在旁边进行观察指导，对出现的问题进行指点改正，并对表现好的学生进行鼓励
要求：在比赛中多用“二过一”配合，有目的地跑动接球、传球；裁判员积极跑动、大胆判罚</td><td>1. 两人一组，从球场一侧传到球场的另一侧
（1）三人一组一球，从球场一侧传到球场的另一侧
（2）由慢到快，每种脚法的传球做 2 ~ 3 组，先滚地球再到高球
（3）强调传接球的速度，接球后立刻出球
2. 全班分成两队进行比赛，指定三人为裁判。
要求：裁判员多跑动，判罚果断；比赛队员要服从裁判；在比赛中注意转移球、多射门</td><td></td><td>35

35</td></tr>
<tr><td>结束部分</td><td>一、放松运动
二、教师小结</td><td>1. 让实习学生带操
2. 就本次课的情况进行总结，特别是比赛情况，表扬学得较好的学生</td><td>学生成两列横队、成体操队形做抖腿放松</td><td></td><td>5</td></tr>
<tr><td>作业和参考文献推荐</td><td colspan="5"></td></tr>
<tr><td>病弱处理</td><td colspan="5">在一旁见习、观摩并做好笔记，待身体状态恢复之后，可向掌握较好的学生或教师求学，自觉补上所缺内容。能够进行一般身体素质训练的学生自觉进行一些素质训练，保持身体状态</td></tr>
<tr><td>课后小结</td><td colspan="5"></td></tr>
</table>

第25次课 跑动中传接球

上课日期：　　　　年　月　日　　　　授课教师：

班级		第13周		场地器材与媒体	场地：七人制足球场 器材：足球 媒体：	
人数	男	第25次课				
	女					
教材内容	1. 综合技术练习 2. 七人制教学比赛与裁判实习	教学任务或教学目标		1. 巩固所学的技战术 2. 培养比赛作风与能力及裁判能力 3. 培养团结协作的集体主义精神		
重点难点	重点是跑动中传接球的练习；难点是踢准练习					
教学过程	教学内容和达成目标	教学组织与方法		练习		
		教师教法	学生学法	次数	时间/min	
准备部分	**一、检查人数，宣布内容** **二、颠球练习** **三、踢准练习** **四、运球绕杆射门**	1. 按照考试要求进行 2. 教师注意重点辅导基础差的同学 3. 要求：用脚背内侧踢球，控制好力量和落点 4. 用语言加以提示	1. 学生成两列横队 2. 一人一球进行练习 3. 分两组，如图同时进行练习： ×——→ ○ ←——× 4. 按照达标要求进行练习		2 5 10	
基本部分	**一、跑动传球** 各种脚法的跑动传球 目标：巩固和提高所学的各种脚法 **二、抢五练习** 目标：提高灵活运用技术的能力 **三、11人制比赛与裁判实习** 目标：培养在实际比赛中运用已学技术的能力及比赛作风和裁判能力	1. 讲解示范 （1）应注意练习过程中出现的错误动作，及时给予提示并督促改正，对表现好的学生给予鼓励 （2）强调脚型的重要性 （3）要求：脚触球正确，传球到位，力量恰当 2. 注意练习过程中出现的错误动作，及时给予提示并督促改正，对表现好的学生给予鼓励 3. 教师在旁边观察指导，对出现的问题进行指点改正，并对表现好的学生进行鼓励 要求：在比赛中多用“二过一”配合，有目的地跑动接球、传球；裁判员积极跑动、大胆判罚	1. 两人一组，从球场一侧传到球场的另一侧 （1）三人一组一球，从球场一侧传到球场的另一侧 （2）慢到快，每种脚法的传球做2～3组，先滚地球再到高球 （3）改变接球的速度，接球后立刻出球 2. 以七人为一组分成若干组，每组用一球，由五人做传控球练习，两人做抢球练习，场地为10米×10米 3. 把班分成三队，进球后负队下场，另一队上场，指定三个人做裁判		18 20 20	

续上表

结束部分	一、放松运动 二、教师小结	1. 让实习学生带操 2. 就本次课特别是比赛中的情况进行总结，对表现较好的同学给予表扬	1. 学生组织大家进行 2. 成两列横队认真听讲		5
作业和参考文献推荐					
病弱处理	在一旁见习、观摩并做好笔记，待身体状态恢复之后，可向掌握较好的学生或老师求学，自觉补上所缺内容。能够进行一般身体素质训练的学生自觉进行一些素质训练，保持身体状态				
课后小结					

第 26 次课　综合技术练习二

上课日期：　　　　年　月　日　　　　　授课教师：

班级			第 13 周	场地器材与媒体	场地：七人制足球场 器材：足球 媒体：
人数		男	第 26 次课		
		女			

教材内容	1. 综合技术练习 2. 七人制教学比赛与裁判实习	教学任务或教学目标	1. 巩固所学的技战术 2. 培养比赛作风与能力及裁判能力 3. 培养团结协作的集体主义精神
重点难点	重点是跑动中传接球的练习；难点是踢准练习		

教学过程	教学内容和达成目标	教学组织与方法		练习	
		教师教法	学生学法	次数	时间/min
准备部分	一、检查人数，宣布内容 二、颠球练习 三、踢准练习 四、球绕杆射门	1. 按照考试要求进行 2. 注意重点辅导基础差的同学 3. 要求：用脚背内侧踢球，控制好力量和落点 4. 使用语言加以提示	1. 学生成两列横队 2. 一人一球进行练习 3. 分两组，如图同时进行练习： ×——→○←——× 4. 按照达标要求进行练习		2 5

续上表

教学过程	教学内容和达成目标	教学组织与方法		练　习	
		教师教法	学生学法	次数	时间/min
基本部分	**一、跑动传球** 各种脚法的跑动传球 目标：巩固和提高所学的各种脚法 **二、抢五练习** 目标：提高灵活运用技术的能力 **三、七人制比赛与裁判实习** 目标：培养在实际比赛中运用已学技术的能力及比赛作风和裁判能力	1. 注意练习过程中出现的错误动作，及时给予提示并改正，对表现好的同学给予鼓励 （1）强调脚型的重要性 （2）要求：脚触球正确，传球到位，力量恰当 2. 注意练习过程中出现的错误动作，及时给予提示并督促改正，对表现好的学生给予鼓励 3. 教师在旁边观察指导，对出现的问题进行指点改正，并对表现好的学生进行鼓励 要求：在比赛中多用“二过一”配合，有目的地跑动接球、传球；裁判员积极跑动、大胆判罚	1. 两人一组，从球场一侧传到球场的另一侧。 （1）两人一组一球，从球场一侧传到球场的另一侧 （2）慢到快，每种脚法的传球做2～3组，先滚地球再到高球 （3）强调传接球的速度，接球后立刻出球 2. 以七人一组，分成若干组，每组用一球，由五人做传控球练习，两人做抢球练习，场地为10米×10米 3. 分成三队，进球后负队下场，另一队上场，指定二个人做裁判		23 20 25
结束部分	**一、放松运动** **二、教师小结**	1. 让实习学生带操 2. 就本次课特别是比赛中的情况进行总结，对表现较好的学生给予表扬	1. 实习学生组织大家进行 2. 学生成两列横队认真听讲		5

作业和参考文献推荐	
病弱处理	在一旁见习、观摩并做好笔记，待身体状态恢复之后，可向掌握较好的学生或教师求学，自觉补上所缺内容。能够进行一般身体素质训练的学生自觉进行一些素质训练，保持身体状态
课后小结	

第 27 次课　综合技术练习三

上课日期：　　　　年　月　日　　　　　授课教师：

<table>
<tr><td rowspan="3">班级
人数</td><td colspan="2"></td><td>第 14 周</td><td rowspan="3">场地器材与媒体</td><td rowspan="3">场地：七人制足球场
器材：足球
媒体：</td></tr>
<tr><td rowspan="2"></td><td>男</td><td rowspan="2">第 27 次课</td></tr>
<tr><td>女</td></tr>
</table>

教材内容	1. 综合技术练习 2. 七人制教学比赛与裁判实习	教学任务或教学目标	1. 巩固所学的技战术 2. 培养比赛作风与能力及裁判能力 3. 培养团结协作的集体主义精神
重点难点	重点是跑动中传接球的练习；难点是脚背外侧传球技术		

教学过程	教学内容和达成目标	教学组织与方法		练习	
		教师教法	学生学法	次数	时间/min
准备部分	**一、检查人数，宣布内容** **二、练习** **三、复习个人攻防练习** **四、球绕杆射门**	1. 按照考试要求进行 2. 教师注意重点辅导基础差的同学 3. 要求：防守者后退移步做消极防守 4. 用语言加以提示	1. 学生成两列横队 2. 两人一球进行练习 3. 两人一组，一人运球做突破练习，另一人做后退防守 4. 接达标要求进行练习		2 5 10
基本部分	**一、传球** 各种脚法的跑动传球 目标：巩固和提高所学的各种脚法 **二、一人制比赛与裁判实习** 目标：培养在实际比赛中运用已学技术的能力及比赛作风和裁判能力	1. 注意练习过程中出现的错误动作，及时给予提示并督促改正，对表现好的学生给予鼓励 （1）强调脚型的重要性 （2）要求：脚触球正确，传球到位，力量恰当 2. 教师在旁边观察指导，对出现的问题进行指点改正，并对表现好的学生进行鼓励 要求：在比赛中多用“二过一”配合，有目的地跑动接球、传球；裁判员积极跑动、大胆判罚	1. 两人一组，从球场一侧传到球场的另一侧 （1）两人一组一球，从球场一侧传到球场的另一侧 （2）慢到快，每种脚法的传球做 2 ~ 3 组，先滚地球再到高球 （3）强调传接球的速度，接球后立刻出球 2. 全班分成两队进行比赛，指定三人为裁判 要求：裁判员多跑动，判罚果断；比赛队员要服从裁判；在比赛中注意转移球、多射门		18 40

续上表

教学过程	教学内容和达成目标	教学组织与方法		练习	
		教师教法	学生学法	次数	时间/min
结束部分	**一、放松运动** **二、教师小结**	1. 让实习学生带操 2. 就本次课特别是比赛中的情况进行总结，对表现较好的学生给予表扬	1. 实习学生组织大家进行 2. 学生成两列横队认真听讲		5
作业和参考文献推荐					
病弱处理	在一旁见习、观摩并做好笔记，待身体状态恢复之后，可向掌握较好的学生或教师求学，自觉补上所缺内容。能够进行一般身体素质训练的学生自觉进行一些素质训练，保持身体状态				
课后小结					

第28次课　技术评定考试内容复习一

上课日期：　　　　年　月　日　　　　　授课教师：

班级			第14周	场地器材与媒体	场地：七人制足球场 器材：足球 媒体：
人数		男	第28次课		
		女			

教材内容	1. 复习考试内容 2. 比赛	教学任务或教学目标	1. 掌握考试内容 2. 培养比赛能力和裁判能力 3. 培养团结协作的集体主义精神
重点难点	重点是绕杆射门练习；难点是脚背内侧踢远练习		

教学过程	教学内容和达成目标	教学组织与方法		练习	
		教师教法	学生学法	次数	时间/min
准备部分	**一、检查人数，宣布内容**	1. 按照考试要求进行	1. 学生成两列横队		2
	二、颠球练习	2. 教师注意重点辅导基础差的同学	2. 一人一球进行练习		10
	三、原地前额正面头顶球	3. 注意动作的要领	3. 两人一组，一人抛球，一人做头顶球练习，然后等时轮换		8

续上表

<table>
<tr><th rowspan="2">教学过程</th><th rowspan="2">教学内容和达成目标</th><th colspan="2">教学组织与方法</th><th colspan="2">练 习</th></tr>
<tr><th>教师教法</th><th>学生学法</th><th>次数</th><th>时间/min</th></tr>
<tr><td>基本部分</td><td>一、脚背内侧踢远练习
目标：巩固和提高所学的脚背内侧踢球方法，并达到考试的要求
二、运球绕杆射门练习
目标：提高运控球能力，并达到考试要求
三、七人制比赛与裁判实习
目标：培养在实际比赛中运用已学技术的能力及比赛作风和裁判能力</td><td>1. 应注意练习过程中出现的错误动作，及时给予提示并督促改正，对表现好的学生给予鼓励
（1）强调脚型的重要性
（2）要求：脚触球正确，传球到位，尽最大力量
2. 可以用秒表检查成绩并做适当辅导
3. 教师在旁边观察指导，对出现的问题进行指点改正，并对表现好的学生进行鼓励
要求：大胆运用所学技术，在比赛中多用“二过一”配合，有目的地跑动接球、传球；裁判员积极跑动、大胆判罚</td><td>1. 两人一组，相距25米以上踢定位球，场地如下图： 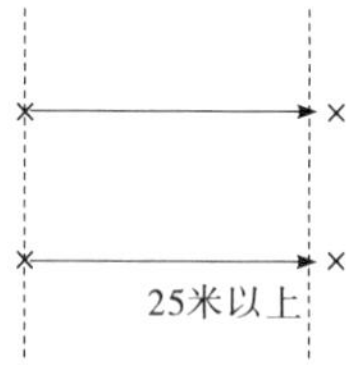
25米以上
2. 一人一球依次进行，起点距球门50米，距第一标杆19.85米，最后一标杆距球门22.15米，要求依次绕杆后射门。如下图： 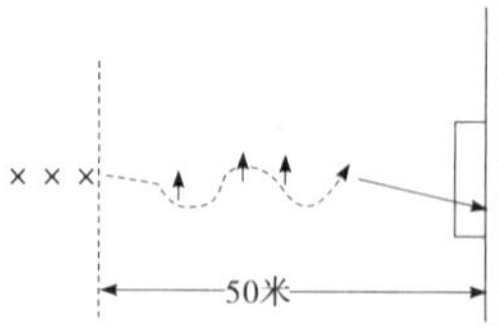
50米
3. 全班分成三队，进球后负队下场，另一队上场，指定三个人做裁判</td><td></td><td>15

15

25</td></tr>
<tr><td>结束部分</td><td>一、放松运动
二、教师小结</td><td>1. 让实习学生带操
2. 就本次课特别是比赛中的情况进行总结，对表现较好的同学给予表扬</td><td>1. 实习学生组织大家进行
2. 学生成两列横队认真听讲</td><td></td><td>5</td></tr>
<tr><td>作业和参考文献推荐</td><td colspan="5"></td></tr>
<tr><td>病弱处理</td><td colspan="5">在一旁见习、观摩并做好笔记，待身体状态恢复之后，可向掌握较好的学生或教师求学，自觉补上所缺内容。能够进行一般身体素质训练的学生自觉进行一些素质训练，保持身体状态</td></tr>
<tr><td>课后小结</td><td colspan="5"></td></tr>
</table>

第29次课　技术评定考试内容复习二

上课日期：　　　　年　月　日　　　　　授课教师：

<table>
<tr><td>班级</td><td colspan="2"></td><td>第15周</td><td rowspan="3" colspan="2">场地器材与媒体</td><td rowspan="3" colspan="3">场地：七人制足球场
器材：足球
媒体：</td></tr>
<tr><td rowspan="2">人数</td><td rowspan="2"></td><td>男</td><td rowspan="2">第29次课</td></tr>
<tr><td>女</td></tr>
<tr><td>教材内容</td><td colspan="2">1. 复习考试内容
2. 教学比赛</td><td colspan="2">教学任务或教学目标</td><td colspan="4">1. 掌握考试内容
2. 培养比赛能力和裁判能力
3. 培养团结协作的集体主义精神</td></tr>
<tr><td>重点难点</td><td colspan="8">重点是绕杆射门练习；难点是脚背内侧踢远练习</td></tr>
<tr><td rowspan="2">教学过程</td><td rowspan="2" colspan="2">教学内容和达成目标</td><td colspan="4">教学组织与方法</td><td colspan="2">练　习</td></tr>
<tr><td colspan="2">教师教法</td><td colspan="2">学生学法</td><td>次数</td><td>时间/min</td></tr>
<tr><td>准备部分</td><td colspan="2">一、检查人数，宣布内容
二、颠球练习
三、原地前额正面头顶球</td><td colspan="2">1. 按照考试要求进行
2. 教师注意重点辅导基础差的同学
3. 注意动作的要领</td><td colspan="2">1. 学生成两列横队
2. 一人一球进行练习
3. 两人一组，一人抛球，一人做头顶球练习，然后等时轮换</td><td></td><td>2
10
8</td></tr>
<tr><td>基本部分</td><td colspan="2">一、脚背内侧踢远练习
目标：巩固和提高所学的脚背内侧踢球方法，并达到考试的要求
二、运球绕杆射门练习
目标：提高运控球能力，并达到考试要求</td><td colspan="2">1. 应注意练习过程中出现的错误动作，及时给予提示并督促改正，对表现好的学生给予鼓励
（1）强调脚型的重要性
（2）要求：脚触球正确，传球到位，尽最大力量
2. 应注意练习过程中出现的错误动作，及时给予提示并督促改正，对表现好的学生给予鼓励
可以用秒表检查成绩并做适当辅导</td><td colspan="2">1. 两人一组，相距25米以上踢定位球，场地如下图：
25米以上</td><td></td><td>15</td></tr>
</table>

续上表

教学过程	教学内容和达成目标	教学组织与方法		练习	
		教师教法	学生学法	次数	时间/min
基本部分	**三、七人制比赛与裁判实习** 目标：培养在实际比赛中运用已学技术的能力及比赛作风和裁判能力	3. 教师在旁边观察指导，对出现的问题进行指点改正，并对表现好的学生进行鼓励 要求：大胆运用所学技术，在比赛中多用“二过一”配合，有目的地跑动接球、传球；裁判员积极跑动、大胆判罚	2. 一人一球依次进行，起点距球门 50 米，距第一标杆 19.85 米，最后一标杆距球门 22.15 米，要求依次绕杆后射门。如下图： 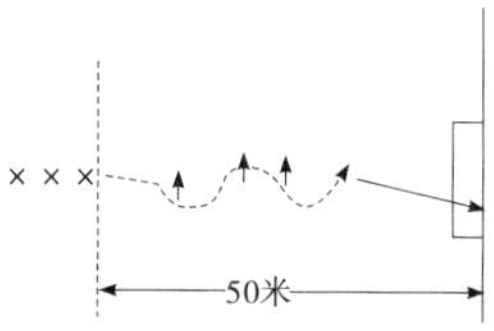 × × × 50米 3. 全班分成三队，进球后负队下场，另一队上场，指定三个人做裁判		15 25
结束部分	**一、放松运动** **二、教师小结**	就本次课特别是比赛情况进行总结，表扬学得较好的学生	学生成两列横队、成体操队形做抖腿放松		5
作业和参考文献推荐					
病弱处理	在一旁见习、观摩并做好笔记，待身体状态恢复之后，可向掌握较好的学生或教师求学，自觉补上所缺内容。能够进行一般身体素质训练的学生自觉进行一些素质训练，保持身体状态				
课后小结					

第30次课 技术评定考试内容复习三

上课日期：　　　　年　月　日　　　　　　授课教师：

班级			第15周	场地器材与媒体	场地：七人制足球场 器材：足球 媒体：
人数		男	第30次课		
		女			

教材内容	1. 复习考试内容 2. 教学比赛	教学任务或教学目标	1. 掌握考试内容 2. 培养比赛能力和裁判能力 3. 培养团结协作的集体主义精神
重点难点	重点是绕杆射门练习；难点是脚背内侧踢远练习		

教学过程	教学内容和达成目标	教学组织与方法		练习	
		教师教法	学生学法	次数	时间/min
准备部分	**一、检查人数，宣布内容**	1. 按照考试要求进行	1. 学生成两列横队		2
	二、颠球练习	2. 教师注意重点辅导基础差的学生	2. 一人一球进行练习		10
	三、原地前额正面头顶球	3. 注意动作的要领	3. 两人一组，一人抛球，一人做头顶球练习，然后等时轮换		8
基本部分	**一、脚背内侧踢远练习** 目标：巩固和提高所学的脚背内侧踢球方法，并达到考试的要求	1. 应注意练习过程中出现的错误动作，及时给予提示并督促改正，对表现好的学生给予鼓励 （1）强调脚型的重要性 （2）要求：脚触球正确，传球到位，尽最大力量	1. 两人一组，相距25米以上踢定位球，场地如下图所示： 25米以上		15
	二、运球绕杆射门练习 目标：提高运控球能力，并达到考试要求	2. 可以用秒表检查成绩并做适当辅导	2. 一人一球依次进行，起点距球门50米，距第一标杆19.85米，最后一标杆距球门22.15米，要求依次绕杆后射门。如图： 50米		15

续上表

<table>
<tr><th rowspan="2">教学过程</th><th rowspan="2">教学内容和达成目标</th><th colspan="2">教学组织与方法</th><th colspan="2">练　习</th></tr>
<tr><th>教师教法</th><th>学生学法</th><th>次数</th><th>时间/min</th></tr>
<tr><td>基本部分</td><td>三、七人制比赛与裁判实习
目标：培养在实际比赛中运用已学技术的能力及比赛作风和裁判能力</td><td>3. 教师在旁边观察指导，对出现的问题进行指点改正，并对表现好的学生进行鼓励
要求：大胆运用所学技术，在比赛中多用“二过一”配合，有目的地跑动接球、传球；裁判员积极跑动、大胆判罚</td><td>3. 全班分成三队，进球后负队下场，另一队上场，指定三个人做裁判</td><td></td><td>25</td></tr>
<tr><td>结束部分</td><td>一、放松运动
二、教师小结</td><td>就本次课特别是比赛情况进行总结，表扬学得较好的学生</td><td>学生成两列横队、成体操队形做抖腿放松</td><td></td><td>5</td></tr>
<tr><td>作业和参考文献推荐</td><td colspan="5"></td></tr>
<tr><td>病弱处理</td><td colspan="5">在一旁见习、观摩并做好笔记，待身体状态恢复之后，可向掌握较好的学生或教师求学，自觉补上所缺内容。能够进行一般身体素质训练的学生自觉进行一些素质训练，保持身体状态</td></tr>
<tr><td>课后小结</td><td colspan="5"></td></tr>
</table>

第31次课 技术评定考试

上课日期： 年 月 日 授课教师：

班级		第16周	场地器材与媒体	场地：七人制足球场 器材：足球 媒体：
人数	男	第31次课		
	女			

教材内容	技术评定考试	教学任务或教学目标	考查与检验学生对知识技能掌握的情况
重点难点			

教学过程	教学内容和达成目标	教学组织与方法		练习	
		教师教法	学生学法	次数	时间/min
准备部分	**一、检查人数，宣布内容** **二、热身活动** 目标：进行充分热身，为下面的考试做好充分的准备		1. 学生成两列横队 2. 学生自由进行活动		5 10
基本部分	**一、复习技术评定内容** **二、技术评定考试**	1. 按照技术评定要求严格进行 2. 按照考试要求严格进行	1. 自由复习技术评定考试内容 2. 学生按照学号顺序依次进行考核		10 50
结束部分	**一、放松运动** **二、教师小结**	就本次考试的情况和整个阶段的学习情况进行总结，感谢学生对教学的配合和支持	学生成两列横队、成体操队形做抖腿放松		5

作业和参考文献推荐	
病弱处理	
课后小结	

第 32 次课　技术达标考试

上课日期：　　　　年　月　日　　　　　授课教师：

<table>
<tr><td>班级</td><td colspan="2"></td><td>第 16 周</td><td rowspan="3">场地器材与媒体</td><td colspan="3" rowspan="3">场地：七人制足球场
器材：足球
媒体：</td></tr>
<tr><td rowspan="2">人数</td><td rowspan="2"></td><td>男</td><td rowspan="2">第 32 次课</td></tr>
<tr><td>女</td></tr>
<tr><td>教材内容</td><td colspan="2">技术评定考试</td><td colspan="2">教学任务或教学目标</td><td colspan="3">考查与检验学生对知识技能掌握的情况</td></tr>
<tr><td>重点难点</td><td colspan="7"></td></tr>
<tr><td rowspan="2">教学过程</td><td rowspan="2" colspan="2">教学内容
和达成目标</td><td colspan="3">教学组织与方法</td><td colspan="2">练　习</td></tr>
<tr><td colspan="2">教师教法</td><td>学生学法</td><td>次数</td><td>时间/min</td></tr>
<tr><td>准备部分</td><td colspan="2">一、检查人数，宣布内容

二、热身活动
目标：进行充分热身，为下面的考试做好充分的准备</td><td colspan="2"></td><td>1. 学生成两列横队

2. 学生自由进行活动</td><td></td><td>5

10</td></tr>
<tr><td>基本部分</td><td colspan="2">一、复习技术达标考试内容
二、技术达标考试</td><td colspan="2">1. 按照技术评定要求严格进行
2. 按照考试要求严格进行</td><td>1. 自由复习技术达标考试内容
2. 学生按照学号顺序依次进行考核</td><td></td><td>10

50</td></tr>
<tr><td>结束部分</td><td colspan="2">一、放松运动
二、教师小结</td><td colspan="2">就本次考试的情况和整个阶段的学习情况进行总结，感谢学生对教学的配合和支持</td><td>学生成两列横队、成体操队形做抖腿放松</td><td></td><td>5</td></tr>
<tr><td>作业和参考文献推荐</td><td colspan="7"></td></tr>
<tr><td>病弱处理</td><td colspan="7"></td></tr>
<tr><td>课后小结</td><td colspan="7"></td></tr>
</table>

附　录

《2019—2020足球竞赛规则》《2018—2019足球竞赛规则》修订改动重点

第三章　队员

1. 被替换的队员必须从最近的边界线地点离开场地，除非：

- 裁判员允许立即直接从中线离开场地。
- 因安全或受伤原因从别的地点离开。

2. 当比赛进入加时赛，每队增加额外的一个换人名额。

第四章　队员装备

电子设备如用途是直接用于队员的安全及福祉或者战术/指导与教练原因时可以容许球队官员使用，但电子设备必须小型、可移动、手持等（例如传声器、对讲机、耳机、移动/智能手机、智能手表、平板电脑、笔记本）。如果球队官员因为使用未经授权的设备或使用电子设备做出不适当的行为，该球队官员将被驱离技术区域。

第五章　裁判员

1. 裁判员与其他“在场的比赛官员”不允许佩戴珠宝或者其他电子设备，包括照相机。

2. 可向球队官员出示黄牌或红牌。

第七章　比赛时间

1. 应区别“降温饮水暂停”（90 秒 — 3 分钟）和“饮水暂停”（最多 1 分钟）。
2. 在加时赛半场可有短暂补充水分时间（不得超过 1 分钟）。

第八章　比赛开始与恢复

1. 赢得挑边的队可以选择开球。
2. 坠球：

- 如果球处于或最后触球点在罚球区内——球坠给守门员。
- 其他情况下，在最后触球的点坠给最后触球队的队员。
- 所有其他队员（包括双方队员），必须距离坠球地点至少 4 米直至比赛恢复。

第九章　比赛进行与停止

如果球打到在场内的裁判员（或其他比赛官员），出现以下情况应坠球恢复比赛：

- 球向球门方向移动。
- 球权发生了转换。
- 新的有希望的进攻开始。

第十二章　犯规与不正当行为

1. 咬或向任何人吐唾沫，判罚直接任意球。

2. 向球、对方队员、比赛官员扔物体，或者用手持的物体触及球（不再是手球范畴，说明了守门员在球门区内发生此类犯规判罚球点球）。

3. 如果守门员试图去接球、抱球、停球或者挡球但是没有成功，守门员仍然可以将球再拿起来。

4. 当裁判员在出现可警告或者罚令出场的犯规时，没有停止比赛而掌握有利，则这个警告或者罚令出场必须在接下来比赛停止时执行，除非是破坏明显得分机会，这种情况下只需以非体育行为警告犯规球员。

5. 当触犯两个单独可警告的犯规时（即使发生时间十分接近），应该警告两次。例如一名队员未经裁判员允许进入比赛场地后随即触犯鲁莽的犯规或者通过犯规或者故意手球破坏一次明显的进攻机会等。

6. 不符合规则的进球庆祝行为仍应受到黄牌警告，即使裁判员取消了进球（因 VAR 的介入）。

7. 手球指南和定义。

如果队员有下列行为，通常情况下是犯规：

- 在其手/手臂与球发生接触后得到球/控制球，之后：
- 将球射入对方球门得分。
- 制造出一次射门得分的机会。
- 球打到其手/手臂后直接进入对方球门得分，尽管这是个意外（包括守门员）。

在下列情况下用手/手臂触球：

- 手/手臂使他们的身体不自然地变大。
- 手/手臂高于/超过肩部的高度（除非队员是明显去处理球时球碰到手/手臂）。

以上情况同样适用于，球从靠近他的其他队员的头或身体（含脚）出球后直接打到该队员的手/手臂。

除上述的犯规外，如果球触到队员的手/手臂，通常情况下不是犯规：

- 直接来源于队员自己的头或身体（包括脚）。
- 直接来源于靠近自己的另一队员的头或身体（包括脚）。
- 如果手/手臂紧贴身体且没有使身体不自然变大。
- 当队员倒地时其手/手臂在身体和地面之间是为了支撑，且没有向旁边延伸或垂直扩展。

守门员在得到故意传球、掷界外球等后，如果其很明显是踢球或意图踢球时出现失误，则守门员可以再次用手触球。

附表1　犯规与不正当行为：直接任意球——手球

当手和球发生接触	自然位置	使身体不自然变大	超出肩部
故意手向球移动触球	犯规	犯规	犯规
直接进球	犯规	犯规	犯规
控球后造成进球	犯规	犯规	犯规
控球后形成得分机会	犯规	犯规	犯规
自己有意处理球后碰手	不犯规	不存在此情况	不犯规
从自己身上反弹/折射后碰手	不犯规	犯规	犯规

续上表

当手和球发生接触	自然位置	使身体不自然变大	超出肩部
来自距离很近的本方队员有意处理球后碰手	不犯规	犯规	犯规
从距离很近的本方队员身上反弹/折射后碰手	不犯规	犯规	犯规
来自距离很近的对方队员有意处理球后碰手	不犯规	犯规	犯规
从距离很近的对方队员身上反弹/折射后碰手	不犯规	犯规	犯规
倒地时手臂在身体与地面之间支撑、未展开	不犯规	不存在此情况	不存在此情况
倒地时手臂横向或纵向展开	不存在此情况	犯规	犯规
倒地时抬手	不存在此情况	犯规	犯规
其他情况	不犯规	犯规	犯规

第十三章　任意球

1. 间接任意球的手势：

只要场上没有出现可能直接得分的机会，裁判员可以停止表示间接任意球的手势，如绝大多数情况下的越位。

2. 关于“人墙”：

攻方队员不允许处于对方 3 人或更多人组成的防守“人墙”的 1 米范围之内，如果违反判罚间接任意球。

第十四章　罚球点球

1. 当罚球点球时，守门员不能站在球门线的前面或后面，必须至少有一只脚的一部分在球门线上／与球门线齐平（例如在球门线上跳跃）。

2. 球门立柱／横梁／球网不可以移动，在球点球踢出前，守门员不允许触碰立柱／横梁／球。

第十五章　罚界外球

1. 在掷出球的瞬间，掷球队员必须站着面向比赛场地。
2. 当掷界外球时，对方球员距离边线上的掷球地点至少 2 米。

第十六章　球门球

1. 当球被踢比赛即恢复——不必等到球离开罚球区。
2. 守方队员必须在罚球区外直到球被踢。

视频助理裁判员相关规则。

视频助理裁判协议：

- 完整的视频助理裁判员协议在第十七章之后第一节；

- 在裁判回看区域地面不允许出现商业广告；
- 涉及视频操作室和裁判回看区域。

以下概要是因使用视频助理裁判员（VAR）后，在《2018—2019足球竞赛规则》中的主要补充内容：

第五章

- 作为视频助理裁判员（VAR）、助理视频助理裁判员（AVAR）以及裁判员可运用VAR系统提供的视频回放来协助做出决定制定参照；
- “在场”比赛官员与“视频”比赛官员的区别；
- 即使比赛已经重新开始，一些严重的罚令出场的行为（例如暴力行为）VAR也可以重新回看；
- 在VAR系统运用过程中，裁判员做出“查看”和“回看”的手势已在规则中。

第六章

- 视频助理裁判员（VAR）与助理视频助理裁判员（AVAR）的职责。

第七章

- 用于随视频助理裁判员查看/回看所损失的时间必须补足。

第十二章

- 进入裁判员回看区域或者过分地比划电视信号需要进行警告（黄牌）；
- 进入视频操作室（VOR）是被罚令出场的违法行为。

未来方向：

国际足球理事会与国际足联建立了未来五年的“公平竞赛”策略，旨在通过随后一系列讨论、实验/测试考虑修订是否对足球比赛有利。此策略一直在世界足球领域被广泛接受，重点关注三大领域：

- 改善球员行为并提高尊重程度；
- 增加比赛净打时间；
- 提升公平竞赛与赛事吸引力。